本书受浙江省哲学社会科学规划重点项目（2022年杭州亚运会社会风险治理研究，项目编号：2019NDJC016Z）资助，是该项目的主要成果。本书还受广东轻工职业技术大学高层次人才科研经费支持。

知库

政治与哲学

国内大型体育赛事社会风险治理研究

王茂涛　梁艳珍　著

九 州 出 版 社
JIUZHOUPRESS

图书在版编目（CIP）数据

国内大型体育赛事社会风险治理研究／王茂涛，梁艳珍著．－－北京：九州出版社，2024.4
　　ISBN 978-7-5225-2806-9

　　Ⅰ.①国… Ⅱ.①王… ②梁… Ⅲ.①运动竞赛-风险管理-研究-中国 Ⅳ.①G808.22

　　中国国家版本馆 CIP 数据核字（2024）第 071835 号

国内大型体育赛事社会风险治理研究

作　　者	王茂涛　梁艳珍　著
责任编辑	肖润楷
出版发行	九州出版社
地　　址	北京市西城区阜外大街甲 35 号（100037）
发行电话	（010）68992190/3/5/6
网　　址	www.jiuzhoupress.com
印　　刷	唐山才智印刷有限公司
开　　本	710 毫米×1000 毫米　16 开
印　　张	14.5
字　　数	230 千字
版　　次	2024 年 4 月第 1 版
印　　次	2024 年 4 月第 1 次印刷
书　　号	ISBN 978-7-5225-2806-9
定　　价	89.00 元

前　言

"防范化解重大风险"不仅是习近平总书记提出的"总体国家安全观"当下理论前沿论题，亦是国内大型体育赛事理应聚焦的实践难题。以业已成为时代表征和认知共识的风险社会视域去考察大型体育赛事，几乎没有人会否认，它是极易引发重大社会风险的"燃烧物质"和"蝴蝶翅膀"。

安全是大型体育赛事必须坚守的底线。2008年开启了我国大型体育赛事爆发式增长的"后奥运时代"，然而风险治理能力在实践中并未能与快速发展的体育事业齐驱并行。以此为实践基础和研究动因，本书以第19届杭州亚运会为研究样本，聚焦大型体育赛事的风险治理，厘清国内大型体育赛事社会风险源生成的复杂背景和因素，在此基础上分析其重大社会风险源的类型和特性；厘清国内大型体育赛事社会风险的演化路径与机理，回答其社会风险怎样发展演变以及怎样危及社会公共安全；厘清传统社会风险治理模式与现代大型体育赛事风险特性的不适应性以及由此带来的"碎片化困境"，并在此基础上提出整体性治理机制和策略建议。

本书受浙江省哲学社会科学规划重点项目（2023年杭州亚运会社会风险治理研究，项目编号：2019NDJC016Z）资助，是该项目的主要成果。本书还得到著者所在单位浙江传媒学院和教育部思想政治工作创新发展研究中心（广东轻工职业技术学院）的大力支持。

著者努力将课题研究成果推广应用，期待更多学人关注国内大型体育赛事风险治理，不断丰富和完善研究成果。限于著者的专业知识，本书研究尚有诸多缺憾，比如风险指标体系的构建和数学模型的建立就值得进一步深入研究，相信在更多人的关注研究和实践探索下，我国大型体育赛事社会风险治理研究必将提升到更高水平。

著者
2024 年 3 月

目　录

CONTENTS

引　论 ……………………………………………………………… 1

　第一节　问题的提出 …………………………………………… 1

　第二节　国内外相关研究评述 ………………………………… 7

　第三节　研究思路与框架 ……………………………………… 12

第一章　大型体育赛事与风险治理 ……………………………… 16

　第一节　大型体育赛事社会风险治理的主要概念 …………… 16

　第二节　大型体育赛事社会风险治理的相关基础理论 ……… 33

　第三节　大型体育赛事与社会风险治理 ……………………… 42

第二章　国家治理体系现代化视域下的大型体育赛事 ………… 49

　第一节　我国体育风险治理20年整体概观 …………………… 49

　第二节　治理现代化与体育风险治理的嬗变 ………………… 56

　第三节　治理现代化与体育风险治理实践的转型 …………… 62

第三章　国内大型体育赛事风险源与特性 ……………………… 65

　第一节　国内大型体育赛事风险源归类 ……………………… 65

　第二节　国内大型体育赛事多重风险分析 …………………… 75

　第三节　国内大型体育赛事特性总结 ………………………… 113

第四章　国内大型体育赛事风险系统结构与演化机理 ················· 116

　　第一节　"职能、目标、时间三维度"：大型体育赛事风险系统结构 ·· 116

　　第二节　"连续统三关系"：大型体育赛事风险演化逻辑 ············· 121

　　第三节　"纵向、横向、立向三模式"：大型体育赛事风险传导机理 ·· 127

第五章　国内大型赛事风险治理实践的"碎片化"困境与时代表征 ······· 140

　　第一节　"路径依赖"：治理模式的历史脉络 ····················· 140

　　第二节　"治理失灵"：传统治理的实践困境 ····················· 146

　　第三节　"碎片化"：实践困境的时代表征 ······················· 160

第六章　国内大型体育赛事风险的整体性治理机制及突破路径 ········· 165

　　第一节　整体性治理理论运用的可能性和契合性 ················· 165

　　第二节　整体性治理的三大机制 ······························· 171

　　第三节　走出"碎片化"困境的五大路径 ······················· 178

参考文献 ·· 212

后　记 ·· 223

引　论

　　引论部分阐述"为什么要研究大型体育赛事的社会风险问题",亦即"研究背景"或"问题的提出"基本逻辑是:伴随着大型体育赛事数量爆发式的增长,社会风险事件亦频频袭来,然而,我们在治理实践中却依然未能走出"碎片化困境",这告诉我们,大型赛事的社会风险问题无疑是一个理论与实践价值兼备的论题。

第一节　问题的提出

一、爆发式增长的大型体育赛事

　　"体育承载着国家强盛、民族振兴的梦想。体育强则中国强,国运兴则体育兴。"① 中国是体育大国,后北京奥运时代②,中国开始从"体育大国"向"体育强国"战略转型。党的十八大以来,以习近平同志为核心的党中央高度重视关心体育工作,谋划、推动体育事业改革发展。2019年2月1日,习近平总书记在北京考察北京冬奥会、冬残奥会筹办工作时说:"发展体育事业不仅是实现中国梦的重要内容,还能为中华民族伟大复兴提供凝心聚气的强大精神力量。我们要弘扬中华体育精神,弘扬体育道德风尚,推动群众体育、竞技体育、体育产业协调发展,加快建设体育强国。"2019年9月,国务院办公厅印发《体育强国建设纲要》,开始部署

---

① 2017年8月27日,习近平在天津会见全国群众体育先进单位、先进个人代表和全国体育系统先进集体、先进工作者代表以及在天津全运会群众比赛项目中获奖的运动员代表时的讲话。

② 关于"后奥运时代",体育学术界并无一个公认的概念。在中国一般是指2008年北京奥运会以后的特定事件概念。

推动体育强国建设，《纲要》要求充分发挥体育在建设社会主义现代化强国新征程中的重要作用。2020 年 9 月 22 日，习近平总书记在教育文化卫生体育领域专家代表座谈会上说："'十四五'时期，要科学研判体育发展面临的新形势，坚持问题导向，聚焦重点领域和关键环节，深化改革创新，不断开创体育事业发展新局面。"

改革开放后，伴随着经济的发展、综合国力的强盛和国际影响力的扩大，中国不仅在国际大型体育赛事上竞技体育成绩突出，群众性体育不断开展，而且举办的大型体育赛事种类增多，频次增加。1990 年 9 月 22 日至 10 月 7 日，第十一届亚运会在北京举行，这是新中国举办的第一次综合性国际体育赛事。此后，奥运会、亚运会、青奥会、世界大学生运动会等综合性大型体育赛事以及 F1 方程赛、世界游泳锦标赛、世界田径锦标赛、男篮世界杯等单项世界性大型赛事相继在中国举办，2008 年北京奥运会、2022 年北京冬奥会、2023 年杭州亚运会更是获得空前成功。当前我国正处在申办、举办和承办大型体育赛事的密集期，"赛事热"成为国内重要的体育现象，举办大型体育赛事，尤其是综合性国际性大型体育赛事成为促进城市"大事件驱动"下发展的战略性选择，"赛事兴国"论、"赛事兴省"论、"赛事兴市"论亦成为热衷申办大型赛事的重要理由。

表 0-1　改革开放后我国主要城市举办的国际性大型体育赛事一览表

城市	国际性大型体育赛事
北京	1994 年：远南运动会 2001 年：世界大学生运动会 2004 年：足球亚洲杯 2004 年：中国网球公开赛 2005 年：世界斯诺克中国公开赛 2008 年：奥运会、世界智力运动会 2015 年：田径世锦赛 2019 年：国际篮联篮球世界杯 2022 年：冬奥会

续表

城市	国际性大型体育赛事
上海	1991 年：首届亚洲青年赛艇锦标赛 1993 年：首届东亚运动会 1996 年：ATP 网球巡回赛、首届国际马拉松 1998 年：世界中学生运动会、世界女排大奖赛 2002 年：网球大师杯 2003 年：上海友好城市运动会 2004 年：F1 中国大奖赛、足球亚洲杯 2005 年：国际田联黄金大奖赛、汇丰高尔夫冠军赛 2007 年：特奥会、女足世界杯、斯诺克上海大师赛 2011 年：上海世界游泳锦标赛 2019 年：国际篮联篮球世界杯
广州	1991 年：中国（女足）世界杯 2002 年：羽毛球汤尤杯 2008 年：世界乒乓球团体锦标赛 2009 年：羽毛球苏迪曼杯 2010 年：亚运会 2012 年：首届国际马拉松 2019 年：国际篮联篮球世界杯
深圳	2003 年：国际标准舞世界公开赛 2007 年：中国杯帆船赛 2011 年：深圳大学生运动会 2019 年：国际篮联篮球世界杯
天津	1995 年：世乒赛 1999 年：世界体操锦标赛 2007 年：女足世界杯 2013 年：天津东亚运动会 2023 年：天津马拉松
南京	2013 年：亚洲青年运动会 2014 年：南京青奥会 2018 年：羽毛球世锦赛 2019 年：国际篮联篮球世界杯 2020 年：世界室内田径锦标赛

续表

城市	国际性大型体育赛事
杭州	1980 年：羽毛球世锦赛 1986 年：体操世锦赛 2013 年：亚洲青年运动会 2014 年：南京青奥会 2018 年：羽毛球世锦赛 2019 年：国际篮联篮球世界杯 2020 年：世界室内田径锦标赛 2023 年：亚运会
武汉	2007 年：女足世界杯 2012 年：羽毛球汤尤杯 2019 年：世界军人运动会 2019 年：国际篮联篮球世界杯
成都	2019 年：世界警察和消防员运动会 2022 年：女乒、男乒世界杯 2022 年：世界乒乓球团体锦标赛 2023 年：世界大运会

　　智研咨询发布的《2020—2026 年中国体育服务行业市场竞争状况及投资前景趋势分析报告》显示：近年来，我国体育产业产值不断增长。2018年，我国体育产业产值为 24090.4 亿元，2020 年超过 30000 亿元。2022年，我国体育产业增加值占国内生产总值的比重从 0.60% 提升至 1.06%，在国民经济中的地位和作用日益提升。① 2022 年，仅成都体育产业总规模就突破了 1000 亿元。而体育产业发展的原动力来自整个社会广泛的体育需求。

　　历史悠久、文化底蕴深厚的杭州是中国传统体育发祥地之一，它不仅是历史文化名城和全国重点风景旅游城市，且城市体育实力也较强。2023年在杭州举办的第 19 届亚运会是新冠疫情后我国面向亚洲国家和地区最重要的主场外交活动之一，是在庆祝中国共产党成立 100 周年后我国举办的除北京冬奥会之外另一个超大规模世界大型体育赛事，也是浙江首个世

----

① 数据来源于国家体育总局局长、党组书记高志丹在 2022 年全国体育局长会议上的讲话。

界级综合性运动会，对于展示新时代中国的辉煌成就和开放包容负责任的大国形象，全面展示新时代中国特色社会主义制度的优越性和浙江省"三地一窗口"的良好面貌，加深中国社会经济发展和奥林匹克运动的相互促进，推动中国从体育大国向体育强国迈进具有重大意义。

"办好一个会，提升一座城"，亚运会无疑是传播城市国际化知名度美誉度的重要体育赛事。杭州素有"精致和谐、大气开放"的城市人文精神和"敢为人先、敢冒风险、敢争一流、宽容失败"的创业创新文化，在这个重要的时间窗口，通过亚运盛会的成功举办，这座韵味独特的人文古都被世界深深记住。

二、维稳管控取向的大型赛事社会风险治理实践困境

近 10 年来我国举办的大型赛事社会风险治理实践表明："维稳""管控"取向和"分类管理、分级负责、属地管理"的我国大型赛事风险治理模式，已经很难有效应对具有结构高度复合性、要素强关联性和治理跨界性等典型特征的大型赛事社会风险，并且在实践中遭遇"碎片化"困境，表现为：公共价值碎片化、职权与资源配置碎片化、决策与行动碎片化。

2021 年 5 月，甘肃白银山地马拉松事故共致 21 名参赛者遇难。此次事件再次把"碎片化"困境横陈世人面前：比赛运营方和政府气象部门没有很好地沟通、协调和合作，认真识别、研判和跟踪此次比赛极端天气的风险及其走向，并有秩序地做好预警信息监测和发布工作。赛事安全责任主体和岗位责任不清，政府、企业、社会面对灾难应急行动呈碎片化，未能统一指挥、统一行动，救援明显存在各种问题。

多年来，国内很多城市热衷打造体育旅游项目和品牌，然而，一些城市赛事主办方和运营方只盯着经济效益，不重视公共价值，不愿意或无力更多地在风险防范上投入人力财力，部分承办赛事的企业急功近利，不具备组织一场高风险体育赛事的资格和能力，极易引发重大风险事件。

从历史上看，我国大型赛事社会风险治理模式的"治理失灵"和"碎片化困境"有其历史必然性。传统社会风险官僚制治理模式的职能导向、专业分工、地域分割、条块分治的典型特征和"统一领导、综合协调、分类管理、分级负责、属地管理"的基本原则是历史形成的，有其历史必然性和当时的合理性，这一点应一分为二地看待。

从归因上看，主体追逐非公利益是根本原因，传统行政理念是观念障碍，专业化分工的局限是体制障碍，制度供给不足则是协作障碍。

从表现形式看，我国当前的大型赛事社会风险治理模式实质上是分割型的条块治理模式，然而从实践来看，我国大型体育赛事社会风险早已跨越了职能边界、区域边界、时间边界和治理领域边界。在分割型治理模式下，一是存在相关赛事参与者公共价值认知差异、相关治理法律制度体系部门化倾向、相关举办者和投资人利益争夺，此谓公共价值碎片化；二是存在赛事社会风险治理者隶属不同、权责离散、资源配置不均、多元主体协调联动困难，此谓职权与资源配置碎片化；三是存在风险评估主观随意、决策缺乏协调统一和执行"山头主义"倾向，此谓决策与行动碎片化。上述碎片化问题使我国传统社会风险治理模式在应对大型赛事社会风险上反应迟缓，联动不足，效率不高。

三、理论与实践价值兼备的论题

上述问题导向，正是本书研究的实践基础与研究动因，而寻求破解大型体育赛事社会风险治理再陷"碎片化困境"，无疑是一项理论与实践价值兼备的论题。十九大报告已经明确提出我国推进体育强国建设目标，在迈向体育强国建设的征程中，理论界理应走在前面。把防范和化解体育领域中的社会风险问题置于更为宏大的国家治理现代化背景下考察研究，不仅是现实需要，也应是体育强国理论体系中的应有之题。

（一）理论意义

有利于大型体育赛事重大社会风险理论和实践专门系统研究的丰富和拓展。目前理论界关注大型体育赛事宏观风险或复合风险的研究较多，缺少重大社会风险层面专门的深入系统的理论研究。而如何识别、防范和化解重大社会风险理应是大型体育赛事风险研究领域的核心论题和亟须解决的时代课题。因此，本书从社会背景、现状与挑战、概念、特征、类型、演化规律、作用机理、防控机制及策略等方面，对构建大型体育赛事社会风险进行系统的理论研究，以及探寻我国大型体育赛事社会风险治理困境与破解路径。

具体地说，一是推进大型体育赛事风险源的"中国特性"研究，把体育风险特性置于中国社会语境中，回答其特有的跨界特性及其政治、社会与文化因素影响，采取定性定量研究互通互证，或可对大型体育赛事风险源识别评估方法有新的探索；二是构建大型体育赛事风险治理框架体系研究，从学理和实践上延展体育风险治理理论的广度和深度，或可对大型体育赛事风险框架体系构建有新的延展。

（二）实践意义

本书研究有助于提升我国大型体育赛事风险治理软实力。我国每年举办国际赛事和综合性大型国内赛事几百次，如何防范和化解重大体育赛事的重大社会风险，不让体育社会风险演化为全局的社会重大风险，引发重大社会危机事件，亟须加强我国体育赛事风险管理理论与实践的研究，提高赛事的风险防控水平。

本书深入探究我国大型赛事重大社会风险治理遭遇的普遍困境及原因，提出解决问题的机制、路径与策略，对防范和化解大型体育赛事的重大社会风险，提升大型体育赛事风险管理软实力，推动我国大型体育赛事风险管理能力建设，具有一定的现实意义。

未来5年是我国大型体育赛事的井喷期，中国体育市场将保持至少5.2%的年增长率。全运会、亚洲杯、大运会等诸多赛事风险治理无疑需要学术界补位，开展专门研究，或可对大型体育赛事风险治理路径有新的突破。

第二节　国内外相关研究评述

肇始于欧美国家的风险管理是以风险识别、评估和控制为研究对象的科学，伴随着市场化运作的大型商业赛事日盛，以 IBM 国际管理公司为代表的保险公司率先介入赛事风险管理。《体育赛事风险管理手册》（美国，亚历山大·伯龙吉，1990）则是专门研究体育赛事风险管理的问鼎之作。20 世纪 90 年代风险管理理论植入国内重大赛事管理领域并于 2008 年北京奥运会前后形成显学，国家社科基金亦立项研究"北京奥运会期间反对恐怖活动的对策建议"（2005 年）。作为特殊的研究对象，目前国内学界尚未见关于 2023 年杭州亚运会重大社会风险评估与防控的专门研究。从学术史梳理和文献检索来看，本书所指向的"社会风险治理"多分布于"大型体育赛事风险"研究中，尚不够系统，关于社会风险源问题也主要是在大型体育赛事风险识别、风险评估、风险管理以及奥运会风险案例等层面的研究有所涉及。主要研究点有：

表 0-2　国内外研究现状总结表

研究主题	研究内容、视角和存在的问题	代表性文献
（1）大型体育赛事社会风险归类归因研究	典型赛事风险类别和存在状态；赛事社会风险的致因。问题在于未能以中国社会语境回答其特有的跨界特性及其政治、社会与文化因素影响。	Parent（美，2007）；Thomas A. Baker（美，2007）；谢贵俊（2009）；陈德铭（2012）；史悦红（2016）；蒋俊杰（2014）
（2）大型体育赛事社会风险定量研究	大型赛事风险评估指标、评估模型等定性与定量相结合的探讨和实践应用。问题在于未见运用碎片化和整体性理论研究方法进行剖析诊断。	苏海荣（2017）；孙庆祝（2017）；夏茂春（2017）
（3）大型体育赛事社会风险治理路径选择与策略研究	从场馆、框架流程、制度、组织、企业风险管理模式等不同维度，提出了大型体育赛事社会风险防控的路径选择与策略。问题在于治理路径主要集中在安全或治安防范领域，未能解决现实存在的"碎片化"治理困境这个"真问题"。	小罗宾·阿蒙（美，2005）；Colin Fuller 与 UK Sport（英，2009）；史悦红（2016）；高奎亭（2012）；王子朴（2010）

一、国内研究现状与趋势

20 世纪 90 年代风险管理理论进入国内重大赛事研究领域并于 2008 年北京奥运会前后形成显学。甘肃白银马拉松事件后国内体育赛事治理再掀反思批评高潮，整体性（协同）治理共识浮出水面。

（一）识别划分渐成共识

讨论始于 20 世纪 90 年代，研究途径多学科融合，成果众多，点状分布。由于主观性和功利性，学界目前尚未有统一的归因归类标准，但在下面三个方面渐成共识：从风险产生的原因看，划分体育风险类型无外乎环境和人两个维度（陈德铭，2012），体育赛事风险包括体育环境风险、体育人风险、体育政治风险、体育管理风险、体育技术风险（任天平，2015），而社会快速转型、治理机制缺失和大型体育赛事的多结构、多层次、多因素特性则是体育赛事风险系数高的关键所在（史悦红，2016），该分类多基于发生学理论；从风险源存在的状态看，体育赛事风险有显在风险源、准在风险源、潜在风险源、突生风险源等四种存在状态（谢贵俊，2009），该分类多基于风险源理论；从风险结果的呈现看，体育赛事风险有赛事延期或取消风险、法律责任风险、财产风险、人身风险等（龙苏江，2010），该分类多基于风险承担理论。

（二）定量评估方法层出不穷

研究者的旨趣在于研究大型体育赛事的风险识别与预警（董杰，2007；马辉，2013；任天平，2015；蒲毕文，2018），数学模型和理论框架频出，但研究视野多局限于场馆风险的定量分析，近年来出现了基于扎根理论的定性评估方法。除常规的访谈法、文献法、德尔菲法，霍德利（2011）首建我国体育赛事风险评估系统，运用了风险极差量化表法对风险因素进行评估。梁波等（2020）运用层次分析法构建了大型赛事三级生态环境风险评估体系。也有学者对各种层出不穷的评估体系和模型进行反思和批评，指出要避免过多人为主观判断和预设（夏茂春2017）。

（三）内生性困境与机制路径反思逐渐深入

研究多借鉴治理概念工具，成果指向与整体性治理或协同治理相关的机制建设与路径选择，研究态势逐渐向"数字化治理"方向深入。有学者从一般有效治理意义上分析"公共治理碎片化的困境""治理组织规模扩大化的困境""国家与社会关系失衡的困境"（臧乃康，2015）；有学者认为多元主体权责不清、市场机制不健全和体育社会组织发展滞后是大型体育赛事风险治理面临的主要困境（杨光等，2019）；有学者认为体育赛事风险治理困境来源于两个问题——"对客观风险的全面认知与把握"和"采取什么样的模式和技术去处理"（何珊君，2019）。在数字化时代，更需要"精益化、精准化、智能化与效能化"治理（曾珍，2020）。而建构

"无边界安全共同体"则是路径突破的新方向（廖丹子，2014），这一研究切口独特，学术意义明确，论证图式也值得关注。

（四）疫情下奥运风险治理研究有所建树

疫情下举办的东京夏奥会和北京冬奥会拓展了大型体育赛事的研究领域，"体育赛事的疫情风险"成为近 3 年新研究风口。薛昭铭、马德浩（2021）以代价论为研究视角，认为东京奥运会延期映射了各方权益博弈考量的冲突和困境。张传昌、王润斌（2022）对疫情防控常态化背景下大型体育赛事风险管理的历史经验进行系统研究，提出以世卫组织 2020 年 7 月颁布的第 2 版《大型集会新冠疫情风险评定工具——体育赛事》作为相对权威的办赛标准。夏文斌等（2021）提出要未雨绸缪，积极应对北京冬奥会的各项风险挑战。虽然研究成果迭出，但将疫情下大型体育赛事风险治理标准与东京奥运会、北京冬奥会《防疫手册》等实践工具结合进行系统研究尚有不足。

二、国外研究现状与趋势

国外体育风险的专门研究肇始于亚历山大·伯龙吉（美，1990）的《大型体育赛事风险管理手册》。由于商业化运作使体育赛事中频出人身安全、财产损失等责任赔偿问题，IBM 国际管理公司及西方国家保险公司很早就重视研究体育赛事风险问题。国外主要研究趋势有：

（一）运动员与公共健康

成果最为丰富且历史悠久，跨运动医学、运动心理学、人类学和社会学科等广泛学科领域。主要研究赛事突发人身伤害和医疗健康问题，切入点集中在气候、医疗和运动员，并探讨赛事与危机事件、赛事与流行病、赛事与运动员健康等细化风险。Smith 等（美，2000）还提出赛事公共健康风险评估监测系统，用以统计和警报大量的体育赛事健康风险。

（二）赛事营销与风险管理

赛事风险识别与防控等早期并未受到广泛关注。20 世纪 70 年代后，频繁出现的恐怖主义和暴力犯罪使赛事安全成为核心议题，研究主题由营销风险逐渐趋向多元化。麦格劳·希尔（美，2001）出版《体育营销指南》讨论了体育风险管理，小罗宾·阿蒙（美，2005）编著的《体育场馆与赛事管理》详细研究了赛事规划与经营管理、公众管理与预防暴力、风险管理与运作程序等。Parent 和 Thomas A. Baker（美，2007）指出球迷骚乱、恐怖袭击和伏击营销是赛事主要风险源。

（三）场馆评估与人群控制

国外学者非常重视场馆安全的理论、方法和技术研究，尤其是场馆风险的识别评估。兰萨·阿伯特和摩根·捷蒂（美，1999）发表的《赛事与场馆管理：通过有效的人群管理技术使责任最小化》探讨了人群管理和人群控制的重要性，并以案例论证了人群控制技术。Colin Fuller 和 Scott Drawer（英，1998）绘制了赛事风险管理理论框架图，详细说明了体育赛事风险管理流程。Colin Fuller（英，2009）编制了便于操作的体育赛事风险框架图和风险管理流程。

（四）奥运会与世界杯

如中欧数字奥运战略框架合作项目曾将雅典奥运会分为市场风险、自然灾害风险、运作策略风险和操作风险四个部分并绘制了专门的风险管理图。澳大利亚体育当局和悉尼大学曾专门研究了悉尼奥运会场馆可能的社会风险和延时比赛带来的社会风险细节。Coople（美，2012）专门研究了被认为是"英国自第二次世界大战以来最大的安全挑战"的伦敦奥运会恐怖袭击问题。Wong（美，2020）等对历届国际足联世界杯的相关风险及风险因素进行了分析。

三、简要评论

综上所述，已有的成果对大型体育赛事社会风险特性、归因归类、评估运用、治理路径及案例实证等问题进行了大量研究，为本书的研究提供了问题参照和思想启发。但现有研究也存在三个不足：

一是在理论和方法上的研究展现的多为西方逻辑与学理，并没有关切"中西有别"的社会观念与逻辑。在重大赛事风险评估层面的研究，研究者虽然很好地吸收了西方风险社会理论和方法，但是并没有关注这些工程方式评估指标和模型背后所蕴含的"中西有别"的社会观念与逻辑，回答影响风险源情形出现的中国政治、社会与文化因素，换言之，未能把风险系统放在中国社会语境中去建构，从而使针对性和可操作性大打折扣，这是非常明显的一个问题。

二是在问题诊断上虽预设了很多系统及其定量指标，却未见对我国跨界大型体育赛事社会风险治理的碎片化问题及其机理进行剖析诊断。在重大赛事风险识别层面的研究虽然预设和罗列了很多种类型，然后多为专家学者、赛事组织者和参与者的主观判断，多为介绍性、解释性或评价性的研究，缺失考察调研数据支持，或多或少存在主观主义和经验主义因素，使实际操作难以检验和评估。

三是在社会风险的治理路径上主要集中在安全或治安防范领域，未能解决现实存在的"碎片化"治理困境这个"真问题"，在具体的社会风险管理策略层面上，尽管学术界在不少方面已经达成了共识，如建立预警和监控机制等，然而对于重大赛事社会风险源演变的形成机理与演化规律，尤其是通过对某个大型赛事案例跟踪式的研究揭示重大赛事风险的内在形成机制等领域的研究还有待深化。

总之，研究的广度和深度亟须拓展。基于此，本书选择体育赛事与风险治理的交汇点，探索研究我国大型体育赛事风险治理的实践困境与突破路径。

第三节　研究思路与框架

一、研究思路与方法

（一）研究的基本思路

本书立足于广义的社会风险概念界定，即一切导致社会危机爆发的可能性和不确定性，以第 19 届杭州亚运会社会风险治理为研究对象，遵循"实践—理论—实践"的基本思路，以"社会风险治理碎片化困境"为问题导向，沿着"杭州亚运会社会风险的特性—我国大型体育赛事社会风险治理的现实困境分析—整体性治理的机制与策略"这个研究主线，探讨国内大型体育赛事面临的社会风险之跨界特性、类型、成因、系统结构，解析其社会风险治理中可能遭遇的"碎片化"困境与形成机理，探寻整合社会风险治理碎片的有效机制与策略。在具体的历史样本选择上，本书以2008 年奥运会以来我国国家层面举办的大型体育赛事为考察调研对象。

（二）具体研究方法

根据研究对象的特点和研究目标、研究内容的设定，本书采用如下研究方法：运用文献研究法还原赛事风险特定的场域、社会和民族语境，考察其复杂的政治、社会与文化影响因素，分析风险治理的西方逻辑与学理中国化改造。采用文献分析法、调查法、比较法梳理总结我国大型赛事社会风险管理的背景、现状和问题，分析国内大型体育赛事可能面临的社会风险挑战及其归因归类；借鉴系统理论和发生学原理研究重大社会风险的演化路径与作用机理；运用案例分析法解剖我国大型体育赛事治理的"碎片化"困境表征、机理及根源；运用实地调查法深度访谈 2008 年以来我国大型体育赛事主办者、承办者、运营者、第三方、专家学者等多元治理主体，深挖问题点；运用倒推追溯的分析方法，建构国内大型体育赛事社会风险三维度系统；运用现场考察、文献资料梳理和典型调研样本分析等方法，揭示传统社会风险官僚制治理模式的"治理失灵"和"碎片化困境"。

二、研究内容与框架

遵循上述研究思路，本书把主要研究内容放在五个部分的设计中：

第一部分：大型体育赛事社会风险治理背景分析及相关基础理论梳理。

本部分主要讨论大型体育赛事社会风险治理问题涉及的主要概念和基本理论，这是本书的立论基础和学理支撑。

1. 大型体育赛事社会风险治理的主要概念。如大型体育赛事、风险、社会风险、公共危机等。

2. 大型体育赛事社会风险治理的相关基础理论。如习近平总书记关于社会风险问题的重要论述、社会冲突理论、必然性与偶然性理论、责任政府理论、公共治理理论等。

第二部分：国内大型体育赛事风险源与特性分析。

此部分立足全球化和中国转型社会大背景，分析国内大型体育赛事社会风险的动因、类型与特性。具体为：

1. 考察来自三个层面的风险源：宏观层面的全球和我国社会特有风险源、中观层面的举办地风险源、微观层面的场馆风险源。

2. 考察国内大型体育赛事的多重风险。

3. 考察突发公共卫生事件对大型体育赛事的影响。

4. 揭示国内大型体育赛事风险的三大典型特性：复合性、关联性、跨界性。

第三部分：国内大型体育赛事风险系统结构与演化机理研究。

此部分立足风险社会基础理论和系统学、发生学基本原理，阐释国内大型体育赛事社会风险系统结构，分析社会风险源演变过程中主要的、本质的、必然的因素，在此基础上研究由大型体育赛事生成的社会风险源传导演化为社会公共危机的机理问题。具体为：提出由职能维度系统、目标维度系统和时间维度系统构成的三个维度社会风险系统结构。以时间为维度研究大型体育赛事不满宣泄、场馆失控、恐怖袭击、舆情恶化等社会风险诱发、蔓延、升级、消亡的一般规律，解析可能由国内大型体育赛事生发的社会公共危机事件激化传导的多源路径、传播规律、时空结构突变机理和观测度，探索国内大型体育赛事社会风险演化可能存在的纵向链式发展、横向网状伸展、立向高低起伏的三种模式。具体为：

1. 以风险发生、发展、演化趋势和内在联系为线，阐析大型体育赛事风险系统可能存在的风险结构。

2. 以赛事风险、突发事件、公共危机三者之间存在"连续统"的演进路线为线，揭示大型体育赛事风险演化逻辑、触发因子和关键变量。

3. 以大型体育赛事中不满宣泄、场馆失控、恐怖袭击、舆情恶化等风险诱发、蔓延、升级、消亡的一般规律为线，探求赛事风险向社会公共危机事件传导的多源路径、传播规律、时空结构突变机理和观测度。

第四部分：国内大型赛事风险治理的"碎片化"现实困境与时代表征阐释。

本部分运用现场考察、文献资料梳理和典型调研样本分析等方法，揭示传统社会风险官僚制治理模式的"治理失灵"和"碎片化困境"。具体为：

1. 以历史研究为脉，解析我国大型赛事风险治理模式的嬗变及历史必然性，讨论我国大型体育赛事风险治理传统模式的历史由来、历史必然性和历史合理性。

2. 以问题诊断为脉，揭示传统治理模式的"治理失灵"现状及"碎片化"困境，画像公共价值碎片化、职权与资源配置碎片化、决策与行动碎片化、风险治理能力碎片化的时代表征。

3. 以反思追问为脉，阐析"碎片化"困境的原因，深挖根本原因以及观念障碍、体制障碍、协作障碍。

第五部分：大型体育赛事风险的整体性治理机制和突破路径研究。

此部分尝试以整体性治理的理论和方法探寻破解国内大型体育赛事社会风险治理"碎片化困境"的机制和策略。重点研究三个方面：

1. 考辨整体性治理理论运用的可能性和契合性。认为整体性风险治理模式契合现代大型体育赛事的社会风险特性，可以有效解决"碎片化"困境。

2. 提出整体性治理的优化机制。具体方案：（1）从组织层面，建立沟通顺畅、内外合作的公共关系机制，提升内外部协作能力。（2）从技术层面，建立数字赋能、科技助力的监测预警机制，提升数字化风险预警能力。（3）从制度层面，建立跨界跨域、统一行动的风险治理协调联动机制，提升风险治理集成能力。

3. 提出"碎片化"困境的破解路径。即统领有方的预案是基础，科学有效的识别评估是重点，应对有力的场馆安全是关键，"疫下"赛事的"四关"是底线，改进提升的能力评估是保障。

上述研究内容中，第一部分是本研究的前提，第二、第三部分是本研究的基础问题，第四、第五部分是本研究的核心问题。

第一章

大型体育赛事与风险治理

　　本章对大型体育赛事风险治理所涉及的主要概念和基础理论进行阐释。需要特别强调的是，本书论述均立足于广义的"风险"概念界定，即一切导致危机爆发的可能性和不确定性。

第一节　大型体育赛事社会风险治理的主要概念

一、大型体育赛事

　　从词源上讲，"体育赛事"（Sport Event）这一概念是外来词，源自欧美，亦称体育竞赛。《现代汉语词典》和《辞海》均无"体育赛事"释义。体育赛事的核心与主题是竞技体育活动，区别于工作、学习和休闲等其他活动，体育赛事是要用比赛的形式决定胜负，其本质属性是人体运动和公开竞赛。但绝不能把"体育赛事"与"运动竞赛"等同，因为现代意义上的运动竞赛已不仅仅是竞技体育活动本身，规模较大的运动竞赛往往是一项融合体育产业营销、体育人文交流等方面诸多要素，涵盖社会政治、经济、文化等多个领域的综合性竞技活动，其构成要素包括时间、地点、举办者、比赛项目、赛场、运动员、观众、裁判、技战术、资本等十个方面。因此，"体育赛事"概念是对以运动竞赛为核心的一系列集众性活动的总称，其外延包括"运动竞赛"。从"运行管理"角度看，"体育赛事"是指进行综合运作管理的特殊事件，强调体育赛事成功的关键因素是组织运作；从"体育产业"角度看，"体育赛事"是赛事参与人员以体育比赛为核心的包括门票营销、媒体推广、赞助和广告策划、形象产品开发等在内的产业经营活动，强调体育赛事成功的关键因素是市场化。

　　依据国际上比较权威和通行的分类法，一般体育赛事分类为：

（一）传统赛事与"利基（Niche）"赛事

前者是有赛事组织、协会或联合会等主管团体，有赛事的章程或规则，有相对严格的标准化的比赛内容与规程，并且定期举办，如奥运会、亚运会、世界杯足球赛即传统赛事；而后者主要针对某些特殊的休闲旅游、体育市场，尽管赛事内容安排上似传统赛事，但形式安排上是非常规的，通常是一次性的。"利基"赛事既可以由传统赛事"地方化"形成，也可以由传统赛事改革创新形成。与以往亚运会相比，2010 年广州亚运会即可谓一次"利基"赛事。从某种意义上说，一个体育赛事从赛事本身规程和标准化来看是"传统"的，但每一个举办地在形式上可能会创新变革，又是"利基"的，2008 年北京奥运会、2010 年深圳世界大学生运动会都是如此。

（二）观众导向型和运动参与型赛事

这是根据参与主体分类，前者赛事一般历史悠久、级别和比赛水平高，比赛项目观赏性强，大众参与度广，观赛观众多，如奥运会、世界杯足球赛、网球大师赛、F1 方程赛等；后者则明显具有"公益性"，一般多为群众性体育活动，观众不多，主要是鼓励公众参与，增强体质，如近年来国内城市风靡的国际马拉松赛。

（三）"标志性体育赛事"与"大型体育赛事"

这是基于赛事规模的分类，而"规模"也并不是简单化区分为人数的多寡，其衡量标准的重要参考指标则包括：影响程度、体验水平、身份、媒体关注度、政策影响、事件的多样性、传统与标志等七种。"标志性体育赛事"（Hallmark Sport Event）其实没有统一的定义，总结学者们的观点，一般认为，标志性体育赛事是某个地方标志性形象符号，深深嵌入地方文化，成为举办地传统并具有独特的竞争优势。例如，在纽约举行的规模大、影响广泛的两大世界顶级自主品牌赛事"美国网球公开赛"和"纽约马拉松赛"即为标志性体育赛事，这些赛事的存在彰显纽约卓尔不群的体育之都地位和良好的城市形象。

大型体育赛事，一般指的是参与人数多、项目设置广、竞技水平高、社会影响大、申办周期长的比赛。① 究竟多大规模为"大型体育赛事"？目前国内并无统一标准，但国家体育总局印发的《大型体育赛事及群众体育活动突发公共事件应急预案》中界定：大型体育赛事是指经国务院或体育总局批准，在国内举办的具有一定规模（参赛运动员达到200人以上或观众达到6000人次以上）的国际性、全国及地方性综合、单项体育比赛活动。各省也基本上依据这一界定，如山东省《大型体育赛事及群众体育活动突发事件应急预案》就界定：大型体育赛事是指经国家体育总局或省体育局批准，具有一定规模（参赛运动员达到200人以上或观众达到6000人次以上）的国际性、全国及地方性综合、单项体育比赛活动。

需要指出的是，我们在这里讨论的"大型体育赛事"概念，其评价和衡量标准也并非可以用参与人数之规模来简单判断，一项赛事是否属于"大型体育赛事"包含了社会影响重要性、市场化运作程度、政府积极性等多个相当主观的衡量因素。

"大型国内体育赛事"如全运会、城运会、残疾人运动会、农运会和少数民族运动会五大国家级综合性体育赛事。

而"大型国际体育赛事"一般指全球范围或跨大洲的各种综合性运动竞赛，以及由全球各单项体育组织主办的世界范围内具有广泛影响力的单项运动比赛。综合性"大型国际体育赛事"如奥运会、亚运会、各洲运动会。单项性"大型国际体育赛事"如八大最具影响力的赛事：世界杯足球赛、F1大奖赛、环法自行车赛、美洲杯帆船赛、达喀尔汽车拉力赛、温布尔登网球赛、欧洲足球锦标赛、英格兰足总杯。

在国际性体育赛事方面，国家体育总局于2014年12月24日发布的《在华举办国际体育赛事审批事项改革方案》将国际体育赛事按照主办方、比赛性质和重要程度细分为A、B、C三类。

首先，A类国际体育赛事包括由国际体育组织主办的国际综合性运动会、世界锦标赛、世界杯赛、亚洲锦标赛和亚洲杯赛，以及涉及奥运会和亚运会资格、积分的比赛。此外，由体育总局主办或参与主办的重要国际体育赛事也属于A类。

---

① 唐晓彤. 大型国际体育赛事对社会发展的波及效应［J］. 广州体育学院学报，2007，27（01）：26-28.

其次，B 类国际体育赛事主要是指由体育总局相关单位或所属运动项目协会主导，与地方共同主办或交由地方承办的国际体育赛事。

最后，C 类国际体育赛事则包括地方自行举办的国际体育赛事，以及由地方主导、体育总局相关单位或所属运动项目协会参与主办、协办的国际体育赛事。①

根据上述概念的讨论，本书研究对象——第 19 届杭州亚运会属于"大型体育赛事""大型国际性体育赛事""A 类国际体育赛事"。

二、风险

（一）"风险"的由来

首先要厘清何为"风险"？"风险"是一个常见的学术研究和公众话语概念，人类文明的发展本身就预设内蕴了无处不在的风险必然性。从词源学和语义学上追溯，"风险"概念在时空上有其历史的流变。

《现代汉语词典》释义为：可能发生的危险。《辞海》将风险定义为，在生产和日常生活中，可能遭遇的造成人身伤害、财产损失和其他经济利益损失的自然灾害、意外事故或其他意外事件的可能性。②

现代意义上的"风险"是一个外来词，其词根为意大利语"Risco"，其含意是"害怕"。"风险"词条已经被当代欧洲的许多语源学词典收录，《韦氏词典》对"风险"这一词的阐释包括：含义 1，存在遭受损失或伤害的潜在可能；含义 2，引发或预示危险的人或事物；含义 3，与保险合约相关的可能造成危害或损失的主观事件；含义 4，投资中可能导致资产贬值的风险。③"风险"在词源上仍然存有到底源自古希腊语、阿拉伯语还是拉丁语的争议。据艾瓦尔德（Ewald）考证，"风险"一词是早期航海贸易中的一个术语，近代欧洲地中海一带海上商贸非常发达，商船在海上就难免遇到飓风、触礁等自然灾害危险，"风险"概念被创造出来是人们为

---

① 体育总局关于印发《在华举办国际体育赛事审批事项改革方案》的通知 [EB/OL]. 国家体育总局网站，2014-12-24.

② 刘岩，孙长智. 风险概念的历史考察与内涵解析 [J]. 长春理工大学学报（社会科学版），2007（03）：28-31.

③ 崔涵冰. 环境毒物侵权中的损害问题研究 [J]. 广西社会科学，2018（12）：117-126.

规避海上不确定性的危险，运用于与保险有关的制度安排上。①

大约 17 世纪，"风险"概念由意大利语和法语引入英语世界，并跟随现代化的脚步逐步进入公共话语中心地带。而现代意义上的"风险"概念已经有了一个比较明确的含义，无论是《韦氏词典》，还是《现代汉语词典》《辞海》，对"风险"的释义都是一种面向未来的可能性，而不是当下的事实性。

伴随着人类文明的发展，如今，"风险"概念被广泛运用到政治学、社会学、伦理学等社会科学领域和医学、生态学、海洋学等广阔的自然科学领域，且已经被赋予更深层次和更广泛的含义。

(二)"风险"的概念

风险的概念至今并没有统一或获得一致公认的界定。如何从学理的角度分析"风险"概念，各门学科站在本学科领域做出了自己的解析。

最早对"风险"概念进行界定，并进一步对风险进行类别划分和本质分析的是美国学者海恩斯（Haynes）。海恩斯在 1895 年发表的 *Risk as an Economic Factor* 一文中认为："风险"就是指损害或损失发生的可能性和不确定性。

1986 年 4 月 26 日，"切尔诺贝利事件"震惊了世界，也使"风险"概念步入世界话语中心地带，人们开始意识到现代文明是"双刃剑"，物质文明的发展也同时带来不确定的风险挑战。以"切尔诺贝利事件"为标志，人类进入"风险社会"，10 年后疯牛病在全球的蔓延使风险社会理论成为西方社会学界的热点和焦点论题。

在西方关于风险社会的研究中，当属贝克、吉登斯和拉什三人最具洞察力和影响力。贝克从生态和科技的角度，吉登斯从制度角度，拉什从文化角度探讨风险社会。

1986 年，德国知名社会学家乌尔里希·贝克所著的经典著作《风险社会——新的现代性之路》一书，与"切尔诺贝利事件"形成理论与实践的映照，书中提出了"风险"概念及"风险社会"的重要诊断。在贝克看

---

① 范柏乃，楼晓靖. 工业企业风险的动态预警及全面管理研究：以浙江省为例 [M]. 杭州：浙江大学出版社，2014.

来，现代社会就是风险社会。风险是人类社会技术经济列车向前飞奔的副产品，是现代文明社会的必然核心议题和内在规律。分析了在工业社会中现代性的一种断裂，描述了核裂变的放射性污染等工业化的"副作用"给人类社会带来的可怕后果，揭示了现代性对人类产生的影响及风险的现代性本质，引起世界广泛关注。贝克对"风险"概念的界定是从技术的发展与生态环境的关系入手，认为"风险"是技术的发展对自然环境产生的威胁，"现代社会具有威胁性的力量，以及由于全球化所产生的现代性的种种疑惑"。① 贝克在后来陆续出版的著作中，进一步论述了现代化产生的后果，明确把风险看作是"预测和控制人类行为未来后果的现代方式"，贝克提出"从根本上说，风险既是现实，又是非现实的。一方面，有很多危险已经发生，另一方面，风险对社会的刺激在于未来预期的风险"。贝克认为，区别于 19 世纪农业社会现代化，以工业社会为对象的 21 世纪现代化是"自反性"的现代化，随着生产力指数性的增长，风险到了史无前例的程度，日渐成为人类共同的威胁，"风险社会"———一种新的社会形态也因此在现代性中呈现。

另一位同时代的英国著名社会学家安东尼·吉登斯从社会理论的角度进行了探索，并在某种程度上深化了对风险内涵的理解。② 吉登斯在《现代性的后果》和《失控的世界》两部著作中，都提出了"我们正处在风险社会"的论述，并主张"风险社会是现代性的一种产物"。③ 在《现代性的后果》一书中，吉登斯讨论了极权增长、经济崩溃、生态环境恶化、核冲突、人类大规模战争等现代性不可避免的问题，以及人类面对此类问题的出路，书中描述"核战争的可能性、生态灾难、不可遏制的人口爆炸、全球经济交流的崩溃以及诸如此类的全球灾难，为我们勾画了一副风险社会令人不安的画面"。

英国人类学家玛丽·道格拉斯和文化学者维尔达沃斯基强调"风险"的"可感知性"，认为社会结构本身就具有辨别群体所处环境的危险性的

---

① 李翠. 近年来国内外风险社会研究综述 [J]. 黑河学刊, 2014 (02): 184-186.
② 刘岩, 孙长智. 风险概念的历史考察与内涵解析 [J]. 长春理工大学学报 (社会科学版), 2007 (03): 28-31.
③ 徐文锦, 廖晓明. 重大社会风险致灾机理分析与防控机制建构——基于新冠肺炎疫情风险防控的研究 [J]. 软科学, 2020, 34 (06): 46-51.

功能，把"风险"定义为一个群体对危险的认知。道格拉斯是西方第一个从文化视角解析风险的学者，在道格拉斯看来，"风险是关于未来的知识和对最期望的未来形成的共同理解的产物"。①

另一位基于文化维度研究风险的学者则是拉什，由于拉什等人的努力，由道格拉斯开创的风险文化理论流派最终形成。拉什认为风险是一种文化现象，也是一种心理认知，因此，不同的文化群体对风险的感知和解释有差异性，这是因为他们不同的文化背景和所处的现实状况决定的。基于此，拉什等人认为，风险治理根本之道是价值和理念，而不是制度。

提出"社会系统理论"的著名德国社会学家尼可拉斯·卢曼，对风险的界定与道格拉斯等人颇为相似，首先他也认为风险是一种认知或理解的形式，但卢曼强调，风险并不是各种文化的伴随物，而是在 20 世纪末期由于各种全新问题的出现而产生的。风险是一种具有"时间限制性"的偶然出现的图式，而这种所谓的"偶然"则由人的认知决定，因此，有人认为是"风险"，有人则认为是"危险"。

在西方学者站在不同视角和从不同学科角度的热烈讨论中，"风险社会学""风险政治学""风险生态学""风险经济学"等学科逐渐兴起。

伴随着改革开放后各种社会问题的横陈，国内学者也开始关注风险的研究，如宋林飞 1987 年出版的《现代社会学》开始讨论社会风险问题，王巍 1988 年出版《国家风险——开放时代的不测风云》。学者们尝试对风险概念进行界定，虽各有差异，但大体上都是基于"不确定性"和"损失性"两种视角来认识"风险"。

杨雪冬在其著作《风险社会与秩序重建》中，基于西方学者对风险的多种界定，提出风险是"个人和群体在未来可能遭受伤害的可能性以及对这种可能性的感知和认识"，认为"风险社会是秩序失范的后果"。② 值得一提的是，杨雪冬还区分了"风险"和"危机""危险""灾难""威胁"等概念，认为前者是一种"不确定性""不安全性"和"可能性"，而后者则已经发生或者事实存在，体现的是风险已经形成的结果。后者肯定都是"风险"，但在一定条件下，风险也不一定会最终转化为"危机"

---

① 郭海军. 当代中国改革风险防控研究 [D]. 北京：中共中央党校, 2016.
② 刘岩, 孙长智. 风险概念的历史考察与内涵解析 [J]. 长春理工大学学报（社会科学版）, 2007（03）：28-31.

"危险""灾难""威胁"。

冯必扬对社会风险的含义进行过系统研究，对"社会风险"和"风险社会"两个概念做了比较阐释，认为风险的基本特性是"损失性"和"不确定性"，在此基础上将社会风险界定为"社会损失的不确定性"。

赵万里将风险解释为"某种行动选择结果的不确定性，以及这种不确定性导致行动者实际状况与期望目标之间的差异，并可能给行动者带来损失的可能性"。[①]

刘岩把风险界定为"关系性范畴"和"不确定的可能状态"。比如谈到社会风险时，他提出，社会风险是指由社会各个领域中的不确定性因素引发的社会动荡、社会冲突、社会损失的潜在可能性关系状态。这种不确定性因素可能来自社会的生态、经济、政治、文化等多个领域。[②]

也有从哲学意义反思和界定风险概念的，如庄友刚认为，风险是人类的一种存在状态。这种客观存在的风险随着社会生活的发展而不断演变，成为人类生活中的基本现象。

由于本书的研究内容为大型体育赛事社会风险的治理，本书为了概念更加明晰，讨论更加便捷，同时避免不必要的混淆，选择从社会风险的角度对风险进行文献综述。综合上述界定，我们可以把风险定义为：人和群体在未来遇到伤害的可能性以及对这种可能性的判断与认知。这个界定内涵包括：（1）风险是一种可能范畴，并非一定要发生。（2）风险是一个现代概念，虽然风险现象自古就有，但风险概念是在近代随着资本主义的发展才逐渐形成的。反映人类在现代性发展中的"双刃剑"效应，生产力和科学技术发展以及人类贪婪的征服实践加剧了风险爆发的可能性。（3）风险是一个相对性范畴，在没有被人类预知之前，风险只是一种普遍的客观存在，只有相对于人或人群等特定的对象才构成风险。（4）风险是一个历史范畴。随着人们风险意识的增强和人类科学技术的发展，在过去成为风险的，如今可能被完全预知、有效管控甚至消除，过去损害程度高的风险，如今也可能表现为低风险或中风险。

---

① 刘岩，孙长智. 风险概念的历史考察与内涵解析 [J]. 长春理工大学学报（社会科学版），2007（03）：28-31.

② 李谧，唐伟. 当代风险社会理论研究述评 [J]. 北京行政学院学报，2009（6）.

（三）"风险"的特征

本书认为风险具有下列六个基本特征：

（1）风险的客观性。风险的客观性意味着风险是一种客观存在的状态，不会因为人的主观意志而转移。其客观性来源于两个方面，一是自然属性上，风险是客观存在的地震、泥石流、海啸等自然现象引起的，自然运动有其自身规律，人们可以认识其规律，从而减少风险；二是社会属性上，风险是物质文明的发展必然带来的威胁，风险与生产力水平、技术条件、经济发展、社会制度等有着紧密关系，受社会规律影响和支配，瘟疫、战争、经济危机、恐怖袭击等皆与此有关。风险的客观性告诉我们，人们尽管可以通过改变风险发生和存在的条件和影响因素来减少风险发生的频率，降低风险影响的程度，但却不能够绝对地消除风险。

（2）风险的普遍性。即风险无处不在，无时不在。人类文明的发展始终伴随着风险，物质文明的发展本身就隐含了各种潜在的风险。渗透到人类和个人生活的方方面面。个人需要面对生死、安全和声誉等各种风险，社会机构面临市场、发展和破产等风险，而国家则面临战争、安全和民族等风险。风险的普遍性告诉我们，要着眼于细微处防范风险，着眼于各个层面、各个领域、各个岗位做好风险源管理，对风险的苗头和倾向性问题绝不放过，既要防范"黑天鹅"，也要防范"灰犀牛"，从风险的普遍性意义上说，防范"黑天鹅"更为重要。

（3）风险的不确定性。即风险发生具有偶然性和随机性。这种不确定性包含：是否发生的不确定性，何时发生的不确定性，发生的原因不确定性，发生的强度不确定性，以及风险的损失不确定性，等等。风险的不确定性特征告诉我们，身处不确定性高的时代，要十分重视系统性风险，十分重视那些无法预测的、容易被忽视的日常，防止引发极端的、颠覆性的风险。

（4）风险的可测定性。这个特征看起来和上述"不确定性"特征自相矛盾，其实不然。风险虽然具有不确定性，但是并不意味着不可利用科学手段进行预测和计算。可测定性本身包含两个方面：一是人们可以针对一定历史时期某种风险发生的情况，利用数理统计等科学原理进行总结和综合分析，从而推导出某种风险的频率、影响范围、损害程度等规律，依据规律开展必要的预测预防工作；二是人们可以利用大数据平台和先进的计算测量技术来评估计算风险造成的损害及其相应的补偿。风险的可测定性告诉我们，技术永远是防范和应对风险的"利器"，必须重视大数据、云计算、AI 等新技术的运用。

（5）风险的损害性。损失是风险的必然结果，风险发生后必然会给人们造成某种损失，如果作为"可能性"的风险演变成"事实性"，风险就成为现实的损失和伤害。风险的损害既有对个人的财产甚至生命的损害，也有对社会结构的破坏和社会稳定的冲击，甚至超越了地理界限，突破政治边界，造成全球性动荡不安。风险的损害性特征告诉我们，风险管理的真谛永远是防范"可能性"变成"事实性"，在了解认知风险的基础上严防风险发生的可能和减少风险所造成的损失。

（6）风险的可变性。即风险在一定条件下或人为干预下是可以转化的。风险的可变性包含三层含义：一是随着人们风险意识的增强，对风险规律认知的加深，以及对风险防范应对的改进，某些风险在发生频次、损失程度等方面可以得以控制，降低风险的影响，此为风险量的变化；二是通过人们及时干预和化解，某些风险在一定时空范围内完全被消除，此为质的变化；三是由于防范和处置不当，小风险演变成大风险，风险可能性演变成风险损害性，风险演变成危机，旧风险演变成新的风险，等等。"风险与机会并存"，相反，如果防范处置得当，"危"可以转化为"机"，此为风险的转化。风险的可变性告诉我们，相比较于农业社会风险，现代社会风险更具突变性和复杂性，某一个"燃点"如不能及时得到处理，就可能会突变激化，从而引发"灰犀牛"事件，我们工作的重心是要在"危机中育先机"。

（四）"风险"的分类

"类型化"是我们研究和解释事物的基本方式，类型分析则是一种有效的分析工具。面对纷繁复杂的以多种形态存在的风险，我们需要拨开迷雾看本相，这需要给风险做必要的分类，而所有的分类都是依据一定的标准。综合学术界对风险的分类，本书把风险做如下类型划分：

一是依据风险产生的原因划分，可以分为自然风险、政治风险、经济风险、社会风险、生态风险、技术风险、制度风险、政策风险等，这种划分是比较通用的标准。

二是依据风险来源划分，可以把风险简单划分为两大类，即外部风险和人为风险，前者是自然具有的风险，后者是由于人对大自然的征服改造而带来的所有风险。

三是根据风险被认知的程度，我们可以将风险细分为已知风险、隐匿风险以及假设风险。[①]

四是依据风险的历史形态划分，依据这个标准，以吉登斯为代表的"两分法"，把风险划分为简单现代化（前现代化）时代人类面临的"外部风险"，亦即自然造成的风险，和反思的现代化（后现代化）时代人类面临的"人为风险"两种。以贝克为代表的研究者将风险划分为"前现代的灾祸"和"工业化进程中的风险"，以及"晚期工业社会中频繁出现的无法准确预测的不安全因素"。[②]

五是依据风险程度等级划，可以把风险分为低风险（一般风险）、中风险（较大风险）、高风险（严重风险）。

六是依据风险后果划分，可以把风险分为纯粹风险和投机风险两种，前者是无获得利益可能且不能带来机会的风险，只有造成损失和不造成损失两种可能的后果，而且其造成的损失是绝对的损失。后者则既带来威胁和损失，但同时也可能带来机会获得利益，这种风险有造成损失、不造成损失和获得利益三种可能的后果。

七是依据风险是否可管理划分，可以把风险分为可管理的风险和不可管理的风险两种。前者可以预测，并可采取相应防范应对措施加以控制；后者则不可预测，无法采取防范应对措施加以控制。

八是依据风险的影响范围划分，可以把风险分为局部风险和总体风险，前者影响范围小，后者影响范围大。

九是依据风险的路径划分，可以把风险划分为输入型风险、卷入型风险和诱发型风险。

---

① 郭海军. 当代中国改革风险防控研究［D］. 北京：中共中央党校，2016.

② 陈彧，张方旭. 社会风险的"三分"类型学［J］. 前沿，2012（01）：119-122.

三、社会风险

（一）社会风险概念

由于社会风险目前尚没有一个统一的定义，国内外对社会风险的内涵研究也不充分，风险与社会风险的区分边界也不明确，不少研究者对风险和社会风险、广义的社会风险与狭义的社会风险等概念混用，因此准确理解基本概念是我们开展研究的前提。

在 20 世纪后半期，社会学家们开始关注"社会风险"这一概念。西方的贝克、卢曼等专家对风险进行了深入研究，形成了具有影响力的社会学理论。德国学者乌尔里希·贝克首先提出了"风险社会"的概念，并将风险定义为对地球上的生命形成威胁的因素。他认为现代社会的风险是现代化本身，且社会风险具有全球性和普遍性的特点。英国社会学家安东尼·吉登斯在此之上进行了深入研究，他对社会风险的概念进行了区分，将它与危险、灾害等概念进行对比。吉登斯还提出了外在风险和人为风险的对应概念，他指出外在风险是可以预测和控制的，而人为风险则是不可规避和控制的。

冯必扬认为，社会风险是社会损失的不确定性，而所谓社会损失则是指社会常态的失序，由此推导，社会风险就是个人或社会群体因反叛社会的行为而影响社会秩序平衡的可能性。李永超认为，社会风险是由客观因素引发的社会失序或动荡。宋林飞认为，社会风险是"整个社会无法承受的损失和影响"。

王伟勤把社会风险区分为广义的社会风险与狭义的社会风险，前者是社会发展中不确定性因素的集合及发生社会动荡或社会冲突状态的可能性，后者则主要是技术发展带来的包括核危机、资源匮乏、生物工程等不确定性的威胁。

综合国内外学者的观点，并基于上文关于"风险"概念分析的逻辑，本书将社会风险的定义局限在：一种危及社会稳定和社会秩序的可能性。本书后文将在此界定之下开展相关研究。

特别需要说明的是，这个概念是基于广义的社会风险的界定。广义的社会风险是指除了个体人以外的一切风险。按照马克思主义解释，社会是共同生活的个体通过各种社会关系联合起来的集合，这种"关系"亦即社会关系。社会不仅仅是人组成，还有物质。广义的社会包括各种生物和环境的总和，是一个包含政治、经济、文化、生态等子系统在内的巨型复杂系统；而狭义的社会与政治、经济、文化等子系统并列，也叫"社群"，指群体人类活动和聚居的范围。社会是人类生活的复杂共同体，任何一个子系统出现问题，必然会使其他系统直接或间接遭受损失。因而，广义的社会风险更有利于我们寻找社会风险内部系统运动的关联性及其规律。

(二) 社会风险领域的其他相关概念

社会领域风险涉面广，与其相关联的概念比较庞杂，造成在不同语境下交叉使用，下列相关联概念需要厘清：

(1) 总体国家安全观。总体国家安全观是习近平总书记在 2014 年中央国安委第一次会议上提出来的新概念。习近平总书记基于新时代国际国内安全形势的新形势、新矛盾、新特点和新趋势，指出增强忧患意识，做到居安思危，是我们治党治国必须始终坚持的一个重大原则。要精确把握国家安全形势发展中的新特征和新趋势，必须坚持总体的国家安全观念，并开辟出一条中国特色国家安全的路径。[①] 总体国家安全观是习近平总书记对国家安全观做出的顶层设计，是指导性和统揽性的概念。总体国家安全观提出走中国特色国家安全道路，必须遵循五个基本原则，即以人民的安全为首要目标，政治安全为根本，经济安全为基础，军事文化和社会安全为支撑，同时促进国际安全为依托。这是一种全面、协调的安全体系，历经理论上的发展，目前总体国家安全观从内涵上已经涉及 16 个安全领域，包括政治、国土、军事、经济、文化、社会、科技、网络、生态、资源、核能、海外、太空、深海、极地以及生物安全[②]；从外延上看，总体国家安全观是一种统筹国内国际安全大局、整合对内对外安全事务的"大安全观"，我们不仅要关注内部安全，还要关注外部安全。传统安全和非传统安全同样重要，中国自身安全和国际共同安全同样需要得到保障。只有通过缔造安全共同体，才能确保世界和平与稳定。既包括发展问题，也

---

① 石仲泉. 当代中国化时代化马克思主义理论的伟大创新 [J]. 中共党史研究, 2022 (06)：5-33.

② 马振超. 复兴航船行稳致远的安全保障 [J]. 人民论坛, 2021 (27)：36-40.

包括发展中出现的安全问题，是对安全领域各个层面、各个要素、各个概念的统筹和整合。正因为如此，任何与"风险""社会风险"相关的研究，都必须自觉以"总体国家安全观"为指导，才能保证方向正确。

（2）社会安全。安全与风险是紧密相连的两个概念。安全指的是一种不受威胁的状态和能力，而风险则是指可能引发的问题所在。自党的十八大以来，官方在社会领域安全与风险方面的表述主要集中在两个方面：从安全角度，有国家安全预警下的"社会安全"和社会治理语境下的"公共安全"；从风险角度，有防范化解重大风险语境下的"社会领域风险"，以及应急管理语境下的"安全风险"。在国家安全语境下，社会安全是 12 个安全领域中的一个，其外延非常广泛，包括建设平安中国、维护社会稳定、社会治安综合治理、反恐怖斗争、安全生产、食品安全、农产品安全、防灾减灾救灾等多个方面。这个范畴也涵盖了"公共安全"这个集合概念，其具体含义在下一段中进行了阐述。

在社会治理语境下，"公共安全"有时更侧重于社会治安；在社会治理领域，"公共安全"这一概念常常被强调，它关乎每个人的生命财产安全，是社会稳定和发展的基础。不同领域的安全问题有其独特的性质和解决方式，但总体来说，都需要政府、企业、公众等多方共同努力，才能实现真正的安全。此外，对于公共安全问题的有效应对也离不开健全的法律和政策体系。在立法层面，需要明确各方责任和义务，制定详细且有效的公共安全法律法规。在政策实施上，各级政府需要严格遵守相关法律，确保各项安全制度得到有效执行。

不仅如此，我们还应该将公共安全问题纳入城市和社区规划的考虑范围。在设计城市基础设施和公共服务设施时，需要充分考虑其对公共安全的影响，比如交通安全、消防设施等。在社区层面，应鼓励居民参与社区安全事务，提高他们的安全意识和应对风险的能力。

（3）突发公共事件。"突发公共事件"是一个广泛应用于各个行业的常见词汇。在 2006 年，中国国务院发布的《国家突发公共事件总体应急预案》（以下简称《预案》）对"突发公共事件"给出了明确的定义，为该概念提供了权威性的界定。《预案》强调，"突发公共事件"指的是突如其来、对公众生命、财产和环境造成或可能造成重大危害的紧急事件。这类事件通常会对社会秩序、公共安全和稳定产生重大威胁，导致社会偏离正常的发展轨道，进入一种非均衡状态。

从社会学和传播学的角度来分析，突发公共事件一般具有以下共同的特性：

①就性质而言，这些事件通常具有结构不良、突发性和紧迫性，同时也存在高度的不确定性。这使人们难以在短时间内准确预测危机的发展方向。此外，由于导致突发事件的原因复杂多样，政府、社会、公众以及大众传播媒介等各方面对于此类事件的预见性也受到很大挑战。尤其当政府所面临的环境达到临界值和既定的阈值时，他们必须在高度压力下迅速做出决策，然而通常缺乏训练有素的人员、物资和时间。公众对这类事件也往往缺乏事前的心理准备。

②从社会影响上来看，突发公共事件具有两面性，既可以起到释放社会压力的积极作用，也有破坏性和消极的一面。在实际情况中，突发事件通常会对经济和社会带来极大的破坏。

③从传播途径的角度看，突发公共事件的特点是多渠道传播。主要包括大众传媒、人际传播、网络和组织等四种渠道。由于突发事件与每个人的利益息息相关，公众迫切需要了解情况，因此相关信息的传播频率、速度和数量都会急剧增加，人们会利用各种工具来获取更多信息。

④从社会心理层面来看，突发事件具有聚众性的特征。无论突发事件的类型如何，都会牵涉到部分群体的切身利益，必然导致这部分社会成员心态的改变，从而形成聚众性的特点。

⑤从传播时效上来看，突发事件具有紧迫性的特征。因为突发事件是突然发生、非正常的事件，往往会造成公众恐慌。在处理突发事件时，就有很强的紧迫性要求。传播得越及时、越迅速，越有利于消除因突发事件带来的未知和不确定性给人们带来的影响，从而更有利于社会的稳定和公众心态的平和。

（4）相关概念辨析。突发公共事件、公共危机和群体性事件。社会风险可以演化为"突发公共事件"，然而在概念的使用上，目前新闻界、政府和学术界常常把"突发公共事件"和"公共危机""群体性事件"等概念混为一谈，不利于对突发公共事件的定性、研判和科学处置，因此区分这几个概念意义重大。

"公共危机"是用来描述性质相近的一类事件或状态，但是它和"突发公共事件"的侧重点有所不同。公共危机实际上是与突发公共事件密切相关的，危机强调的是一种状态，但它的起因很多时候是与突发事件密切相关的。而"群体性事件"是指有一定人数参加的、通过没有法定依据的行为对社会秩序产生一定影响的事件。称为"突发公共事件"，是突出了事件的突发性和公共性特征；称为"群体性事件"，则突出了事件的群体性特征。在社会现实中，"突发公共事件"概念的含义要比"群体性事件"概念宽泛得多。

从基本原因的角度来看，公共危机主要可以分为两大类。首先，政府作为公共事务的管理者，必须承担起应对由自然灾害和人为因素引起的突发事件的责任。这些突发事件包括水灾、地震、台风、干旱等自然灾害以及核泄漏、火灾、质量事故等人为因素引起的灾害。其次，社会中的对抗统一体引发的社会冲突行为会导致社会失衡和混乱。这些冲突行为往往由某些社会问题引发，比如战争、暴力对抗和恐怖主义事件。虽然这两类危机有所侧重，但在实际研究中常常交织在一起。在现实生活中，如果遇到一定的外界条件，突发公共事件甚至可能进一步演变为公共危机。

实际上在国际学界，更多是用公共危机这个词。公共危机是一种突然发生的紧急事件，它对大众的正常生活、工作和生命财产造成了严重的威胁和挑战。这种危机状态强调的是一种紧急、危险和不可预测的状态。危机是讲社会现存的价值社会结构受到了威胁，甚至于要解体这样一种状态。那么，从这个定义可以看出来，公共危机它实际上是与突发公共事件密切相关的，危机强调的是一种状态，但它的起因很多时候是与突发事件密切相关的。

群体性事件是指一定数量的人群参与的、通过没有法定依据的行为对社会秩序造成一定影响的事件。这类事件通常由某些社会问题、经济问题、政治问题等引起，值得我们认真对待并采取有效的措施来解决。其中一个重要的规定是事件参与人数必须达到一定的规模，例如根据信访条例第18条，超过5人即可被视为非正常上访，即信访事件。特定群体或不特定的多数人临时聚集形成偶合群体。这些事件所涉及的行为在法律程序上缺乏明确的法律规定，有的甚至被法律和法规明文禁止。聚集起来的人群并不一定有共同的目的，但他们的行为取向基本相同。这些事件对社会生产、社会生活和社会管治产生了不小的影响。① 当一个事件因其突发性和涉及公共事务的特性而被称作"突发公共事件"时，突出了其突发性和公共性的特征。另一方面，当一个事件因其群体参与的特性而被称作"群体性事件"时，这突出了其群体性的特征。在实际的社会生活中，"突发公共事件"这一概念的含义要比"群体性事件"的概念更广泛。许多自然灾害等事件常常是突然发生的。相对而言，强调群体性则突出了事件的社会政治特征，因为有一定数量的人群参与其中，这本身就带有重要的社会意义。对于这种表述，一种说法是"群体性突发事件"，另一种说法是"突发性群体事件"。这两种表述在定语的前后次序上有所不同，但在本质上并没有什么区别。

尽管突发公共事件可能显得复杂多样，但仍然可以通过不同的方式对其进行大致的分类。根据不同的分类标准，突发公共事件可以分为不同的类型。

一种分类方法是按照突发公共事件的成因来划分。在这种情况下，突发公共事件可以分为自然性突发事件和社会性突发事件。自然性突发事件包括自然灾害，如水灾、旱灾、气象灾害、地震灾害、地质灾害、海洋灾害、生物灾害和森林草原火灾等。而社会性突发事件则包括各种社会安全事件，如恐怖袭击事件、经济安全事件和涉外突发事件等。

另一种分类方法是按照突发公共事件的危害性来划分。在这种情况下，突发公共事件可以分为轻度、中度、重度危害突发事件。

还有一种分类方法是按照突发公共事件的性质和影响范围来划分。在这种情况下，突发公共事件可以分为地方性、区域性或国家性、世界性或国际性的突发事件。

对于突发公共事件的防控工作，2006 年 1 月颁布的《国家突发公共事件总体应急预案》提供了更加具体的分类方法。该预案将突发公共事件分为四类：自然灾害、事故灾害、公共卫生事件和社会安全事件。

在此基础上，各类突发公共事件还可以根据其严重程度、可控性和影响范围等因素进一步分为四个等级：Ⅰ级（特别重大）、Ⅱ级（重大）、

---

① 于建嵘. 当前我国群体性事件的主要类型及其基本特征［J］. 中国政法大学学报，2009（06）：114-120，160.

Ⅲ级（较大）和Ⅳ级（一般）。①

（三）大型体育赛事社会风险治理

大型体育赛事社会风险治理是指通过对突发事件的原因、过程及后果进行分析，有效集成社会各方面的相关资源，以降低突发事件的危害、达到优化决策的目的，并通过有效预警、控制和处理等手段来应对。② 大型体育赛事社会风险治理的过程需要综合考虑多方面的因素，包括赛事组织、安全保障、应急预案等多个方面。同时，还需要不断加强风险评估和监测，及时掌握赛事过程中可能出现的风险因素，并采取相应的措施进行预警、控制和处理。

第二节　大型体育赛事社会风险治理的相关基础理论

大型体育赛事社会风险治理所涉及的理论和方法很多，其中主要有习近平总书记关于社会风险问题的重要论述，社会学中的冲突理论，政治学中的治理理论等。

一、习近平总书记关于社会风险问题的重要论述

党的十八大以来，习近平总书记根据我国所面临的重大变革和复杂的国际形势，为应对敏感的周边安全形势和艰巨的国内改革发展任务，通过科学分析，我们深入了解了社会主义现代化进程中面临的国内国际社会风险形势和现状，并提出了防范和化解社会风险的一系列新理论、新路径和新方法，形成了习近平总书记关于社会风险问题的重要论述，为新时代我们防范和化解社会风险问题提供了根本遵循和方向，习近平总书记关于社会风险问题的重要论述根植于马克思主义社会风险理论和中国传统文化基因，立意高远，思想深邃，内涵丰富，具有鲜明的时代性、人民性、思辨性和实践性特征，是习近平新时代中国特色社会主义思想的重要组成

---

① 冯伟. 安徽省突发公共事件应对策略研究［D］. 合肥：合肥工业大学，2009.
② 唐承沛. 中小城市突发公共事件应急管理体系与方法［D］. 上海：同济大学，2008.

部分。

习近平总书记关于社会风险问题的重要论述主要内容包括：

（一）分析判断社会风险新形势。习近平总书记从战略和全局角度出发，对当前和未来一段时间我国面临的安全形势进行了深入分析。他指出，"我国发展仍处于并将长期处于重要战略机遇期"，虽然面临的风险总体可控。另一方面，防范化解重大风险形势复杂，从外部环境看，世界大变局加速演进，全球动荡源和风险源更加复杂，从国内看，伴随着经济下行，结构性风险凸显，隐性风险逐渐显化，因此，我们必须既高度警惕"黑天鹅"事件，也要防范经常发生的"灰犀牛"事件。在防范风险方面，我们不仅要有预先准备的策略，同时也需要有应对和化解风险挑战的高超技能。我们既要打好防范和抵御风险的战斗，同时也要善于把危机转化为机会，掌握战略主动权。①

（二）总结揭示社会风险新形态。一是对党执政风险的揭示，提出了党在新的伟大斗争中的"四大考验"和"四大风险"，党面临的"四种危险"；二是对进入改革攻坚期和深水区的国家风险的揭示，主要表现为：政治领域的重大风险不容忽视、经济领域的各类风险日渐突出、科技领域的风险不容回避、社会领域的风险愈加复杂，在此基础上提出了总体国家安全观。

（三）提出指明社会风险防范化解的新路径。坚持中国特色社会主义道路是应对风险的根本之路，全面深化改革是应对风险的根本动力，统筹国内国际两个大局，统筹发展和安全，是应对风险的根本原则，坚持党的领导是应对风险的根本保障。应对社会风险，必须依靠以人民为中心的力量，这是根本的支撑点。为了实现中国特色社会主义制度的巩固和完善，以及国家治理体系和治理能力的现代化，我们必须采取坚决的措施，这是解决问题的根本途径。

（四）提出社会风险治理的新措施。一要增强风险防范意识，总书记要求，要常观大势、常思大局，科学预见形势发展走势和隐藏其中的风险挑战，做到未雨绸缪。二要提高风险防范能力。总书记要求，要增强底线

---

① 黄泰岩，杨森．习近平关于防范化解重大经济风险的理论创新［J］．经济学家，2023
（04）：5-13.

思维，提升风险化解能力，提高预测预警预防各类风险能力。三要建立健全的风险化解体制机制，这是非常重要的。这包括风险研判机制、决策风险评估机制、风险防控协同机制以及风险防控责任机制等。此外，还应该建立重大决策社会稳定风险评估机制，这样能够更好地应对各类风险。四要增强斗争精神。总书记指出，要加强斗争历练，增强斗争本领，永葆斗争精神，以"踏平坎坷成大道，斗罢艰险又出发"的顽强意志，应对好每一场重大风险挑战。

习近平总书记关于社会风险问题的重要论述，深刻阐明了风险治理的一系列重大理论和实践问题，极大深化了对风险治理规律和特点的认识，为做好新时代风险治理工作提供了有力的理论支撑和思想引领，是本书开展理论研究的根本遵循和科学指导，本书将立足于习近平总书记关于社会风险问题的重要论述开展研究。

二、社会冲突理论

社会冲突理论是研究社会突发事件应急管理的重要理论基础之一。社会冲突理论是 20 世纪 50 年代西方社会学产生的重要流派，主要研究社会中广泛存在的矛盾冲突，代表人物为科塞（美）、达伦多夫（德）、柯林斯（美）和赖克斯（英），科塞在 1956 年出版的著作《社会冲突的功能》中首提"社会冲突"概念，批判和修正当时在西方占据主导地位的"结构功能主义"，认为"冲突是社会普遍现象，是对于价值观、信仰以及对于稀缺的地位、权利和资源的分配上的争斗，它们是社会变迁的根本动力"，人的冲突和社会的冲突是不可避免的，冲突是社会前进的根本动力。社会冲突理论用冲突理论解释社会的变迁和发展，解释困扰人们的种种社会问题，认为社会分层和社会利益分歧中普遍存在各种矛盾和冲突，人类正是在不断的冲突中获得发展的。主要流派及其代表性观点有：

（一）科塞的积极功能论。认为冲突既有其分裂破坏社会稳定和群体团结的负功能，亦有促进社会整合团结积极的正功能的一面，冲突本身是一种重要的社会平衡机制，表现在对社会内部稳定、新群体形成和新规范建立的整合、促进和激发功能上。科塞提出"社会安全阀"概念，他强调，社会冲突可以作为一种社会压力的释放途径，从而发挥"社会安全阀"的作用。

（二）达伦多夫的辩证冲突论。认为冲突是自发的、普遍的，存在于社会生活中的方方面面，基本不可消除，产生冲突的最主要根源是社会内部权力分配的不均，正因为如此，国家、社会应正视和承认冲突。

（三）博丁的一般冲突论。认为产生冲突的最主要根源是财富的匮乏和道德的沦丧，社会要努力克服和限制冲突，而克服和限制冲突的主要路径则取决于冲突各方的相互谅解、理智和道德。

当代许多社会突发事件都是由各种社会矛盾、社会冲突引发的，这是社会主体之间由于需要、利益、价值观念的差别和对立所产生的相互反对的社会互动行为，这是社会运行中的普遍现象。社会冲突作为社会主体之间的相互反对的社会互动行为，是社会运行中的普遍现象。由于需要、利益和价值观念的差别和对立，社会主体之间难免会出现相互反对的情况。这种情况一旦失控，就可能引发社会突发事件。因此，我们需要采取措施来控制社会冲突，以避免出现社会突发事件。

为了防止社会突发事件的发生，我们需要采取一系列措施来控制和引导社会冲突。首先，应该建立健全的社会冲突管理机制，包括完善相关的法律法规和规范制度，以及加强社会组织和机构的建设。其次，应该加强对社会主体的教育和引导，增强社会主体的法治意识和道德素质。最后，应该注重社会心理的调节和疏导，通过各种方式来缓解社会压力和焦虑情绪。只有通过这些措施的综合实施，我们才能更好地预防和应对社会突发事件。

20世纪60年代，社会冲突理论在美欧产生巨大的社会影响，在社会学各个分支学科的研究中得到广泛的应用，政治社会学、婚姻家庭学、社会分层学等广泛的研究领域均以社会冲突理论为基础理论或理论研究框架，从而成为现代社会理论结构中的重要部分。尤其值得一提的是，马克思对西方社会冲突理论做出了卓越的贡献。他认为，西方社会的斗争、社会利益和社会真理最终都会通过社会冲突得到反映。

虽然社会冲突理论最初是用来研究资本主义制度下的社会矛盾，但随着社会的不断发展，该理论的影响力已经扩大到各个方面。它不仅对西方各国的社会管理提供了一定的指导方向，也为中国在社会管理方面提供了有益的启示。

在我国，寻求社会利益的平衡是协调利益的关键手段。我们应该建立有效的机制，努力平衡社会各阶层的利益关系，减少差距，以降低矛盾和冲突的发生率。

此外，我们可以引入社会安全阀制度，当出现冲突迹象时，可以迅速协调利益，以防止矛盾升级。社会冲突理论是突发公共事件管理的基础性理论，可以帮助我们探讨突发群体性事件的形成原因、社会功能和处理方法。

社会冲突理论同样可以应用于大型体育赛事社会风险的管理。社会风险产生的根本原因是社会公众的利益平衡被打破，而在互联网时代，传统管理方式无法完全有效，民众的合理诉求得不到解决，导致群体情绪积累并形成舆情风险。

社会冲突理论对本书研究的启示和借鉴意义在于：要正视大型体育赛事的矛盾和冲突，建立大型体育赛事社会风险预警机制，发挥其社会冲突"安全阀"的功能。本书将在社会冲突理论的指导下进行风险研究。

三、必然性与偶然性理论

由于突发公共事件在时间上具有突发性，难以预先准确测量和防御，因此属于非常态或非正常程序化的管理决策。

必然性和偶然性是辩证唯物主义中一对揭示事物发展规律的范畴。必然性是指事物发展中确定不移的发展趋势，而偶然性则是事物发展中不确定的因素。必然性在事物发展中起着决定性的作用，决定着事物的发展方向；而偶然性则对事物发展产生影响，可以加速或延缓事物的发展进程。必然性和偶然性是相互依存、相互渗透的。必然性存在于偶然性之中，没有脱离偶然性的纯粹必然性，必然性常常通过大量的偶然性表现出来，为自己开辟道路。同样地，也没有脱离必然性的纯粹偶然性，偶然性背后隐藏着必然性，偶然性是必然性的表现形式和补充，为必然性的发展开辟道路。[①]

要真正理解二者的辩证关系原理的实际意义，需要既立足于必然性，又不忽视偶然性的存在。只有平衡考虑必然性和偶然性的影响，才能更好地掌握事物发展的全局。当突发公共事件发生时，人们总是将突发事件与

---

① 冯伟. 安徽省突发公共事件应对策略研究 [D]. 合肥：合肥工业大学，2009.

各种"偶然"和"必然"相互联系，这种联系在一定程度上塑造了人们对突发事件的理解，进而影响应对突发事件的决策和措施。在研究突发公共事件时，不难发现，突发事件中充满了大量的不确定性。

可以说，所有突发事件都是由众多偶然因素构成的，是各种复杂偶然因素交织在一起产生的结果。因此，突发性和不确定性成为突发事件的主要特征之一。然而，从统计学角度来看待问题，我们对偶然性的理解会有所改变。例如，要统计淮河水灾发生的概率，可以通过近50年淮河流域水灾的调查发现，淮河大约每十年会出现两次大的洪灾。这种洪涝灾害具有一定的规律性，但这种规律性是大概的、概率性的，并不是传统物理学或哲学所认为的普遍必然性。因此，任何公共危机事件中既包含偶然性，也包含必然性。

四、责任政府理论

在1829年的英国政治辩论中，"责任政府"这一概念首次亮相。按照传统的责任政府理论，责任政府属于宪法制度的范畴，指的是政府必须对选民履行其政府职能，并承担宪法责任。从政府管理的角度来看，"责任政府是现代化政府的一种定性或政府行政所要达到的一种负责任的理想状态，是国家行政机关负责地行使权力、向国家立法机关和执政党负责的同时，积极回应并满足公民的各种社会诉求，同时真正实现为人民服务的根本宗旨，并内在包含着对不负责任的各种行为进行制裁和控制的一套机制"。这实际上是我国行政管理改革和政府管理创新过程中，探索中国式责任政府的一种创新理论表述。按照这种中国式责任政府理论，建构责任政府包含着树立责任行政理念、完善责任行政立法、健全监督制度和责任追究机制，直至建立行政的公开透明与公民的良性互动，并由这些方面不断发展、共同发挥作用。

在责任政府理论发展过程中，十分强调从政府管理角度探讨责任政府建设，即淡化责任政府的宪法制度意义，避开政府合法性问题，更注重政府责任与责任政府关系的理论研究。

在继续探讨责任政府理论发展过程中，我们强调对政府管理角度进行深入研讨，以进一步推进责任政府的建设。为此，我们应当弱化责任政府的宪法制度意义，避免纠结于政府合法性问题，而是更加注重研究政府责任与责任政府之间的相互关系。

在安徽省行政管理学会的课题组对政府在应急管理中的责任的研究中，他们对应急管理的定义是，政府面对可能对国家和社会带来严重影响的突发事件时，采取的必要行动。在这个过程中，政府的角色是保护国家利益不受侵害，确保公民人身安全和财产安全，以及保持社会稳定。

此外，责任政府还需要承担一项重要的政府责任——开展危机教育。突发事件的发生是不可避免的，降低其对社会危害的最有效途径就是及时对公众进行危机教育，提高公众的危机意识和应对能力。

五、公共治理理论

"治理"一词最初源自公共管理领域。英文中的"治理"（governance）一词，可以追溯到古拉丁语和古希腊语中的"掌舵"一词，原意指控制、引导和操纵的行动和方式，主要用于与国家公共事务有关的宪法或法律执行问题，或者指管理利害关系不同的多种特定机构或行业。詹姆斯·N.罗西瑙在其代表作《没有政府的治理》和《21世纪的治理》等文章中指出：治理与政府统治不是同义语，他将治理定义为一系列活动领域里的管理机制，它们虽未得到正式授权，却能有效发挥作用，与统治不同，治理指的是一种由共同目标支持的活动，这些管理活动的主体未必是政府，也无须依靠国家的强制力量来实现。"治理"一词在社会科学中的广泛应用，首先起源于世界银行。

公共治理指的是政府、非政府组织以及公民等多方治理主体通过协作，共同凝聚公共意志、处理公共问题并实现公共利益的过程。同样，面对公共问题，人们需要不断发现、分析并解决这些问题的过程。而社会应对公共问题的能力，即公共治理能力，是衡量一个社会现代化程度的关键指标。

公共治理理论的兴起，其主要动因在于公共权力架构和政府管理的瓦解、失效以及陷入危机。在面对繁复多样的公共利益诉求时，传统的政府治理模式遭遇了越来越大的挑战，合法性危机也成了现代政治领域经常被提及的问题。

针对传统的政府治理模式，存在三个主要的质疑。首先，面对日益复杂的社会环境，国家已无法充分发挥其职能，难以预测自身行为的后果，甚至无法避免产生有害的决策，人们往往只能假定"政府的能力是有限的"。其次，社会结构的急剧变化引起了地位危机、社会分裂和文化的碎片化，公众对公共权力的有效性和未来越来越持怀疑态度，他们的内心世界变得越来越支离破碎，行为也越来越边缘化。最后，作为社会一致性核心的公共行政体系能力不断衰减，逐渐成为公众的负担。中央集权和分等级的控制已经不再奏效，官僚主义已经成为科层系统的怪圈，公共政策无法应对大量的社会需求，无法对众多矛盾的公共问题做出科学的决策。超优政策真正的仲裁者是国际市场。社会一致性的逐渐丧失，以及科层制度对公共政策制定的束缚，导致公共行政体系无法对众多的社会问题做出及时有效的回应，更无力解决诸多复杂的社会矛盾。此外，由于国际市场在超优政策的制定中扮演着仲裁者的角色，国家逐渐失去了自主制定政策的权力，这进一步削弱了公共行政体系的能力。

在面对这一全面的危机时，政府、非政府组织和公民等多元治理主体选择合作，抛弃了传统僵化的管理模式。他们在政治上重新启用自由主义的源头，在实践路径上选择了新制度经济学，并借助管理主义的技术优势。这些努力带来了具有建设性的政治理论和分析方法，即现代公共治理理论。

现代公共治理理论在突发事件领域中的作用越来越重要，具有实际的指导意义。突发事件常常对经济和社会产生显著的负面影响，包括人民生命财产的损失、生态和生存环境的破坏以及扰乱正常的社会秩序和公共安全，甚至动摇公众对政府处理突发事件能力的信任。公众对政府在突发事件应急处置过程中的权力产生合法性质疑，这可能最终引发社会和政治的不稳定。同时，随着城市化、全球化、科技应用、社会矛盾以及环境气候等诸多因素的变化和影响，突发事件的种类、形式、发生频率和影响程度都在日益扩大。面对政府在应对突发事件决策中的理性和能力限制，以及其实际效果无法满足公众的诉求和证明其明确有效性的问题，政府、非政府组织与公民的多元治理主体通过合作，凝聚公共意志、处理公共问题、实现公共利益，是提高社会应对突发事件能力的重要途径，也是确保公共政策合法性及高效率的重要手段。

维护公共秩序并应对各种突发公共事件。由于应对突发事件需要采取与常态治理不同的紧急措施和程序，这使得政府的应急治理成为一种特殊的政府治理形态。在这种形态中，公共治理理论被广泛应用于构建一个由政府、企业、非政府组织和公民共同组成的社会治理主体体系。该理论的应用对于构建多主体合作治理形态至关重要，在治理过程中，传统的管理方式被取代，取而代之的是更加关注社会公众的共同利益、关心程度和决策的新的治理范式。

从公共治理主体的构建角度来看，政府因其所承担的责任、地位和能力，在应对社会突发事件时必须扮演主要角色并发挥主导作用。在突发事件应急治理过程中，政府不仅要组织和动员各种力量和资源共同参与，还需要对各种组织机构和人员进行统一指挥、协调和调度，以有序地处理各项应急事务。因此，应急治理主要是政府的应急治理，政府应急治理能力的强弱将决定应对突发事件的成效以及社会的安危。提高政府应对突发事件的能力已成为现代各国政府和社会普遍关注的问题，其重要性日益凸显。然而，公共治理是对传统统治理论的超越，虽然政府在应对社会突发事件中发挥主导作用，但这并不意味着只有政府在唱独角戏。政府也无法包揽所有的应急事务，还需要全社会的参与、支持和配合。各种社会组织（例如非政府组织、非营利组织）、社会团体、企业和广大人民都可以发挥各自的作用。在应对社会突发事件的过程中，政府必须与全社会相互支持、相互配合，才能成功地应对危机的挑战。

"治理"一词源于公共管理领域，西方的治理理论发展至今，已经成为一门较成熟的学科。目前体育治理这个课题已经成为越来越多学者研究的主要对象，体育治理是体育组织为了维护正常的体育秩序，以解决民众对于体育行业、体育文化以及体育需求等提出的问题的有效途径。根据哈姆斯和马克林的观点，体育治理指的是体育组织在所在地区、国家或全球等不同范围内，执行自身权利，制定相关政策，明确任务目标，并对会员身份、入会资格等进行组织监管。而 Margaret Groeneveld 在 *European Sport Governance, Citizens, and the State* 中则将体育治理定义为政府、市民和社团三者间共同寻求责任共享的协作方式。在这个过程中，政府是体育治理的执行主体，但同时也应重视市场的调节作用，积极培育有活力的体育社团。如果政府在体育治理中扮演绝对的主导角色，可能会导致体育界过度行政化，竞技体育发展受阻，大众体育无法真正满足人民的实际需求。①

第三节　大型体育赛事与社会风险治理

　　大型体育赛事与社会风险之间存在密切的关联性。大型体育赛事在社会风险治理方面扮演着重要的角色。这些赛事通常吸引了大量的参与者、观众和媒体关注，并且往往会涉及人员安全、公共秩序、交通拥堵、犯罪等一系列社会风险。通过以下几个方面对这种关联性进行分析。

一、大型体育赛事与观众安全风险

　　大型体育赛事的人员安全是确保参与者和观众在比赛期间免受伤害和危险的关键因素。大型体育赛事吸引了大量观众，如果观众的安全得不到有效保障，可能导致人员踩踏、冲突、暴力事件等安全问题的发生。例如，在过去的一些足球赛事中，由于观众失控，场内发生了严重的冲突和骚乱。

　　为了保障观众的安全，大型体育赛事的举办方首先要在人员安全上采取下列重要措施：

　　安保措施：组织者需要制定详细的安保计划，并聘请足够数量的安保人员来确保比赛现场的安全。安保人员应经过专业培训，了解如何处理突发事件并保护参与者和观众的安全。

　　观众和参与者筛查：为了防止危险物品和潜在威胁进入比赛场馆，组织者应进行观众和参与者的安全筛查。这可以包括行李检查、金属探测器扫描、身份验证等措施。

　　应急预案：组织者应制定灵活而有效的应急预案，以应对可能出现的突发事件，如火灾、爆炸、恐怖袭击等。预案应包括紧急疏散程序、医疗救援计划和与当地警方、消防部门等相关应急机构的合作。

　　通信设备：在大型体育赛事期间，良好的通信是确保人员安全的关

---

　　① 花勇民，彭器．西方体育治理理论与实践研究［J］．吉林体育学院学报，2014，30
　　　　（05）：14-16.

键。组织者应确保比赛场馆内外的通信设备畅通无阻，以便及时沟通和协调紧急事件。

健康设施和服务：为了确保参与者和观众的健康安全，组织者应提供足够的医疗设施和紧急救援服务。例如，设置急救站、配备专业医疗人员和设备，并制定相应的医疗应对计划。

安全意识教育：组织者应加强观众和参与者的安全意识教育。通过宣传和培训，提高他们对潜在风险的认识，并告知应对紧急情况的基本知识和技能。

合规管理：组织者需要遵守相关法律法规和规定，如场馆安全标准、消防安全要求等。同时，与当地政府部门、警方以及安全专家合作，共同制定并实施安全管理计划。

总之，在大型体育赛事中确保人员安全是一项复杂而重要的任务。通过综合运用安保措施、筛查措施、应急预案、通信设备、健康服务和安全意识教育等多种手段，可以最大限度地保障参与者和观众的人身安全。

二、大型体育赛事与场馆安全风险

大型体育赛事通常在特定的场馆内进行，如果场馆安全管理不到位，可能会出现建筑物倒塌、火灾、电力故障等安全风险。因此，有效的场馆安全管理是确保观众和参与者安全的重要环节。

大型体育赛事在场馆安全方面的风险常见有以下几种，因此举办者应高度重视从下列方面开展场馆安全风险的防范及治理。

建筑结构安全：大型体育赛事通常在特定的场馆内进行，因此场馆的建筑结构安全至关重要。组织者应确保场馆符合建筑规范和安全标准，并通过定期的检查和维护来确保场馆的结构稳固、设施完好。

火灾风险：火灾是造成场馆安全风险的重要因素之一。组织者应设立火灾预防措施，包括安装火灾报警系统、设置灭火器、建立疏散通道等。同时，应制定详细的火灾应急预案，包括疏散程序和指引。

电力故障：电力故障可能导致场馆停电，给比赛进行和观众带来危险。组织者应确保场馆的电力设备和供电系统正常运行，提前做好备用电源的准备。此外，定期检测电气设备，确保其符合安全标准。

人员拥挤和踩踏：大型体育赛事吸引了大量观众，如果场馆无法有效控制人员流动和维持秩序，可能导致人员拥挤和踩踏事件。组织者应制定合理的场馆布局和人流疏导计划，设置适当的进出口、通道和紧急疏散通道，以确保观众的安全和人员的顺利流动。

气候和天气因素：某些地区的大型体育赛事可能受到气候和天气因素的影响，如暴雨、高温等。组织者应提前关注并评估这些风险，制定应对策略，如设置遮阳设施、提供充足的饮水和防暑设备，并与相关机构合作进行天气监测和预警。

突发事件和恐怖袭击：不可预见的突发事件和恐怖袭击是场馆安全风险的重要考虑因素。组织者应制定详细的应急预案，包括紧急疏散程序、与执法机构的沟通和协作、安保措施的加强等。定期进行紧急演习和培训，提高工作人员和安保人员的应急反应能力。

综上所述，场馆安全是大型体育赛事中至关重要的一环。通过确保建筑结构的安全、火灾预防、电力设备的正常运行、人员流动的合理管理、天气风险的考虑以及应急预案的制定和实施，可以减少场馆安全风险，确保参与者和观众在赛事期间的安全。

三、大型体育赛事与公共秩序风险

大型体育赛事吸引了大批观众和参与者，如果公共秩序无法得到维护，可能导致人群骚乱、投掷物品、打斗等不安定情况。警方和安保人员需要加强巡逻、疏导人流、防止暴力事件等，以确保公共秩序的稳定。

大型体育赛事与公共秩序风险密切相关。赛事举办方须通过加强人群控制、警力部署、安保措施、社交媒体管理等方面的措施，有效减少公共秩序风险对大型体育赛事的影响，并确保赛事期间的公共秩序稳定。

人群控制：大型体育赛事吸引了大量的观众和参与者，如果无法有效控制人群，可能导致人员拥挤、冲突甚至骚乱等问题。组织者应制定合理的人流疏导计划，设置适当的进出口、通道和紧急疏散通道，并加强安保力量，确保观众和参与者的安全。

骚乱和暴力事件：某些情况下，大型体育赛事可能会引发一些骚乱和暴力事件，例如球迷之间的冲突或场外暴力行为。组织者应与执法部门密切合作，在比赛期间加强巡逻和监控，并采取必要的安保措施，如增加警察力量、设立安全检查点等，以预防和应对潜在的骚乱和暴力事件。

投掷物品和打斗：有时观众之间可能发生投掷物品和打斗的情况，这不仅可能对个人造成伤害，还会破坏公共秩序。组织者应加强安保力量，通过设置可见的警示标志、安保巡逻和监控摄像等手段来抑制观众之间的冲突，并迅速制止和处理任何暴力行为。

不法分子利用赛事：大型体育赛事吸引了大量人群，也可能吸引一些不法分子利用赛事从事犯罪活动，如盗窃、抢劫等。组织者应与警方合作，加强安保措施，增加警力部署和监控设备，确保比赛场馆及周边地区的安全，防止犯罪活动的发生。

社交媒体和网络暴力：现代社交媒体的普及使得大型体育赛事的公共秩序风险更加复杂。虚假信息、谣言和挑衅性言论可能在社交媒体上迅速传播，引发公众的怨愤和骚乱。组织者应设立专门团队监控和管理社交媒体平台，及时采取措施防止和打击不良信息和网络暴力的蔓延。

四、大型体育赛事与交通安全风险

大型体育赛事吸引了大量观众涌入周边地区，可能导致交通拥堵和安全隐患。如果交通管理不善，可能会发生交通事故、道路封锁等问题。因此，有效的交通管理是减少交通风险和保证顺畅运输的关键。

大型体育赛事举办方须通过预测交通流量、制定交通管制计划、加强监督执法、提供交通安全教育和宣传等措施，减少交通拥堵、不合规停车和交通违法行为，同时改善步行和骑行交通安全，确保公共交通运营安全，并做好紧急疏散和救援准备，以确保大型体育赛事期间的交通安全。

交通拥堵：大型体育赛事吸引了大量的观众和参与者，导致周边道路交通压力增大，可能引发交通拥堵。组织者应提前预测交通流量，并与当地交通管理部门合作，制定详细的交通管制计划。采取措施，如设置临时停车场、引导交通、优化公共交通运营等，以减少拥堵并保障交通安全。

不合规停车和交通违法行为：在大型体育赛事期间，由于停车需求增加，可能出现不合规停车和交通违法行为。组织者应设立明确的停车指引和停车区域，并加强监督执法力度，例如增派交通警察、设置交通标识和限制性措施、提供停车信息提示等，以防止不合规停车和交通违法行为的发生。

步行和骑行交通安全：有些观众和参与者可能选择步行或骑行前往体

育赛事场馆，因此步行和骑行交通安全风险也需要重视。组织者应建设或改善步行和骑行道路设施，如人行横道、自行车道，并提供相关的交通安全宣传教育活动，以增强行人和骑行者的交通安全意识。

公共交通运营安全：大型体育赛事期间，公共交通是观众和参与者常用的交通方式之一。组织者应与公共交通运营商合作，确保公共交通车辆和设施的安全运营。这包括定期检查和维护车辆、加强安保力量、提供清晰的乘车指引等。

紧急疏散和救援：在突发情况下，如火灾、自然灾害等，需要进行紧急疏散和救援。组织者应制定详细的紧急疏散计划，明确疏散通道和集合点，并与当地消防部门和救援机构进行紧密合作，确保及时有效的紧急疏散和救援措施。

五、大型体育赛事与公共卫生事件风险

在大型体育赛事期间，观众可能暴露在人群密集、环境拥挤的场所，如果卫生和安全管理不善，可能会导致传染病传播、食物中毒等健康安全问题。

大型体育赛事举办方应采取预防措施，如加强清洁消毒、提供充足的洗手设施、防范高温中暑、制定应急预案和加强食品安全监管等，防范和减少公共卫生事件风险，确保参与者和观众在体育赛事期间的健康与安全。

传染病传播：大型体育赛事聚集了大量人群，如果存在传染病的扩散风险，可能会引发公共卫生事件。组织者应密切关注当地和国际卫生部门的警报和建议，并采取相应的预防措施，如加强场馆和设施的清洁和消毒、提供充足的洗手设施、开展观众健康筛查等。

高温和中暑风险：某些地区的大型体育赛事可能面临高温天气，增加参与者和观众中暑的风险。组织者应提供充足的饮水设施、遮阳设施和防暑设备，并加强对参与者和观众的健康宣传，确保他们能够合理保护自己免受高温和中暑的影响。

突发公共卫生事件：突发公共卫生事件，如流行病暴发，可能对大型体育赛事产生严重的影响。组织者应制定详细的应急预案，包括与当地卫生部门和救援机构的紧密合作、加强现场医疗救护设施和人员配备、做好

参与者和观众的安全疏散等。

食品安全：大型体育赛事通常提供食品和饮料服务，如果食品安全措施不到位，可能会引发食物中毒等问题。组织者应与供应商合作，并确保食品供应符合卫生标准，加强食品安全监管和检查。

健康卫生宣传：组织者应加强健康卫生宣传，包括在场馆设置宣传海报、播放宣传视频、提供健康提示等，增强观众和参与者的健康意识，教育他们关于个人卫生和疾病预防的知识。

六、大型体育赛事与暴力犯罪风险

大型体育赛事与暴力犯罪风险之间存在一定的紧密联系。由于大型体育赛事吸引了大量人群，也可能吸引一些不法分子利用赛事从事犯罪活动，如盗窃、抢劫等。警方和安保人员需要加强巡逻和监控，预防并应对潜在的犯罪风险。

赛事举办方须通过加强安保力量、设立观众隔离带、限制酒精销售、加强警力和监控设施的部署、网络监控和管理，以及与执法部门和安全机构的紧密合作，有效管理和减少暴力犯罪风险，确保大型体育赛事期间的安全和秩序。

球迷冲突：大型体育赛事吸引了来自不同团体和地区的球迷，有时可能会发生球迷之间的口角、冲突甚至打斗事件。组织者应增加安保力量，设立观众隔离带或安全区域，采取措施防止球迷之间的冲突，如设置分散入口、限制酒精饮品的销售等。

场外暴力行为：一些不法分子可能利用大型体育赛事的聚集人群进行犯罪活动，如抢劫、盗窃等。组织者应与执法部门合作，加强警力和监控设施的部署，通过安保巡逻、设置安全检查点等方式增加场外的安全性，减少潜在的暴力犯罪风险。

网络恶意行为：在现代社交媒体和互联网的普及下，一些人可能通过网络发布恶意言论、挑衅性信息，引发观众之间的冲突。组织者应设立专门团队进行网络监控和管理，及时发现并阻止恶意行为，同时加强公众教育，提倡理性对待赛事，避免因网络而引发暴力行为。

恐怖袭击威胁：大型体育赛事是潜在的恐怖袭击目标，因为它们吸引了大量人群和媒体关注。组织者应与执法部门和安全机构密切合作，共同制定安全计划和预警系统，并加强场馆和周边地区的安全防护，例如加强入场检查、使用安全设备（如金属探测器）等。

七、大型体育赛事与社会稳定风险

大型体育赛事与社会稳定风险也密切相关。赛事举办城市还要十分重视社会公正和平衡、良好的财务规划和管理、加强安保措施、媒体管理和引导、文化交流和包容等，从而有效预防和减少社会稳定风险，确保大型体育赛事期间的社会和谐与稳定。

资源分配等社会公平问题：大型体育赛事可能引发社会不公平的问题，例如资源分配不均、经济差距加剧等。组织者应在规划和组织赛事过程中注重社会公正和平衡，确保资源的合理分配，并通过相关项目的开展，促进社会包容性和可持续发展。

财务危机问题：举办大型体育赛事需要投入大量的财力和物力，如果没有良好的财务规划和管理，可能会给当地经济带来压力。组织者应进行充分的市场调研和经济评估，确保赛事的可持续性和对当地经济的积极影响。同时，要提倡责任经营理念，避免过度商业化和资本过度集中。

社会治安问题：大型体育赛事吸引了大量的人群聚集，可能给社会治安带来挑战。组织者应加强安保措施，增派警力、加强监控设施的部署，确保参与者和观众的安全。同时，也要加强对志愿者和工作人员的培训，以应对突发事件。

社会舆论和情绪激化：大型体育赛事可能引发社会舆论和情绪的激化，特别是在竞争激烈的比赛中。组织者应加强对媒体的管理和引导，避免不负责任的报道和言论，同时也要加强与球迷组织和相关利益方的沟通，平衡各方利益，避免情绪失控和冲突。

文化冲突和歧视问题：大型体育赛事涉及多个国家和文化的参与者和观众，可能存在文化冲突和歧视问题。组织者应倡导尊重和包容的价值观，提供多元文化交流的机会，并加强对歧视行为的打击和防范。

第二章

国家治理体系现代化视域下的大型体育赛事

第一节　我国体育风险治理 20 年整体概观

经过 20 年的发展，我国体育风险治理取得了显著的成效。体育风险管理的意识深入人心，各级体育管理部门和企业对风险管理的重视程度日益提高。体育风险管理的能力得到了提升，从最初的凭经验管理，到现在数据驱动的精细管理，体育风险管理的科学性和有效性得到了极大的提高。体育风险管理的手段日益丰富，包括政策法规、保险、风险管理技术等，形成了多元化的风险管理格局。

一、赛事风险治理政策法规的出台

在过去的 20 年里，我国政府出台了一系列关于体育风险治理的政策法规。例如，国家体育总局发布了《关于加强体育赛事安全管理工作的通知》，旨在加强体育赛事安全管理工作，防范化解重大安全风险。此外，国家体育总局还发布了《关于进一步加强体育赛场行为规范管理的意见》，以促进体育赛场风气好转。这些政策法规为我国体育风险治理提供了有力的法律保障。表 2-1 列出了过去 20 年国务院发布的体育风险治理相关的政策法规。

表 2-1 我国体育风险治理相关政策法规总结表

时间	政策名称	政策内容解读
1995 年	《中华人民共和国体育法》	这是我国第一部全面规范体育活动的法律，对体育事业的发展、体育竞赛的组织和管理、运动员的培养和保障等方面作出了明确规定。
2011—2015 年	《全民健身计划（2011—2015 年）》	该计划明确了全民健身的目标、任务和措施，提出了加强体育设施建设、推广全民健身活动、培养体育人才等重要举措。
2014 年	《关于加快发展体育产业促进体育消费的若干意见》	该文件提出了加快发展体育产业的重要性，并提出了加大体育场馆建设、推动体育赛事举办、培育体育产业链等具体措施。
2016 年	《关于深化体育改革加快体育强国建设的若干意见》	该文件明确了深化体育改革的总体目标和重点任务，提出了加强体育人才培养、推进体育产业发展、加强体育文化建设等重要举措。
2017 年	《关于加强体育赛事安全管理工作的意见》	该文件强调了加强体育赛事安全管理的重要性，提出了加强组织领导、完善安全制度、加强安全培训等具体措施。
2018 年	《关于进一步加强体育赛场行为规范管理的意见》	该文件明确了加强体育赛场行为规范管理的重要性，提出了加强宣传教育、加强监管执法、加强行业自律等具体措施。
2019 年	《关于加强运动健身场所安全管理工作的意见》	该文件强调了加强运动健身场所安全管理的重要性，提出了加强场所安全检查、加强设施设备维护、加强人员培训等具体措施。

二、风险管理体系的构建

（一）风险识别和评估

在体育赛事中，可能出现各种风险，包括自然灾害、安全事故、公共卫生事件、经济风险等。为了有效管理这些风险，首先需要对它们进行全面的识别和评估。

风险识别是指通过系统性的方法，确定可能存在的风险因素。在体育赛事中，可以通过收集相关数据、进行专家访谈、参考历史案例等方式，识别出可能对赛事造成影响的各种风险。例如，在举办户外赛事时，可能会面临自然灾害的风险，如暴雨、地震等；而在人员密集的场馆内，可能会出现安全事故的风险，如火灾、恐怖袭击等。此外，公共卫生事件和经济风险也是需要关注的重要因素。通过对这些风险的全面识别，可以为后续的风险评估提供基础。

风险评估是对已识别的风险进行定量和定性分析的过程。定量分析是通过统计数据和数学模型，对风险的可能性和影响程度进行量化评估。例如，可以统计过去几年类似赛事中出现的自然灾害次数，计算其发生的概率；也可以根据历史数据和专家意见，评估不同类型安全事故对赛事的影响程度。定性分析则是通过专家判断和经验总结，对风险的可能性和影响程度进行主观评估。例如，可以邀请相关领域的专家进行讨论，评估公共卫生事件对赛事的潜在影响。通过定量和定性分析，可以对各种风险进行综合评估，为制定相应的应对措施提供依据。

在 2008 年北京奥运会期间，组织者通过收集相关数据、进行专家访谈和参考历史案例等方式，全面识别了可能出现的风险因素。他们特别关注自然灾害、安全事故、公共卫生事件和经济风险等。通过对这些风险的全面识别，为后续的风险评估提供了基础。

（二）风险防范与控制

在识别和评估风险的基础上，需要制定相应的风险防范和控制措施。这包括加强赛事组织和管理，提高安全防范意识，建立健全应急预案，加强与相关部门的沟通协作等。

加强赛事组织和管理是确保赛事顺利进行的基础。赛事组织者应制定详细的赛事计划和安排，明确各个环节的责任和任务。同时，要加强对参赛运动员、教练员、裁判员等相关人员的管理和监督，确保他们遵守比赛规则和纪律要求。

提高安全防范意识是减少事故发生的重要手段。赛事组织者应加强对参赛人员的安全教育和培训，提高他们的安全意识和应急处理能力。同时，要加强对场馆设施和器材的检查和维护，确保其安全可靠。

建立健全应急预案是应对突发情况的关键。赛事组织者应制定详细的应急预案，明确各种突发情况下的应对措施和责任分工。同时，要定期组织演练和模拟演练，提高应急响应的效率和准确性。

　　加强与相关部门的沟通协作是赛事安全的重要保障。赛事组织者应与公安、消防、卫生等相关部门建立紧密的联系和合作机制，及时了解和掌握相关信息，共同应对可能出现的风险和问题。

　　在 2014 年南京青奥会期间，组织者加强了赛事组织和管理，制定了详细的赛事计划和安排，并明确了各个环节的责任和任务。他们还加强了对参赛运动员、教练员和裁判员等相关人员的管理和监督，确保他们遵守比赛规则和纪律要求。此外，他们还加强了安全防范意识的培养，提高了参赛人员的安全意识和应急处理能力。同时，他们对场馆设施和器材进行了检查和维护，确保其安全可靠。另外，他们还建立了详细的应急预案，并定期组织演练和模拟演练，提高应急响应的效率和准确性。此外，他们还与公安、消防和卫生等相关部门建立了紧密的联系和合作机制，共同应对可能出现的风险和问题。

　　（三）保险保障

　　保险保障是降低因意外事故导致的损失的重要手段。为体育赛事购买相应的保险，可以在一定程度上减轻赛事组织者和参赛人员的经济负担。这包括赛事取消险、财产损失险、人身伤害险等。在购买保险时，要关注保险合同的具体内容，确保在发生风险事件时能够得到及时的赔偿。

　　在 2019 年武汉军运会期间，组委会为赛事购买了相应的保险，包括赛事取消险、财产损失险和人身伤害险等。在购买保险时，组委会关注了保险合同的具体内容，确保在发生风险事件时能够得到及时的赔偿。

　　（四）遵守法律法规

　　遵守法律法规是确保赛事合法性和合规性的重要要求。赛事组织者应了解并遵守国家和地方关于体育赛事管理的相关法律法规，确保赛事的各项活动符合法律要求。同时，要加强对参赛运动员、教练员、裁判员等相关人员的法律法规培训，提高他们的法律意识。

　　（五）技术支持

　　技术支持是利用现代科技手段对赛事风险进行实时监测和预警的重要手段。利用大数据、人工智能等技术，可以对赛事相关的数据进行分析和挖掘，提前发现潜在风险。例如，可以通过对气象数据的分析，预测可能发生的自然灾害；也可以通过对社交媒体的监测，及时发现和处理负面舆情。通过数据分析，可以为决策提供支持，帮助赛事组织者及时采取相应的措施。

在 2015 年天津全运会期间，组委会利用大数据和人工智能等技术对赛事相关的数据进行分析和挖掘，提前发现潜在风险。例如，他们通过对气象数据的分析，预测可能发生的自然灾害；并通过对社交媒体的监测，及时发现和处理负面舆情。通过数据分析，组委会为决策提供了支持，帮助赛事组织者及时采取相应的措施。

（六）舆情监控与应对

舆情监控与应对是维护赛事良好形象的重要环节。赛事组织者应关注赛事相关的舆论动态，及时发现和处理负面舆情。同时，要加强与媒体的沟通和合作，积极传播赛事正能量。通过有效的舆情监控和应对措施，可以维护赛事的良好形象，提升赛事的影响力和吸引力。

在 2013 年全运会期间，组委会关注了赛事相关的舆论动态，及时发现和处理负面舆情。同时，组委会还加强了与媒体的沟通和合作，积极传播赛事正能量。通过有效的舆情监控和应对措施，组委会维护了赛事的良好形象，提升了赛事的影响力和吸引力。

（七）持续改进

持续改进是风险治理工作的重要原则。在每次赛事结束后，应对风险治理工作进行总结和反思，找出存在的问题和不足。根据总结的经验教训，不断优化和完善风险治理体系，提高风险治理的效果和水平。

三、国际合作与交流

在过去的 20 年里，我国积极参与国际体育风险治理合作与交流。例如，中国奥委会与国际奥委会签署了《北京冬奥会和冬残奥会风险管理合作协议》，共同推进北京冬奥会和冬残奥会的风险管理工作。此外，中国还积极参与国际体育组织（如国际足球联合会、国际田径联合会等）的活动，分享我国在体育风险治理方面的经验和做法。这些国际合作与交流为我国体育风险治理提供了宝贵的借鉴和启示。

（一）国际合作机制

国际合作机制是我国与其他国家和地区在体育领域进行合作的重要方式。这些合作机制包括双边和多边合作框架、合作协议和项目等，旨在促进体育领域的交流与合作，提高我国体育风险治理水平。

首先，双边合作框架是指我国与其他国家或地区之间建立的合作关系。通过签订合作协议，双方可以共同开展体育项目的合作，分享资源和技术，加强人员培训和交流。例如，我国与一些国家签订了足球合作协议，通过互派教练员、球员和管理人员的交流，提高双方足球水平，并共同举办国际足球比赛。这种双边合作框架有助于我国借鉴他国先进的体育风险治理经验，提升自身的风险管理水平。

其次，多边合作框架是指我国参与的国际组织或机构之间的合作关系。国际体育组织如国际奥委会、国际足球联合会等制定了一系列的风险治理标准和规范，旨在保障体育赛事的安全和顺利进行。我国积极参与这些组织的活动，通过学习和借鉴国际标准和规范，改进自身的体育风险治理体系。例如，我国在举办大型体育赛事时，会参考国际奥委会的风险管理指南，制定相应的应急预案和危机处理措施，以确保赛事的安全和顺利进行。

此外，国际合作还包括具体的项目合作。例如，我国与一些国家合作举办体育赛事，共同承担风险责任和管理任务。通过项目合作，我国可以借鉴他国在体育风险治理方面的成功经验和做法，提高自身的能力。同时，项目合作还可以促进我国与其他国家之间的友好关系和文化交流。

（二）国际标准与规范

国际标准与规范是国际体育组织制定的一系列风险管理的标准和规范。这些标准和规范涵盖了体育赛事的各个方面，包括安全、安保、卫生等。我国可以通过学习和借鉴这些标准和规范，改进自身的体育风险治理体系。例如，国际足球联合会制定了一系列的安全标准和规范，包括场馆安全、球员安全、观众安全等。我国可以参考这些标准和规范，加强对体育赛事的安全管理，降低风险发生的可能性。

（三）国际经验借鉴

国际经验借鉴是指研究其他国家或地区在体育风险治理方面的成功经验和做法。通过比较分析不同国家的风险管理策略、应急预案和危机处理等方面的做法，总结出适合我国国情的经验。例如，一些国家在举办大型体育赛事时采用了先进的技术手段来监控和管理风险，如使用无人机进行实时监测、利用大数据分析预测风险等。我国可以借鉴这些经验，引入先进的技术和方法来改进自身的体育风险治理能力。

（四）国际交流与培训

国际交流与培训是提高我国体育风险治理能力的重要途径。通过参加国际会议、研讨会、培训班等活动，我国可以与其他国家和地区的专家、学者进行交流与合作，分享经验和知识。这些活动不仅可以提高我国体育风险治理人员的专业知识和技能，还可以促进国内外专家之间的互动和合作。例如，我国可以邀请国际风险管理专家来华进行培训讲座，介绍最新的风险管理理念和方法。同时，我国也可以派遣相关人员参加国际会议和研讨会，向其他国家和地区的专家学习他们的经验和做法。

（五）国际援助与支持

国际援助与支持是国际社会对我国体育风险治理的支持和援助。这些支持和援助包括资金、技术和人才等方面的支持。通过接受国际援助和支持，我国可以提高自身的体育风险治理水平。例如，一些国家或地区可能会提供资金支持给我国的体育风险治理项目，帮助我国改善体育设施和设备的安全性能。同时，国际社会也可以通过技术转让和人才培养等方式提供支持，帮助我国培养更多的风险管理专业人才。

（六）国际合作案例

国际合作案例研究是对一些具有代表性的国际合作案例进行深入研究的方法。通过选择一些成功的国际合作案例，分析其背景、目标、实施过程和成果，可以总结出国际合作对我国体育风险治理的启示和借鉴价值。例如，在筹备和举办 2008 年北京奥运会的过程中，我国参考了国外赛事举办的经验和方法。如在组织管理方面，我国借鉴了国外奥运会的管理经验，特别是悉尼和雅典奥运会。这些经验为我国的奥运会筹备提供了宝贵的参考价值；在国际合作方面，北京奥运会吸引了来自 205 个国家和地区的参赛者和观众。此外，如日本首相福田康夫、法国总统萨科齐和美国总统布什等国际领导人都积极参与了奥运会的相关活动，这体现了国际合作的重要性；新西兰前国会议员杨健博士表示，新西兰曾参与 2008 年北京奥运会的部分工作，他认为那届奥运会让世界猛然聚焦于蓬勃向上的中国，同时也反映了国际环境的变化和中国政府的稳定决心。

通过以上研究，我们能够全面了解我国体育风险治理在国际合作与交流方面的实践与经验，为进一步改进和完善我国体育风险治理体系提供科学依据和建议。

第二节　治理现代化与体育风险治理的嬗变

近 20 年来，体育赛事风险治理发展经历了从传统的经验主义到现代化的科学化、规范化的转变。主要体现在风险识别与评估能力的提升、风险管理体系的完善、社会参与与合作三方面。

一、治理体系现代化

治理体系现代化是指通过改革和完善国家治理体系，提高治理能力和治理水平，使国家治理体系更加科学、规范、有序、高效，适应国家发展的需要和人民利益的需求。

（一）治理体系现代化的重大意义

治理体系现代化是国家现代化的重要组成部分，是国家治理能力的重要体现。推进治理体系现代化，是全面深化改革的总目标之一，是实现国家长治久安、人民幸福安康的必要条件。

1. 治理体系现代化是国家现代化的重要保障。一个现代化的国家，必然有一个现代化的治理体系。只有通过改革不断完善治理体系，才能确保国家稳定和发展，实现长治久安。

2. 治理体系现代化是全面深化改革的总目标之一。全面深化改革的目标是完善和发展中国特色社会主义制度，推进国家治理体系和治理能力现代化。治理体系现代化是国家治理能力的重要体现，是全面深化改革的重要目标之一。

3. 治理体系现代化是实现人民利益的需求。治理体系的现代化，意味着更加科学、规范、有序、高效的治理，能够更好地满足人民的需求，提高人民的获得感和幸福感。

（二）治理体系现代化的主要内容

1. 完善国家制度体系。国家制度体系是治理体系的基础，是推进治理体系现代化的重要保障。要不断完善以宪法为核心的国家制度体系，加强制度建设，提高制度的科学性、规范性、针对性和有效性。

2. 加强法治建设。法治是国家治理的基础，要加强法治建设，提高法治水平和治理能力。要完善法律体系，加强法律实施和监督，确保法律的权威性和公正性。

3. 推进民主建设。民主是国家治理的重要基础，要加强民主建设，保障人民的基本权利和自由。要完善选举制度，加强公民参与和社会监督，促进政府与公民之间的互动和合作。

4. 强化行政能力建设。行政是国家治理的重要力量，要强化行政能力建设，提高行政效率和治理水平。要加强公务员队伍建设，提高公务员素质和能力，确保行政决策的科学性和执行的高效性。

5. 加强社会治理能力建设。社会是国家治理的重要领域，要加强社会治理能力建设，提高社会管理的科学性和有效性。要加强基层社区建设，促进居民参与和社会组织发展，加强社会信用体系建设，维护社会稳定和安全。

6. 推进经济体制改革。经济是国家发展的基础，要推进经济体制改革，促进经济发展和转型升级。要加强市场建设，促进市场竞争和公平交易，加强政府监管和社会监督，保障市场秩序和公平竞争。

7. 加强国际合作。国际合作是国家治理的重要方面，要加强国际合作，共同应对全球性挑战和问题。要积极参与国际规则制定和改革，加强与其他国家的交流和合作，维护国家利益和全球稳定。

（三）推进治理体系现代化的措施

1. 加强顶层设计。推进治理体系现代化需要加强顶层设计，制定科学合理的改革方案和实施计划。要深入研究国家发展的战略需求和人民利益的需求，结合实际情况进行顶层设计和整体规划。

2. 坚持问题导向。推进治理体系现代化需要坚持问题导向，针对当前治理中存在的问题和不足进行改革和完善。要深入分析和研究存在的问题和挑战，提出有针对性的解决方案和发展方向。

3. 加强宣传和教育。推进治理体系现代化需要加强宣传和教育，提高人民群众对治理体系现代化的认识和理解。要加强宣传和教育力度，让人民群众了解国家治理体系现代化的重要性和意义，增强人民群众的参与意识和主人翁意识。

4. 加强监督和评估。推进治理体系现代化需要加强监督和评估，确保改革方案的有效实施和治理水平的不断提高。要加强监督力度，对不落实的改革方案进行问责和处理；同时也要加强评估工作，对已经实施的改革方案进行评估和总结，及时发现问题并进行改进和完善。

二、我国体育风险治理现代化

中国体育风险治理体系的现代化是中国体育事业发展的重要保障，也是中国国家治理体系现代化的重要组成部分。随着中国体育事业的快速发展，各种体育风险也日益凸显，建立完善的体育风险治理体系，提高体育风险治理能力，是保障中国体育事业健康发展的重要保障。

（一）中国体育风险治理体系现代化的现状

中国体育风险治理体系现代化的目标是建立一个适应时代发展需求的现代化治理体系。通过完善法律制度、构建组织架构、运用现代科技手段、培育体育风险文化以及加强国际合作，我国将逐步实现这一目标。

1. 近年来的进展

中国政府高度重视体育风险治理体系的建设，正在努力构建一个现代化的体育风险治理体系。近年来，中国政府在体育风险治理方面取得了一定的进展。

在法律制度领域，中国正在完善体育相关的法律法规，明确各方责任，规范体育市场的运作，保障消费者的权益。同时，通过法律法规的制定和实施，加强对体育风险行为的监管和惩处力度。

在组织架构领域，中国正在构建一个由政府、行业协会、俱乐部、运动员等多元主体参与的体育风险治理体系。各主体间将形成良好的协作机制，共同应对体育风险。

在技术应用领域，中国正积极利用现代科技手段，提高体育风险治理的效率和效果。例如，通过大数据技术对体育数据进行实时监测和分析，为决策提供科学依据；利用物联网技术对体育设施进行实时监控，确保设施的安全运行；利用人工智能技术对体育赛事进行风险评估和预警。

在文化培育领域，中国正着力培育公民的体育风险意识，提高公众对体育风险的认知和防范能力。通过加强体育安全教育、推广健康生活方式等途径，推动全社会形成关注体育风险、共同参与治理的良好氛围。

在国际合作领域，中国正积极参与国际体育风险治理合作，分享经验，共同应对全球性的体育风险挑战。通过加强与国际组织的交流合作，引进先进的理念和技术，提高我国体育风险治理的整体水平。

2. 挑战与未来措施

虽然近年来政府在体育风险治理方面取得了一定的进展，但仍存在一些问题需要解决。主要有：我国体育风险治理体系现代化面临着法律法规不完善、组织架构不健全、技术应用不足、文化培育欠缺、国际合作深度不够等挑战。

为了实现中国体育风险治理体系的现代化，政府需要加强体育风险的认知和评估能力、应急救援能力和设备建设、治理机制和协调机制建设，加强对运动员的保障和医疗体系建设以及加强对体育产业的监管和规范发展。具体地说，包含如下方面：

（1）加强体育风险的认知和评估能力。政府需要加强对体育风险的全面认知和评估能力，建立完善的体育风险数据库和预警机制。

（2）加强应急救援能力和设备建设。政府需要加强应急救援队伍和设备建设，提高应急救援能力和水平。

（3）完善治理机制和协调机制。政府需要建立健全治理机制和协调机制，加强各部门的合作和信息共享。

（4）加强运动员保障和医疗体系建设。政府需要加强对运动员的保障和医疗体系建设，提高运动员的医疗保障水平和健康水平。

（5）加强体育产业的监管和规范发展。政府需要加强对体育产业的监管和规范发展，推动体育产业的健康发展。

三、我国风险管理体系的研究与实践

（一）关于体育赛事风险管理体系的研究

潘书波（2006）基于风险和保障理论，提出体育风险回避法、减小风险法、风险转移法和健全体育风险制度四种体育风险处理办法。针对我国在奥运会赛事风险和保障方面的问题，该学者认为应当在法制、人才培养、宣传、市场以及专项资金方面进行改进。龙苏江（2010）通过分析体育赛事风险特点、构建赛事风险管理体系等，从事前、事中和事后三个角度，归纳出提高风险管理意识、借助各种技术进行风险识别、提升体育赛事风险评估水平、建立风险处理体系、完善内部控制运行机制、建立管理后评价和持续改进机制等风险应对方法。朱华桂、吴超（2013）通过分析南京青奥会的风险评估要素体系，基于赛前、赛中和赛后三个视角，提出赛前成立领导小组、限制组织规模、开展环境建设、制定预案并演习，赛中进行协议管理、风险转移、损失控制以及体育保险优化的应对措施。龚江泳、常生（2013）基于民商法，提出制定和实施民商事法律风险计划、构建民商事法律体系用以控制体育赛事中的民商事法律风险。马辉、黄海燕（2013）认为，当某些风险的损失期望值高于预期收益时，决策者应当取消赛事申办；当损失期望值低于预期效益时，主办方可以通过风险控制、改变管理计划等方式来保证赛事的顺利申办。霍德利、仇慧等学者（2014）在风险应对基本流程的基础上，根据不同风险等级采取不同的风险应对措施：对于任何风险都应该实时监控；面对中等风险时应当采取风险减轻、转移及回避等措施；在高风险情况下，可以采取风险转移或终止比赛的方法。Thomas A. Baker、陈书睿（2015）归纳出赛事的主要风险是恐怖主义和伏击营销，认为在风险应对的基础上应当加强工作人员的培训来监测、组织和应对恐怖袭击；赛前教育和公关、现场管理、合同限制以及法律保障等方式能够最大限度遏制伏击营销的影响。韩颖、李志平等学

者（2015）认为，应当通过对过程和人的控制、签署合同以及购买保险的方式来控制和转移高效承办大型体育赛事的风险。张森、王家宏（2017）通过对具体赛事案例背景进行比较分析，提出了风险应急、风险预防、风险回避以及风险转移4个赛事风险规避的应对措施。蒲华文、贾宏（2018）根据建立的评估体系分析2017年金砖国家运动会的风险因子，提出赛前成立领导小组、优化环境建设、制定预案和演习、购买保险，赛中规范管理、风险转移、风险止损以及赛后风险处置等具体措施。王聃、冯卫国（2019）基于情报分析角度，将赛事活动设计、设施配置、观众行为政策、制定沟通计划和应急计划作为预防和控制体育赛事风险的措施。林桥兵、吴钟等（2020）认为，通过建构应急体系、优化赛事风险评估、提升风险管理意识、完善法律制度保障以及建构赛事利益相关者避险机制等方式可以有效应对重大突发公共卫生事件下体育赛事的风险。曾珍、吕万刚（2020）将更新风险治理理念，重塑治理过程，实现风险治理智能化以及构建风险治理共建、共享、共治格局，作为大型体育赛事公共安全风险进行治理的推进路径。刘韵（2021）认为，针对赛事期间的公共卫生风险，各个国际体育组织和公共卫生组织应加强内部协调与外部合作。肖海婷、宋昱（2021）以北京冬奥会为背景，提出利用大数据识别风险、创新投融资机制、应用新型数字技术、创新制度机制、创新场馆运营与服务、合理利用保险转移风险以及强调突发事件管理等进行未来展望。

（二）风险管理体系实践的完善

在过去的20年里，我国体育赛事风险管理体系的完善取得了显著的进展。传统的风险管理方式主要依赖于个别人员的经验判断和临时性的应急措施，然而，随着体育赛事规模的不断扩大和复杂性的增加，这种传统的风险管理方式已经无法满足需求。因此，现代体育赛事开始建立完善的风险管理体系，包括制定详细的风险管理计划、建立专门的风险管理部门、开展定期的风险评估和演练等。这些措施有助于提高风险管理的效率和准确性，降低事故发生的概率和影响程度。

首先，制定详细的风险管理计划是现代体育赛事风险管理的基础。在过去，由于缺乏系统性的风险管理计划，体育赛事的风险管理往往显得混乱和无序。然而，随着体育赛事规模的扩大和复杂性的增加，这种无序的风险管理方式已经无法满足需求。因此，现代体育赛事开始制定详细的风险管理计划，明确风险管理的目标、策略和步骤，确保风险管理的有序进行。

其次，建立专门的风险管理部门是现代体育赛事风险管理的重要手段。在过去，由于缺乏专门的风险管理部门，体育赛事的风险管理往往由其他部门兼任，这不仅增加了其他部门的工作压力，也影响了风险管理的效率和准确性。然而，随着体育赛事规模的扩大和复杂性的增加，这种兼职的风险管理方式已经无法满足需求。因此，现代体育赛事开始建立专门的风险管理部门，负责全面、系统地管理体育赛事的各种风险。

再次，开展定期的风险评估和演练是现代体育赛事风险管理的重要环节。在过去，由于缺乏定期的风险评估和演练，体育赛事的风险管理往往停留在理论层面，无法有效地应对实际的风险事件。然而，随着体育赛事规模的扩大和复杂性的增加，这种理论性的风险管理方式已经无法满足需求。因此，现代体育赛事开始开展定期的风险评估和演练，通过模拟实际的风险事件，检验和完善风险管理计划，提高风险管理的实战能力。

总的来说，近20年我国体育风险管理体系得到了完善，这主要体现在制定详细的风险管理计划、建立专门的风险管理部门、开展定期的风险评估和演练等方面。这些措施不仅提高了风险管理的效率和准确性，降低了事故发生的概率和影响程度，也为我国体育赛事的健康发展提供了有力的保障。然而，我们也应该看到，随着体育赛事规模的进一步扩大和复杂性的进一步增加，体育赛事的风险管理将面临更大的挑战。因此，我们需要不断研究和探索新的风险管理理念和方法，以适应体育赛事风险管理的新需求。

第三节　治理现代化与体育风险治理实践的转型

近年来，我国体育风险治理实践发生了转型。在现代化治理体系下，政府制定和完善了体育政策、法规和标准，以降低体育风险。这包括对体育赛事组织、运动员培训、场馆建设等方面的监管。通过制定和完善体育政策、法规和标准来规范体育产业的发展。国家体育总局发布了《关于加强体育产业标准化工作的指导意见》，明确了体育产业标准化的目标和任务，提出了一系列具体的措施。这些政策和法规的出台，为体育产业的健康发展提供了有力的保障。加强了对体育赛事组织、运动员培训、场馆建设等方面的监管。国家体育总局发布了《关于进一步加强体育赛事管理工作的通知》，要求各级体育行政部门加强对体育赛事的组织和管理，确保赛事的安全和顺利进行。此外，政府还加强了对运动员培训和场馆建设的监管，确保运动员的健康和安全，提高场馆的质量和服务水平。

在体育产业风险管理方面，重点分析了体育产业面临的各种风险，如经济风险、市场风险、技术风险等，并提出相应的风险防范和应对措施。例如，政府鼓励和支持体育企业进行技术创新，提高产品的竞争力；同时，政府还加强了对体育市场的监管，打击非法经营行为，维护市场秩序。

在体育赛事安全管理方面，研究了如何提高体育赛事的安全管理水平。这包括赛事组织、安保措施、应急预案等方面。例如，政府要求各级体育行政部门加强对赛事组织和安保工作的领导，建立健全赛事安全保障机制；同时，政府还制定了应急预案，以应对突发事件的发生。

在运动员健康与安全方面，关注运动员在现代化治理过程中的身心健康问题。例如，政府加强了对运动员运动损伤和心理压力的关注，提出了相应的预防和干预措施。此外，政府还加强了对运动员的医疗保障和康复服务，确保运动员的健康和安全。

在体育道德与伦理风险方面，政府探讨了如何加强体育道德和伦理建设，防范和应对体育领域的道德风险。例如，政府加强了对体育竞赛的监督和管理，打击假赛、舞弊等不正当行为；同时，政府还加强了对运动员和教练员的道德教育，提高他们的道德素质。

在体育赛事环境风险方面，注重关注体育赛事对环境的影响。例如，政府要求各级体育行政部门加强对赛事环境的监测和管理，减少噪声污染、能源消耗等环境问题的发生；同时，政府还鼓励和支持绿色场馆的建设和使用，推动可持续发展。

在体育赛事社会风险方面，政府分析体育赛事对社会的影响。例如，政府要求各级体育行政部门加强对观众安全和交通拥堵等问题的管理，确保赛事的顺利进行；同时，政府还加强了对赛事的社会宣传和舆论引导，提高公众对体育风险的认识和应对能力。

在体育赛事经济风险方面，政府研究了体育赛事对经济的促进作用。例如，政府鼓励和支持举办大型体育赛事，吸引投资和消费；同时，政府还加强了对赛事组织过程中可能出现的经济风险的监测和管理，确保投资回报和赞助商关系的稳定。

在体育赛事信息管理与风险传播方面，政府关注如何加强体育赛事的信息管理和风险传播。例如，政府要求各级体育行政部门加强对赛事信息的收集和发布，提高公众对体育风险的认识和应对能力；同时，政府还加强了对媒体的监管和管理，确保信息的准确性和及时性。

综上所述，近年来我国体育风险治理实践发生了转型。在现代化治理体系下，政府制定和完善了体育政策、法规和标准，以降低体育风险。这包括对体育赛事组织、运动员培训、场馆建设等方面的监管。同时，政府还加强了对体育产业、运动员健康与安全、体育道德与伦理、体育赛事环境和社会风险等方面的研究和应对措施的制定。这些举措为我国体育事业的健康发展提供了有力的支持和保障。

第三章

国内大型体育赛事风险源与特性

　　大型体育赛事社会风险管理的目标是以风险成本最小化获得赛事价值最大化，基本逻辑是"风险识别—风险评估—风险评价—风险防控"，这告诉我们，破解大型体育赛事社会风险防控难题最为关键的问题恰恰是其逻辑起点——风险源问题。由于根植于社会发展特定时空与格局的社会风险源决定了风险识别、评估和管理在不同国家以及同一国家不同社会发展阶段内涵与外延上的差异性，决定了中外学界在归因、归类和论释框架等学理上的差异性，由此也决定了风险识别、评估和控制等方法策略上的差异性。此部分立足中国转型社会大背景，考察分析来自三个层面的大型体育赛事社会风险源及其类型，分析大型体育赛事社会风险的动因和类型。

第一节　国内大型体育赛事风险源归类

　　一场体育运动中存在着多种多样的风险，国家之间的关系影响着体育运动会的正常举办，观众的狂热举动也同样影响着运动会的正常秩序和公信力问题，这些风险按照不同的性质存在着不同的分类方式，在本书关于大型体育赛事社会风险的研究中，作者按照从大到小的分类方式进行区别，即从宏观层面的世界变局带来的全球风险和国内社会风险、中观层面的赛事举办地风险、微观层面的赛事本身风险等进行分类。

一、宏观层面——百年变局下的全球风险和国内社会风险

（一）百年变局下的外部风险

　　"当今世界正经历百年未有之大变局。"这是习近平总书记深刻洞察世界格局变化，科学认识全球发展大势，立足中华民族伟大复兴战略全局而作出的重大判断。以下内容表现了"变"的主题：世界经济重心已经发生转变，由以往的大西洋两岸转移到了现在的太平洋两岸；世界政治力量对比和格局也在演变，传统的 G7 领导格局正在让位于 G20，后者产生的影响更广泛、更深远；全球化的进程和全球治理体系同样在变化，部分国家出现退群、脱欧现象，逆全球化现象也开始显现。2019 年新冠疫情的暴发，使我们更清醒地认识到这个百年未有之大变局。①

在百年未有之大变局加速呈现的背景下，伴随着波云诡谲的复杂国际形势、中美竞争加剧甚至走向对抗以及我国发展进入新阶段，未来我国大型体育赛事的举办同样面临愈加复杂多变的国内外风险变量。

从世界政治看，以美欧为代表的融合了新民粹主义和经济民族主义的新保守主义日趋演进，以极化和零和博弈的思维逆全球化而动，其基本政治主张和政治原则为：西方传统价值观、自由经济、帝国秩序和强硬的反华立场。

从世界经济看，根据 IMF 最新预测，全球经济增速将从 2022 年的 3.5% 放缓至 2023 年的 3% 和 2024 年的 2.9%，相比 7 月对 2024 年的预测值下调了 0.1 个百分点。IMF 表示，更强劲的增长正受到疫情持续影响、俄罗斯在乌克兰的战争、日益加剧的碎片化以及利率上升、极端天气事件和财政支持萎缩等因素的抑制。2023 年全球总产出预计将比疫情前预测的低 3.4%，即约 3.6 万亿美元。世贸组织（WTO）也发布了最新的贸易预测，由于 2022 年四季度开始的全球贸易持续低迷，WTO 经济学家对 2023 年全球商品贸易增长的预测大幅缩减，直接"腰斩"了 2023 年全球商品贸易量的增长规模——预计 2023 年全球商品贸易量将增长 0.8%，不到此前 4 月预测的 1.7% 这个增长数值的一半。WTO 预计，按市场汇率计算，2023 年全球实际国内生产总值（GDP）将增长 2.6%，2024 年将增长 2.5%。

从全球公共治理看，伴随着非传统安全和全球自然灾难的侵扰，世界面临的全球性问题越来越多，很多全球性问题日渐复杂棘手和紧迫。然而，近年来美欧国家整体向新保守主义转向的趋势和零和博弈思维，使全

---

① 曹俊勇. 价值引领导向下大学生理想信念教育的课程实践——以《中华文明与当代中国》课程为例［J］. 五邑大学学报（社会科学版），2023，25（02）：11-15，92.

球治理的国际合作陷入了极大的困境，很多全球公共事务因美欧国家的霸道行径而搁置。如全球公共卫生治理体系和治理能力还远远不够，新冠疫情应对的全球合作共识、组织机构、协调机制均不足，个别国家不负责任的"甩锅"和政治溯源更加迟滞了抗击疫情的国际合作，一些国际组织被个别国家绑架，沦为个别国家的施压工具和打手。

从亚洲安全环境看，当前亚洲形势总体上处于稳定状态，和平与发展仍是主流。然而，随着国际形势变得越来越复杂，亚洲地区的安全形势也面临着更多的挑战和威胁。受历史遗留、西方挑拨、民族宗教、领土纷争等复杂因素的影响，亚洲仍是当今世界安全威胁和动荡冲突的重灾区和高危区。一是战略局势复杂。美国极力推行"印太"战略，挤压中国的安全和发展空间，岛屿和海洋争端问题局势越来越复杂。二是地区热点问题集中。亚洲目前是全球热点最集中的地区，朝核、伊核、巴以等问题持续发酵，犹如火药桶，牵动多方。印巴在克什米尔地区冲突不断，叙利亚境内战火纷飞，巴以冲突持续升级。三是传统安全和非传统安全交织。暴恐、毒品、跨国犯罪、污染、能源安全等非传统安全问题愈加突出，资源短缺、自然灾害、民族分裂、宗教斗争、难民潮、传染病、网络安全等新安全威胁不断呈现。

在构建人类命运共同体理念引领下，中国在加速步入世界舞台中央的同时也面临更加严峻的挑战，中美关系越来越成为世界格局演变的关键变量。这需要我们坚守底线思维，保持战略定力，审时度势，沉着应对，努力实现在危机中育新机，在变局中开新局。

在这样的全球形势下，体育政治化不可避免，对国内大型体育赛事可能产生下列影响：

1. 政治干预

追溯奥林匹克运动历史可以发现，现代奥运会从诞生开始就被深深打上了政治烙印，从未逃脱政治干预，身不由己地裹挟进了政治漩涡，成为政治角力的舞台和大国政府施压的政治工具。

一是政治抵制。在美苏争霸时期，奥运会赛场上充满了火药味。1980年莫斯科奥运会和1984年洛杉矶奥运会，以美苏为首的两大阵营相互抵制，把奥运会变成美苏冷战的战场。2014年的索契冬奥会受到以美国为首的西方国家的抵制，欧美多国领导人相继拒绝出席索契冬奥会开幕式。①
西方国家可能以政治干预体育，试图把在我国举办的国际性大型体育赛事
变成实现自己政治目的、干涉他国内政的手段和工具，以安全、人权等为
借口，采取抵制在我国举办的国际性大型体育赛事等政治行动。大型体育
赛事是一项综合性体育活动，不但比赛项目丰富多样，更重要的是，参赛
国家众多，涉及人数广泛，这不仅是一场体育实力的较量，更是各国在社
交舞台上不可或缺的一部分。国际实力也是决定比赛质量的重要因素，国
家之间的复杂关系可能会对比赛进程和结果产生重大影响。从宏观角度来
看，运动会参赛国之间的政治关系是影响赛事的最大因素。在和平时期，
运动会通常是各国展示自己实力和友好交流的竞技场，但一旦发生冲突，
无论是意见分歧导致摩擦还是相互抵制导致关系恶化，都会对体育赛事的
顺利进行产生影响，甚至可能导致赛事的停办。目前我们虽处在和平发展
的阶段，但是国家之间的摩擦始终存在，在比赛期间一旦出现争议和摩
擦，对于一场大型的体育赛事来说，影响是深刻而久远的。西方国家就曾
经打北京冬奥会牌，以冬奥会要挟，逼中国妥协。如美国众议院共和党议
员致函美国总统，敦促美国总统拜登抵制2022年北京冬奥会，呼吁美国
"应该阻挠北京冬奥会"。7名美国共和党议员提交决议要求国际奥委会重
新考虑2022年冬奥会的举办地。欧洲议会于2021年7月8日通过决议，
号召欧盟国家集体抵制北京冬奥会，拒绝出席开幕式，试图用"外交手
段"去驳中国的面子。个别组织将所谓的"人权问题"与北京冬奥会挂
钩，向赞助北京冬奥会的跨国企业施压，要求抵制2022年冬奥会。② 随着
世界多极化发展，民族主义在世界范围再度抬头，今后政治对奥林匹克的
干预可能更多表现在民族主义形式上。

二是政治攻击。部分存在领土纷争、宗教冲突、军事对抗等不睦国家
可能把在我国举办的国际性大型体育赛事当作另一个特殊的战场，把政治
问题带到赛场进行表达和渲染，制造情绪渲染、政治攻击、侮辱谩骂甚至
流血冲突事件。东京奥运会就屡次上演此类事件，如韩国代表团先是在奥
运村驻地挂出以半岛为背景、猛虎为主题、举着国旗的韩国居民为点缀的

---

① 夏文斌. 积极应对北京冬奥会面临的风险挑战 [J]. 国家治理，2021（12）：32-35.
② 范凌志，张晗，戚席佳. 反华势力施压赞助商抵制北京冬奥 [N]. 环球时报，2021-
02-25.

"伤害不大侮辱极强"的"老虎降临"横幅。接着拒绝在食堂集体就餐，单独设立供餐中心，以此表达对福岛核污染的担忧和抗议，韩国政府还警告本国运动员不要食用"带有放射性物质"的日本食物，使得日本政府极为不满，引起两国民众在互联网上激烈互喷。

三是政治偏见。部分与大型体育赛事有关的国际体育组织可能承受更多源于非体育本身的国际政治、经济动荡带来的压力和冲击，遭遇更多来自西方国家和赞助商的政治化议题施压、资金赞助取消威胁等，迫使其选择在政治上选边自救的生存战略，可能会在规则、裁判、仲裁等问题上做出不利于我国的决定，从而使在我国举办的国际性大型体育赛事主办方与有关国际体育组织的协作难度增大。此外，不排除极少数带有政治偏见的裁判，把政治倾向和政治情绪注入裁决工作，使在我国举办的国际性大型体育赛事某些竞技项目被政治绑架。

2. 民族情绪

民族文化、宗教习惯等方面的赛事安排和不当言行可能会引发民族情绪爆发宣泄。综合性运动会的观众是全世界，是面向所有国家和地区的人民。在国际环境的影响下，应当重视不同国家的宗教信仰和文化习俗，保障不同国家和人种的切身利益，在语言文字使用、国家地区归属以及饮食习惯等问题上要打起十二分精神，避免出现差错。对于自身信奉的和平时接触的文化，人民往往是保持着不可亵渎的态度，一旦踏过边界，就会引起很大的反响，出现这样的问题就立刻成为众矢之的，对于运动会的声誉是一种绝对的打击。

2018年的平昌冬奥会，在开幕式上出现了"青龙、白虎、朱雀、玄武"的中国四大神兽，事件一发生就引发轩然大波，我国民众愤慨不已，认为这是对我国文化的偷窃行为。除此之外还有在对世界地图介绍板块中地图不完整事件的出现，导致日本出现了抵制平昌冬奥会的言论。

不同国家民族之间的体育竞技很容易引发民族情绪，这可能导致对体育比赛结果不满的情绪转移到对不同民族的相关态度上。我国台湾跆拳道选手在广州亚运会中被判犯规并被取消比赛资格后，台湾民众将矛头指向宣判结果的韩国籍世界跆拳道联盟秘书长梁振锡，并逐渐形成反韩情绪，甚至开始抵制使用韩国产品，撕毁韩国国旗等激烈行为。在观众民族意识日趋成熟的情况下，对比赛态度的严谨性也亟待做出调整。这种公共情绪是产生负面舆论的主要根源。为防止这种情况的出现，我们需要在比赛期间时刻注意赛场情况，严格遵守比赛规则，并且保证赛程透明公开。一旦出现异常情况，我们需要及时对民众情绪进行疏导，以防止激进情绪的进一步扩散。

3. 突发变故

突发政治社会事件使赛事举办遭受重大变故。在 1990 年北京亚运会开幕前一个月，即 1990 年 8 月 2 日，突发举世震惊的伊拉克入侵占领科威特事件，时任亚奥理事会主席的法赫德亲王亲自参战保卫皇宫，以身殉国。事件之后，海湾合作组织 7 个国家联合陈书亚奥理事会，要求禁止伊拉克参加北京亚运会，并威胁如果伊拉克参赛，海湾 7 国将集体抵制本届亚运会。结果，伊拉克便被取消了参加北京亚运会的资格。约旦为支持伊拉克则撤回了代表团，放弃了亚运会所有的比赛，只保留一名旗手参加开幕式。

4. 经济冲击

在经济下行的压力下，部分参赛国由于经济困难而步入体育收缩周期，将工作重心转向国内大众体育开展和健康运动促进，缩减财政供给，相应缩减在我国举办的国际性大型体育赛事的参赛规模和时间。受全球宏观经济冲击，也可能出现国际市场拓展受阻、赛事门票和版权收入减少、赞助商续约困难、劳资纠纷频发等问题。

（二）新发展阶段下的国内社会风险

我国已进入全面建设社会主义现代化国家的新发展阶段，必须全面认识和深刻把握新发展阶段的新任务、新特点、新矛盾和新挑战，防范和化解新发展阶段宏观社会风险给大型体育赛事带来的冲击和影响。

1. 总体形势健康向好

当前，我们经济社会发展总体健康向好。从宏观环境来看，大型体育赛事面临的国内环境整体上呈现政治稳定、经济稳健、社会和谐、文化繁荣、生态改善良好的局面。

从政治形势看，党的领导深受人民拥护，民心空前凝聚、思稳思讲，广泛认同中国特色社会主义制度体系和中国特色社会主义道路。十八大以来，国家治理体系和治理能力现代化取得非常显著的进步，无论是党内治理效能，还是政府治理、社会治理效能，均有着巨大提升。无疑，稳定和谐的国内政治形势是大型体育赛事举办的政治基础和政治保证。

从经济的角度来看，当前中国的经济活动整体上呈现出恢复并趋于向好的趋势，市场需求逐步得到恢复和增长，生产供给持续增加，就业物价总体稳定，居民收入得到平稳增长，显示出推动经济高质量发展的力度。[①]高质量发展是我国经济的既定方向和追求，展望未来，中国经济依然是世界经济体中最健康、最具活力的，将在高质量发展中实现变革与突破。任何国家、任何城市举办大型体育赛事都要投入巨额经费，从这点看，持续发展的经济环境和稳定供给的财政支持无疑是大型体育赛事举办的关键。我国经济形势的总体向好可以为大型体育赛事举办提供稳定的财务支持。

从社会形势看，尽管未来我国社会建设将面临更加复杂多变的内外环境，有挑战，也有困难，但从整体上看，我国社会仍保持战略定力，在民生、社会保障、社会治理等领域持续发力。尤其是把就业作为民生之本，把保就业、稳就业作为重中之重，实施更加积极的就业政策。脱贫成果不断巩固，人民多层次的社会保障体系得到持续优化，共建共治共享的社会治理格局已然形成，社会治理的专业化、法治化水平不断提升。社会建设的良好形势为大型体育赛事的举办提供稳定向善的社会环境保障。

2. 社会经济领域的风险点

（1）社会价值观更加多元。社会价值观对于社会发展的重要意义在于社会结构和社会制度中的社会控制和社会规范作用。伴随着社会转型和社会分层的持续深化，以及市场经济的深入发展，社会价值观也随之发生巨大变化，最根本的变化就是多元化价值观形成。社会转型的必然结果是单一价值体系的瓦解，社会阶层、文化背景、年龄层次、生活环境各异的人们对利益的诉求、信息的需求、政府治理服务的要求亦有明显差异。与改革开放前形成鲜明对比的是，人们对于同一件事情，有着多种评判，多种声音，多种看法，与此同时，中西古今各种理论观点和社会思潮互相碰撞，这些既是社会转型的必然，亦是社会开放的应然，无需大惊小怪。但是需要我们关注的是，多元价值观一旦成为社会主流，就会形成另一个突

---

① 邹伟，韩洁，于佳欣. 当前中国经济新现象新观察［J］. 中国产经，2023（15）：112-123.

出的问题，即共享价值观式微。在越来越强调个人利益和个人价值观的多元社会，核心价值体系和核心价值观就会难以得到社会广泛认同和遵循，其结果是社会共识缺失，社会互信缺乏，社会凝聚力松散。

（2）社会负向情绪燃点降低。任何国家在向现代化社会转型过程中都难以避免社会矛盾和社会冲突，而社会矛盾和冲突的表征就是社会情绪的激烈爆发。首先应该看到，当前我国社会情绪总体上是正向的、积极的，由于中国改革开放四十余年巨大的财富增长惠及 14 亿人民群众，人民群众普遍有着巨大的获得感和幸福感。调查显示，全国公众普遍的情感体验是积极向上和正向的，不满、忧虑、愤怒、失落等消极和负向情感占比很少。其次也应该看到，社会阶层的分化必然带来社会利益的分化，社会矛盾和社会冲突随之产生，网民情感变得愈发多元和多变。我国改革进入深水区，我们处在一个"转型"的时代。转型发生在经济、政治、社会、文化道德等各个领域，在转型中，必然带来社会分化。一方面，社会分化导致的专门化，可以提高社会的整体功效；但是另一方面，社会分化会增加社会整合的难度，必然带来社会的阶层分化、利益分化甚至观念分化。大型体育赛事筹办和举办过程中的拆迁、族际种际冲突等看似平常事件可能会触及社会敏感的神经。

（3）经济民生领域问题易"泛意识形态化"。当前地方债、房地产、互联网金融、资本市场等我国经济领域的"灰犀牛"隐现，一旦爆发将极易向社会领域、政治领域传导，破坏社会和谐稳定。全国道路运输、水上运输、煤矿、化工等行业领域重大安全生产事故也牵动社会敏感的神经。

（三）宏观环境与大型体育赛事风险

站在全球和国内宏观层面看，大型体育赛事面临的风险包括以下几个方面：

地缘政治风险：全球范围内的大型体育赛事可能受到地缘政治因素的影响。例如，主办国家或地区之间的紧张关系、国际制裁、安全局势等都可能对赛事的顺利进行产生负面影响。

经济金融风险：大型体育赛事往往需要巨额的经济投资和资金支持。全球范围内的经济不稳定、金融危机、汇率波动等因素都可能对赛事的筹备和运营造成影响，导致资金短缺或者经济损失。

社会文化风险：大型体育赛事涉及多元的社会文化背景和价值观差异。一些敏感的社会问题，如种族歧视、性别平等、人权问题等，可能在赛事期间引发争议和抗议，对赛事形象和组织者的声誉带来负面影响。

环境可持续性风险：大型体育赛事对环境的影响也是一个重要的宏观层面风险。赛事场馆建设、能源消耗、废物处理等问题可能导致环境资源的过度消耗和污染，与可持续发展目标相冲突。

媒体传播风险：大型体育赛事受到媒体广泛关注，媒体报道的内容和形象呈现对赛事的成功与否具有重要影响。不良的媒体报道、虚假宣传、信息泄露等问题可能损害赛事形象和参与者的权益。

针对这些全球和国内宏观层面的风险，大型体育赛事举办者需要制定全面的风险评估和管理策略。这包括与政府和国际组织的合作，制定应对地缘政治风险的方案；建立稳定的资金来源和风险管理机制，应对经济金融风险；重视社会文化议题，加强沟通和合作，避免潜在的社会争议；注重环境保护和可持续性发展，采取措施减少对环境的负面影响；加强媒体关系管理，进行积极的公共关系和危机应对。通过综合的风险管理策略，可以最大限度地减少和控制大型体育赛事面临的宏观层面的风险。

二、中观层面——举办地城市风险

大型体育赛事举办城市自身也面临一些风险，这些风险包括：

经济财政风险：举办大型体育赛事需要巨额的投资和运营成本。如果组织者不能有效地管理预算、控制成本，或者无法从赛事中获取足够的经济回报，可能导致财政压力和经济亏损。

基础设施风险：为了承办大型体育赛事，举办城市通常需要进行基础设施建设和改造，如场馆、交通、住宿等。如果规划和建设不合理、时间紧迫、质量不过关，可能导致工程问题、延误和额外成本。

社会影响风险：大型体育赛事可能对当地社会产生广泛的影响，包括交通拥堵、社会秩序失控、环境污染等。这些问题可能引发民众的不满情绪、社会冲突，甚至损害城市的声誉和形象。

安全风险：举办大型体育赛事需要确保参与者和观众的安全。如果安全措施不到位、应急响应不及时，可能导致各种安全事件和事故的发生，对人身安全造成威胁。

管理能力风险：举办大型体育赛事需要具备一定的组织和管理能力。如果城市缺乏相关经验和专业知识，或者组织者的能力不足，可能面临组织失误、协调困难、决策失误等问题，影响赛事的顺利进行。

针对这些自身风险，举办城市应制定相应的风险管理策略。这包括进行全面的风险评估，制定有效的预案和措施；加强财务管理和监督，确保合理的预算和成本控制；注重基础设施建设的质量和可持续性；与社区居民进行沟通和协商，解决潜在的社会问题；加强安全保障体系的建设和应急响应能力；提升组织者的管理能力和专业素养等。通过综合的风险管理措施，举办城市可以最大限度地减少自身面临的风险，确保大型体育赛事的顺利进行，并为城市带来长期的经济和社会效益。

以第 19 届亚洲运动会为例，举办地杭州、绍兴、宁波、温州和湖州等城市自身可能面临着一系列风险，比如：

自然灾害风险：这些城市位于中国东部地区，可能受到台风、暴雨、洪水、地震等自然灾害的影响。这些灾害可能导致交通中断、损坏场馆设施以及对参与者和观众的安全构成威胁。

环境污染风险：这些城市的经济发展较快，可能面临空气质量、水质污染和废物处理等环境问题。这可能对参与者和观众的健康和舒适度产生影响。

交通拥堵和运输问题：这些城市都是人口密集区域，可能面临交通拥堵、公共交通系统不够完善、交通事故等问题。这可能导致参与者、观众和工作人员的运输和通勤困难，影响赛事的顺利进行。

安全和社会稳定风险：作为举办体育赛事的城市，安全和社会稳定是关键问题。可能存在恐怖主义威胁、犯罪活动、抗议示威等社会安全风险。这需要加强安保措施和维护社会秩序，以确保参与者和观众的安全。

卫生危机风险：大型体育赛事期间，传染病暴发或公共卫生问题可能成为挑战。特别是在疫情还会反复的情况下，需要采取额外的防控措施来确保参与者和观众的健康安全。

三、微观层面——赛事自身风险

在微观层面上，大型体育赛事自身更是面临一些风险和挑战，主要包括以下几个方面：

安全风险：场馆安全是举办大型体育赛事的重要问题。可能存在火灾、踩踏、设备故障等安全风险，对参与者和观众的人身安全构成威胁。因此，必须确保场馆设施符合安全标准，合理设置出入口、紧急撤离通道，并制定应急预案和演练。

设备运行风险：大型体育赛事需要依赖各种设备和设施进行比赛和表演，如灯光、音响、大屏幕等。设备故障或操作失误可能导致比赛中断、场馆照明不足、音效问题等，影响比赛质量和观赏体验。

基础设施风险：场馆的基础设施包括电力供应、水源、空调系统等，如果这些设施出现故障或不稳定，可能导致比赛延误、观众不适等问题。因此，必须进行设备和基础设施的定期检查和维护，确保其正常运行。

人员管理风险：场馆内的工作人员、志愿者和安保人员对于比赛的顺利进行至关重要。但如果人员配备不合理、培训不足，可能导致服务质量下降、安全监管不到位等问题。因此，必须加强人员管理和培训，确保人员能够胜任各自的角色和职责。

环境影响风险：大型体育赛事在场馆内产生大量废弃物、噪音、空气污染等环境影响。如果没有有效的环境管理措施，可能对周边环境和居民产生负面影响，引发争议和抗议。因此，需要制定环境保护方案，减少环境影响，并与相关部门和社区进行沟通和合作。

针对这些场馆风险，举办方应采取一系列措施进行管理和应对。这包括建立完善的安全管理体系，包括灭火设备、紧急撤离通道等；进行设备的定期检查和维护，确保其正常运行；加强人员培训，提高工作人员的专业素养和应急处理能力；制定环境保护计划，减少对周边环境的影响；与相关部门和社区进行密切合作，共同解决场馆风险问题。通过综合管理措施，可以最大限度地降低场馆风险，确保大型体育赛事的顺利进行。

第二节　国内大型体育赛事多重风险分析

大型体育赛事由于规模大，涉面多而广，社会影响力极强，其本身是一个复杂的风险系统，伴随着体育的市场化、社会化改革和赛事组织由垂直"条条"向平行"块块"的场馆化运行模式转变的趋势，加剧了风险。

如亚运会历史上的社会风险事件如表 3-1 所示。

表 3-1　亚运会历史上的社会风险事件表

亚运会	风险事件	风险类型	造成影响
1990 年北京亚运会	伊拉克入侵科威特，海湾 7 国抵制伊拉克参赛	社会政治事件	伊拉克被禁赛，约旦放弃比赛
1994 年广岛亚运会	11 名中国运动员被检出兴奋剂	兴奋剂事件	给中国国家形象带来严重负面影响
2010 年广州亚运会	场地自行车赛连环相撞中国台北跆拳道运动员被韩国裁判判罚失去比赛资格	人员风险舆情风险	7 人受伤引岛内爆发舆情激发民众反韩情绪
2014 年仁川亚运会	主火炬熄灭，羽毛球女子团体赛停电	赛事运行风险	形象受损比赛推迟
2018 年雅加达亚运会	女子跆拳道赛计时器故障女子个人体操赛放错音乐	赛事运行风险	比赛中断
2023 年杭州亚运会	5 名运动员服用兴奋剂裁判员遭运动员链球误砸谣传塞浦路斯、阿塞拜疆、格鲁吉亚、土耳其、以色列、亚美尼亚等国退出	兴奋剂事件人员风险舆情风险	影响赛事公平性比赛暂时中断损害杭州亚运会声誉

一、自然环境风险

自然灾害是当前影响人类进行社会活动的重要问题之一，强大的破坏能力会阻碍人们正常的生活节奏，甚至会有生命危险。大型体育赛事面临着来自自然界的各种风险，包括天气、地质灾害等。在经常发生自然灾害的城市举办体育赛事，如何避免自然风险并尽可能保障赛事的正常进行，这是对主办方的一次重大考验。

赛事组织者和相关方需要认真对待这些风险，并采取相应的措施来应对，以保比赛安全和顺利地进行。只有这样，才能让观众和参与者在赛事中享受到精彩的体育盛宴。

天气是大型体育赛事面临的主要自然风险之一。恶劣的大气条件，如暴雨、强风、雷电等，可能导致比赛延期或取消。例如，2019年法国网球公开赛就因为持续的降雨而不得不推迟比赛日程。为了应对这种风险，赛事组织者通常会提前谋划，并配备相应的设备，如遮阳篷、排水系统等，以确保比赛的顺利进行。

地质灾害也是大型体育赛事面临的潜在风险。地震、山体滑坡、火山喷发等自然灾害可能对赛事场地造成严重破坏，甚至威胁到参与者和观众的生命安全。为了减少这种风险，赛事组织者需要在选址时进行细致的地质勘查，并与相关部门合作，制定灾害应急预案，确保在发生灾害时能够及时疏散人员并提供紧急救援。

自然灾害还可能对交通运输产生影响，从而影响参与者的到达。洪水、暴风雪等极端天气条件可能导致道路封闭、航班取消等交通问题。为了应对这种风险，赛事组织者需要与交通运输部门密切合作，提前制定交通管理方案，并向参与者和观众提供及时准确的交通信息，以便他们能够做出相应的调整。

自然风险还可能对场馆设施造成损坏。地震、飓风等自然灾害可能导致场馆结构受损，设备损坏，从而影响比赛的进行。为了应对这种风险，赛事组织者需要在场馆设计和建设阶段考虑到自然灾害的可能性，并采取相应的防护措施，如加固建筑结构、备用设备等，以确保比赛的顺利进行。

历史上因受所在城市突发不确定性内外部环境影响而延迟甚至取消比赛的例子很多，既有高温、大雪、台风等恶劣天气因素的影响，也有交通事故等意外环境因素的影响。2005年，一场暴风雨袭击了芬兰赫尔辛基世界田径锦标赛，男子200m以及三级跳远、女子铁饼决赛等被迫推迟进行。环境因素也曾将2008年北京奥运会推向风口浪尖，少部分国家运动员曾担心空气质量会影响其健康和运动成绩。

下面以2023年9—10月在杭州举办的第19届亚运会为例，对大型体育赛事面临的自然风险做简要分析。

浙江位于中国的长江三角洲地区，紧邻东海，拥有多样化的地形，其中山地和丘陵占74.63%，平地占20.32%，河流和湖泊占5.05%。然而，耕地面积相对较少，仅为208.17万公顷，因此有"七山一水二分田"的形容。浙江的地势由西南向东北倾斜，最大的河流是弯曲的钱塘江。山脉主要分为三支，大致平行地向东北方向延伸。该地区横跨八大水系，包括钱塘江、瓯江、灵江、苕溪、甬江、飞云江、鳌江和曹娥江。浙江地处亚热带中部，属于季风性湿润气候。

国家应急预案确定的自然灾害、事故灾难、公共卫生事件和社会安全事件等四类突发公共事件，在浙江均有发生。浙江诸多灾害中，台风、暴雨、滑坡与泥石流等突发地质灾害等所构成的灾害链对浙江的影响严重，同时，还应注意多灾害类型在空间上遭遇的可能，如梅雨汛期遭遇台风等情况，常常加重了浙江的灾害损失。

（一）台风与风暴潮风险

由于独特的地理位置和气候条件，浙江省在每年的夏秋季节常遭受台风的侵袭。台风灾害具有突发性强、危害程度重大、影响范围广泛和灾害链长的特性，是浙江省的主要自然灾害之一。浙江沿岸的地形条件有利于风暴潮波幅的扩大，因此易引发风暴潮灾害，这也常常导致严重的人员伤亡和财产损失。浙江是风暴潮灾害的"重灾区"。

台风对浙江的影响主要集中在5月至11月，其中7月至9月是浙江台风活动最频繁的月份。直接在浙江登陆的台风对浙江的影响最大。浙江省台风灾害主要影响浙江省东部沿海地区。从台风灾害随地区分布的情况来看，降水主要影响温州、海门、临海、宁波等沿海城市；而大风则在大陈岛、嵊泗、玉环、石浦等岛屿或紧邻东海的城市，而浙西北内陆地区受影响则明显要小得多。台风灾害区的地理分布具有明显的山脉走向性，即不同灾害程度的台风灾害区的区界走向与山脉走向相似。台风灾害的危害性也由沿海向内陆呈梯级急剧减弱。①

浙江省沿海属强潮区，沿海潮差大，是全国大潮差区。浙江风暴潮的灾害地域，浙北多集中于杭州湾两岸的杭嘉湖平原和宁绍平原；浙东则发生在宁波、舟山一带及象山港沿海；浙中、浙南的灾区主要是台州湾两岸的温黄平原及杭州湾沿海。②

---

① 刘庭杰，施能，顾骏强.浙江省台风灾害的统计分析［J］.灾害学，2002（04）：65-72.
② 刘庭杰，施能，顾骏强.浙江省台风灾害的统计分析［J］.灾害学，2002（04）：65-72.

杭州市位于浙江省西北部的沿海地区，东临杭州湾。地形复杂且河网密布，是我国受台风影响较大的城市之一。每年的夏秋季节是杭州市发生台风灾害的高发期。根据杭州市历史台风的资料统计，1951 年到 2009 年影响杭州市的台风次数共计 88 次，平均一年 1.49 次，其中共有 29 次台风造成杭州市的经济损失极其严重。①

杭州 2023 年亚运会的举办时间为 9 月 23 日至 10 月 8 日，盛会期间，杭州正处在台讯期间，台风最为频繁，因此在很大程度上亚运会期间杭州会面临台风危险。除此之外，还有伴随台风而来的暴雨、大风等，以及降水引发的城市内涝、山区洪水暴发等次生灾害。沿海一带的宁波和温州赛区以水上和沙滩竞赛为主，宁波赛区承担帆船帆板和沙滩排球比赛项目，温州赛区承担足球和龙舟项目，需要充分做好自然灾害风险防范的预警，尤其是室外竞技项目。

（二）洪涝与暴雨灾害

洪涝灾害是浙江最严重的自然灾害，它所造成的损失占浙江各类灾害损失的 40%左右。受洪水的影响程度的不同，可以将浙江洪涝灾害划分为梅雨型暴雨洪水、台风型暴雨洪水和过渡性洪水。夏季汛期，梅雨季节的暴雨成为主要气象灾害之一。由于浙江省的河流多为源短流急的山溪性河流，洪水汇流速度快，历时短暂，水位变化大，极易形成洪涝灾害。地形对气流的抬升致雨作用导致山麓盆地、沿江两岸极易引起雨涝灾害。此外，太湖流域的水网平原河床水位高，对上游洪水可起顶托作用，使得东、西苕溪及太湖流域成为仅次于钱塘江中上游的发生雨涝灾害较频繁的地区。另外，上游台风暴雨形成的洪水下泄与河口区暴潮的顶托相互作用，导致外淹内涝的灾害现象不容忽视。

（三）地质灾害风险

由于浙江地形条件复杂，以丘陵山地为主，山高坡陡，岩石风化强烈，土层厚度大，这些构成了浙江地质灾害形成与发生的基本条件，加之

---

① 刘庭杰，施能，顾骏强. 浙江省台风灾害的统计分析［J］. 灾害学，2002（04）：65-72.

地处亚热带季风气候区，降水集中，强度大，极易诱发地质灾害，尤其是滑坡灾害，占浙江地质灾害损失的 80% 以上。不合理的人类开发活动，破坏边坡的稳定性，导致崩塌、滑坡、地面塌陷等灾害的发生。

（四）高温风险

杭州在 9 月份出现了极端气象天气，其中包括高温。统计数据显示，整个 9 月份，杭州的天气超过 30 摄氏度的有 12 天，这意味着近半数的时间都是高温天气。由于场馆空间有限，高浓度的人群聚集，很容易超出人的承受范围而导致不适。如果没有合理的降温设备，可能会引起负面舆情。亚运会期间，杭州最高温度超过 30 摄氏度的有 7 天，且在此段时间内空气湿度较大，空气闷热再加上城市热岛效应，在比赛时期高密度聚集的人群，体感温度可能会超过 30 度，这对于人的生理条件来说是不利的。

二、社会政治风险

大型体育赛事由于其规模大、人数多、竞技竞争强、媒体关注度高，涉及政治、意识形态、民族、宗教、外交等诸多敏感领域，受到社会政策、管理等国内外各种风险因素影响，风险因子也很容易被捕捉并无限放大，赛事举办前后，任何异常现场都可能变成危机事件。正因为如此，由大型体育赛事衍生的社会政治风险事件不胜枚举。

（一）层出不穷的体育政治事件

体育无疑具有政治功能，但是体育也容易政治化，大型体育赛事经常发生社会政治事件，如民族情绪风险、抵制参赛风险、政策风险和特殊事件等。

虽然国际奥委会坚决主张体育去政治化，《奥林匹克宪章》甚至在第 50 条明文规定"任何奥林匹克场所、场馆和其他地区不得进行任何形式的示威游行和政治、宗教、种族宣传"。然而，历史上大型体育赛事发生政治事件的情况却比比皆是。

以奥运会为例，奥林匹克运动经历多次带有民族主义情绪的政治风暴冲击，尤其是 20 世纪 70 年代以来，由于东西方两大阵营之间的政治、经济利益冲突，南非种族主义和非洲国家反对种族主义的矛盾不断加剧，奥运会遭受了几次大规模政治性抵制。在不同历史时期，世界范围内以政治为背景的民族主义情绪高涨对奥林匹克的干预是不尽相同的。

1936 年柏林奥运会上演了一出历史上最大的体坛种族歧视闹剧，成为希特勒纳粹分子宣扬军事实力和"雅利安人种是世界最优秀民族"人种论的工具，为奥运留下一页可耻的民族歧视记录。

1960 年罗马奥运会上，南非代表团为清一色的白人选手，黑人和有色人种在南非预选赛中仍被关在体育场大门之外。

民族主义情绪高涨，在奥林匹克运动中的另一种表现形式，是由于特定条件和因素突变，而导致对奥运会的抵制行为。百余年的现代奥运会上就出现过多次抵制行动，对国际奥林匹克运动发展造成很大影响，这种抵制实际上是对奥运会的政治干扰。

1936 年柏林第十届奥运会前，由于德国的纳粹政策，许多国家曾建议该届奥运会不应在柏林举办，遭到国际奥委会拒绝。

1956 年第十六届墨尔本奥运会，7 个国家抗议苏联出兵镇压匈牙利起义而退出比赛。

由于雅加达亚运会事件，印尼和朝鲜代表团退出 1964 年东京第十八届奥运会。

非洲国家联合威胁国际奥委会，如果罗得西亚不被 1972 年慕尼黑奥运会除名，他们将团结一致抵制第二十届奥运会，罗得西亚退出本届奥运会。

1968 年墨西哥奥运会开幕前，墨西哥军队杀害了几百名参加游行示威的青年学生，引起欧洲国家不满，要退出奥运会，后在国际奥委会执委会的游说下放弃。

2008 年奥运会前，许多反华组织把奥运会政治化，少数政客瞄向奥运会捞取政治利益，企图利用奥运会的机会对中国政府抹黑，指手画脚，导演出了一幕幕闹剧。

2021 年 7 月举办的东京奥运会更是一波三折，争议不断，风险事件不断。先是由于新冠疫情的冲击而延期一年，加拿大、澳大利亚、挪威、斯洛文尼亚"不推迟奥运会就退赛"，后续爆出场馆建设不达标、奥组委主席的歧视性发言等，将日本政府以及奥运会的品牌形象逐步败坏。4 月朝鲜以担忧疫情为由宣布不参加东京奥运会，随后几内亚、萨摩亚宣布退出。6月5日被TBS报道"奥委会内部员工证实高额人工费的黑暗内幕"，6月7日东京奥委会会计部长森谷靖在东京地铁站自杀。7月16日在东京主会场爆出的性侵案甚至在百度百科有了词条。日本国内外反对奥运会开幕的声音空前高涨，最讽刺的是，数量占比排名第二的，竟然是日本的本国国民。3500名日本城市志愿者请辞。临近开幕式不到11个小时，开幕式的导演竟然被奥组委开除，开幕式遭广泛吐槽和批评。韩国运动员直接在宿舍外挂起了抗日条幅。东京奥运会竟然还出现了感染新冠的运动员有保底奖牌的"骚操作"，让竞技失去了公平性。奥运会正式开幕前，就出现了多例赴日本参加奥运会的各国运动员感染新冠病毒的事情，其中包含了美国、南非、捷克的运动员和教练，奥运村明显准备不足。在此背景之下，各国政要也纷纷以各种理由拒绝出席日本奥运开幕式。7月23日开幕的东京奥运会被称为"史上最没有存在感的奥运会"，没人关注火炬传递，没人关注运动员入驻奥运村，《华尔街日报》以"东京奥运会正变成一场代价200亿美元的血亏盛宴"为题进行报道。女子垒球比赛举办地在福岛，比赛场地离福岛核泄漏地仅仅70公里，而且运动员菜谱上就有来自福岛的食材和特色菜，比如乌冬面使用了产自福岛的桃子作为配菜，遭到一部分国家的抗议。

（二）社会政治事件类型

体育政治事件是指带有政治因素的体育突发事件。体育政治事件虽然发生在体育场合，但却有着明显的政治诉求和社会意见表达，参与者只是借助大型体育赛事来增强自己政治意愿的传播力和影响力。政治事件的表现形式有散发大字报、游行、示威、静坐、绝食等，往往都是比较敏感的社会热点问题，希望引起政府关注并解决，也有通过这种方式制造舆论力量，公开向政府施压的。体育政治事件敏感性强，社会影响力大，易被国外势力利用，因此，杭州亚运会应严防和妥善应对在赛事举办期间出现游行示威、聚众抗议等政治事件。

1. 叛逃事件

运动员、教练员和工作人员在参加各类国际赛事时叛逃可谓家常便饭。归纳国际赛事中运动员叛逃原因，无外乎下列三种：

一是寻求更好的生活方式或被高薪引诱。此类原因叛逃数量最多，多来自亚非拉发展中国家和东西方阵营对立时期的东欧国家，多叛逃至美国、英国、德国、日本等发达国家。如 1948 年，捷克斯洛伐克女子体操队教练玛丽·普罗瓦兹尼科娃在率队夺得伦敦奥运会金牌后滞留伦敦不归，并在奥运会之后叛逃到了美国。1956 年，83 名匈牙利人在墨尔本奥运会中叛逃到美国加利福尼亚。1972 年在慕尼黑举办的奥运会上多达 117 名运动员叛逃，其中绝大多数为非洲运动员，一小部分来自当时的东欧国家东德、罗马尼亚、捷克斯洛伐克、匈牙利。近 30 年来古巴叛逃至美国的运动员不计其数，尤其是棒球运动员数量最多，其中不乏像查普曼这样的 MLB 顶级运动员。2007 年 7 月，古巴两名奥运会拳击夺冠热门人选里贡多和拉拉在巴西举行的泛美运动会上叛逃，以百万美金年薪成为德国一家电视台的签约职业拳手。2008 年 3 月在美国佛罗里达举行的奥运会足球预选赛中，又有 7 名古巴国奥队足球运动员叛逃。1986 年，曾 46 次打破世界纪录，3 次获奥运会金牌，7 次获世锦赛金牌，曾被誉为保加利亚举重"神童"的运动员苏莱曼诺尔古趁在澳大利亚墨尔本世锦赛之机叛逃至土耳其，震惊世界，引发了土耳其和保加利亚双方长时间无休止的争论，苏莱曼诺尔古叛逃事件至今仍是世界最知名运动员叛逃事件之一。2020 年，曾在里约奥运会上为伊朗摘得铜牌的伊朗跆拳道运动员基米娅·阿里扎德叛逃到德国，并在 2021 年东京奥运会上代表难民代表团参赛。2021 年东京奥运会上叛逃事件亦有上演，乌干达举重运动员尤里乌斯·塞基托雷科在 7 月 16 日留下一张纸条，声称"乌干达生活实在太苦，为我的妻子和孩子，我想在日本生活"，旋即从大阪府"失踪"，3 天后才被警方找到，震惊了日本当局。

二是寻求政治庇护或政治避难。2012 年伦敦奥运会时任伦敦市长的现任英国首相鲍里斯·约翰逊在奥运会开幕前，在会见英国边境和移民国务部长利亚姆·伯恩时，曾要求后者"盯好非洲人！"根据英国官方统计，2012 年伦敦奥运会一闭幕，共有 15 个国家的 25 名运动员选择滞留英国寻求政治避难，包括 4 名刚果运动员和教练员、7 名喀麦隆运动员和工作人员、3 名几内亚运动员、3 名科特迪瓦运动员、3 名苏丹运动员、4 名厄立特里亚运动员、1 名埃塞俄比亚运动员。他们声称滞留英国寻求庇护的理由是在各自的国家受到压迫。2021 年 8 月 3 日，声称"个人生命受到威胁"的白俄罗斯田径短跑运动员季马诺夫斯卡娅在东京奥运会上拒绝离开日本回国，并走进波兰驻日使馆寻求政治庇护。更为奇葩的是，在 1976 年蒙特利尔奥运会上，年仅 17 岁的苏联跳水运动员涅姆察诺夫，因为追求美国跳水运动员林德纳而背叛了自己的祖国，并向加拿大当局申请政治庇护，引起轩然大波。

三是一些国家或明或暗地鼓励甚至纵容。如从 2016 年至 2020 年，世界上最贫穷国家之一的厄立特里亚，就有 33 名足球运动员叛逃至另一个非洲国家乌干达，这个叛逃规模足以组建几支新的足球队。其中重要原因是相对日子好过的乌干达政府选择了支持甚至纵容。乌干达政府新闻发言人甚至公开表示厄立特里亚球员的叛逃并非一件坏事，并得意扬扬地在记者会中称："这里的生活比厄立特里亚要好得多。"

2. 赛场上的政治仇恨

1956 年，由于东欧国家匈牙利爆发的十月事件被苏联镇压，当年在墨尔本奥运会上，在水球比赛半决赛中与苏联相遇的匈牙利运动员带着极度的政治仇视和满腔愤怒较量，双方大打出手，演变为"水中血战"。

2021 年东京奥运会开幕在即，日本和韩国又因日本驻韩公使相马宏尚公然羞辱韩国，突然爆发了激烈矛盾，两国矛盾也不可收拾地升级，随即韩国宣布文在寅不会出席东京奥运。

3. 政治抵制

1900 年巴黎第二届奥运会上，希腊人要求把雅典作为奥运会的永久会址，并扬言"如国际奥委会持反对意见，希腊代表团将退出奥运赛场"，希腊的要求不为当时国际奥委会主席顾拜旦和其他委员所接受，这是现代奥运受到的第一次抵制行动。而冷战时期美苏举办的几场奥运会，也被对方阵营集体抵制。

1908 年伦敦第四届奥运会开幕式规定，各代表团统一着装并在本国旗帜引导下列队入场，芬兰选手因耻于在帝俄旗帜下入场而拒绝出席开幕式，发生很大的争执，这是奥运会初期的抵制行为。

1988 年汉城奥运会受到朝鲜、古巴等国抵制。

奥运会最大的三次抵制行动分别是：（1）发生在 1976 年的非洲 26 个国家一致抵制蒙特利尔奥运会，使加拿大蒙受巨大损失，仅有 88 个国家和地区 6189 名选手参赛。（2）由于 1979 年苏联出兵阿富汗，美国总统卡特建议全世界抵制 1980 年莫斯科夏季奥运会，60 多个国家集体缺席，致使第二十二届奥运会只有 81 个国家和地区派出 5872 名选手参赛，这是奥运历史上最大的一次抵制行动。（3）1984 年洛杉矶奥运会共有 140 个国家的 7616 名选手参赛，苏联联络阿富汗、阿尔巴尼亚、古巴、朝鲜、保加利亚、匈牙利、波兰、蒙古、越南等 19 个国家"以安全得不到保障"为由抵制本届奥运会，由于当时苏联和东欧国家体育竞技水平极高，致使洛杉矶奥运会竞技水平档次骤降。

4. 情绪发泄

除了参赛选手，观众在比赛过程中是最直接的情绪宣泄对象。大型体育赛事中，观众人数众多且聚集在相对封闭的空间内，情绪容易变得激动并在人群中迅速扩散。由于比赛项目往往具有很强的竞技性，观众往往会被运动员的对抗情绪分为两个对立的阵营，从而容易导致冲突。在 2010 年的欧洲杯预选赛中，就有球迷因情绪激动而对抗警察，甚至向赛场投掷燃烧瓶，这不仅影响了比赛进程，也损害了主办方的形象。

三、意外伤亡风险

伤亡事故是一把悬在体育赛事头上的利剑。很多体育竞技比赛本身就注重对身体极限的挑战，其竞技性、对抗性、激烈性、戏剧性、不确定性等特性决定了伤亡不可避免，体育竞技比赛往往会酿成难以预料的后果，特别是诸如体操、田径、水上等高风险竞技项目，运动员在比赛中因为意外导致受重伤甚至突然死亡的事件屡见不鲜。

根据 30 年来国内外各种大型体育赛事伤亡事故报道进行统计分析，一般引起场内意外伤亡事故的原因有下列六种：（1）场内比赛设施的缺陷；（2）运动员技术要领和动作不到位；（3）运动员失手对他人造成伤害；（4）组织管理不到位；（5）场内医务监督不力；（6）恶劣天气等外力所致。

1955 年 6 月 11 日，被称为世界三大赛车赛事之一的汽车 24 小时耐力赛在法国小城勒芒举办。当比赛进行到第 35 圈时，发生了连环追尾的重大悲剧，导致一名奔驰车手当场死亡，遭遇解体的车片高速飞向了观众，造成 83 位观众死亡，120 名观众受到重伤，场面惨不忍睹。

桑兰在 1998 年友好运动会上的意外震惊中国体育界，她的事故也引发了关于运动保险、运动安全等很多相关方面的探讨。

亚运会也曾发生过参赛运动员意外死亡事故。2006年多哈亚运会上，韩国马术选手金亨七在参加12月7日的三日赛越野赛中不慎落马后被马匹踩中头部，导致颅骨破碎不治身亡，尽管事故主要原因最终认定为大雨场地十分泥泞造成，但由于以往马术比赛中运动员死伤事件时有发生，危险性和安全保障一直饱受争议，这起意外事故还是引起了针对头球、马术运动等比赛项目安全问题的广泛争论和担忧。

运动员在比赛和训练中遭到意外伤害，大多有两种可能：一是运动员没有掌握动作的技术要领，或是动作没有做到位，造成自身的损伤。2007年6月，15岁的浙江选手王燕在上海进行的全国体操锦标赛预赛中遭受严重损伤，由于在做高低杠"后屈两周下"时出现严重失误，导致头部朝下重重落地，致使其第二、第三颈椎骨折脱位，并且神经损伤严重。二是"失手"给对方或同场竞技者造成伤害。芬兰男子标枪选手皮特卡马基在冲击自己的第3个黄金联赛冠军时，掷出的标枪偏离轨道，直接扎中了田径场另一边的法国跳远选手萨里姆·斯蒂里，经检查萨里姆肝部被扎出一个小洞。

围绕着运动员，人们不难发现，裁判也是比赛中较容易受伤的人。2023年9月30日晚上，在杭州奥体中心体育场举行的杭州亚运会田径项目男子链球决赛当中，一名裁判被运动员链球误砸受伤，随即被医护人员用担架抬离现场，引发关注。

与赛场的距离越小，与"危险"也就越近。除了运动员、裁判和工作人员，最靠近赛场的人，就是摄影记者了。2005年新年后的"省港杯"足球赛上，自由摄影师王世儒被带球急速奔向底线的广东队球员赵乐撞倒，不仅额头受伤，而且价值近10万元的摄影器材也遭损坏。事后王世儒到法庭起诉，要求赵乐赔偿自己的经济损失，当时此案被称为"中国足坛第一奇案"。在多哈亚运会足球赛场，东道主卡塔尔队以0-1输掉比赛，球迷一度情绪失控引发了骚乱，来自中国中央电视台的记者，为了抓拍卡塔尔球迷的疯狂瞬间，被一个装满饮料的瓶子重重地击中额头血流满面。

现场观众也处于意外危险包围之中。2007年，泰格·伍兹在高尔夫球英国公开赛的第3轮比赛中，第6洞开球时高尔夫球击中了一名现场的女观众。这位女士捂着受伤的额头倒在了地上，并接受了现场治疗。在长春举行的一场中国队对阵科威特队的冰球比赛中，也发生了球飞出场外打伤观众的意外，观众右眼角被砸出一个约两厘米的口子，最后缝了 4 针。2007 年 8 月 3 日下午，上海国际赛车场 6 号弯的 4 个临时看台、上万个座位被一阵怪风"连根拔起"，又被吹到 20 米开外的 F1 赛道上。虽然没有人员伤亡，但这件"怪事"却给赛场造成了上千万元的损失。

国际性大型体育赛事如出现意外伤亡事故，会面临两个方面更严重的后果：一是形象危机更严重。就规模而言，大型国际体育赛事吸引了众多国家和地区的运动员、裁判员、工作人员，以及几万名官员、观众、记者和志愿者到场，在如此高密度的人群、集中的时间和变化多端的现场气氛情绪下，任何现场事故的发生，都会被迅速传遍世界，如果应对不当，还会演变成危机事件，极大损害赛事形象和举办国的国际声誉。二是国际性大型体育赛事会参与人员涉面广，各种关系交织，各国处理各异，容易引发争议，不同主体、不同伤害行为甚至纯粹场内个人意外突发伤亡事故，往往在各个参与人相互成立的参赛合同、保险合同、服务合同、侵权等法律关系之间互相交织，最终因果关系的查明和责任的承担，将是摆在解决争议机构面前的一道极为复杂的难题。

如此多的范例提醒我们，人员安全比一切都重要，需要有更多的人力和物力投入并参与到竞技比赛安全风险防范中去，把安全摆在重中之重的位置，减少甚至杜绝意外伤害事件发生。对此，一是赛前要对每一个场馆、每一处设施、每一件设备进行定期安全检查；二是细化落实安全责任，对所有相关人员开展安全责任和安全管理培训；三是督促所有去现场的运动员、教练员、裁判、工作人员、志愿者、媒体人员等增强安全防护意识；四是配置全方位的体育保险。

四、兴奋剂风险

兴奋剂是各类大型赛事的"痼疾"，已经成为奥林匹克历史上难以抹去的一个"污点"，几乎每次大型体育赛事的兴奋剂丑闻都会引发广泛关注成为热点问题。现代意义上的兴奋剂，实际上是对竞技比赛中各类禁用药物的统称。如今，国际奥委会规定的兴奋剂有七大类，分别是刺激剂、麻醉止痛剂、血液兴奋剂、利尿剂、合成类固醇剂、内源性肽类激素、β阻断剂，其中最常用的，也是最早使用的兴奋剂是刺激剂。尽管使用兴奋剂直接或间接危害着运动员的身心健康，导致过敏反应、药物依赖、性格变化、内分泌紊乱、细胞功能的异常甚至致命，奥运会历史上因服用兴奋剂致命的例子并非鲜见，但是依然有大量运动员为了竞技成绩铤而走险。

早在19世纪中叶，就有荷兰运动员在游泳比赛中服用兴奋剂的报道。1904年美国圣路易斯奥运会上就有兴奋剂出现，在那届奥运会中，一位名叫托马斯·希克斯的美国马拉松运动员在比赛过程中大剂量服用了一种混合着鸡蛋清的药物士的宁，导致其在率先冲过终点后晕倒，经现场医生紧急施救才苏醒。1908年奥运会上，意大利马拉松运动员多兰多·彼得里服用了同样的药物。

伴随着兴奋剂越来越隐蔽，相关技术越来越成熟，甚至各类兴奋剂药物的迭代远远超出兴奋剂检测方式的技术进步，反兴奋剂的难度越来越大，赛场上急功近利的运动员们频繁冒险使用各类兴奋剂，血液回输、苯丙胺等大量可以提升运动员比赛成绩的药物刺激剂类兴奋剂开始袭扰各类大型体育赛事，极大影响了体育比赛的公平性，也对运动员的健康极为不力，违背了体育精神和道德风尚，十分令人头疼。

从20世纪40年代，在持续了30多年的各类国际比赛中，泛滥使用的兴奋剂一度是奥运史上似乎难以摆脱的"毒瘤"，几乎是一种潜规则或默认的存在，以至于运动员使用兴奋剂十分大胆，甚至出现了运动员在1964年东京奥运会上肆意将使用过的兴奋剂空药瓶及针管到处丢在奥运村的盥洗室、更衣室和卫生间的可怕场景。

"约翰逊事件"是奥运史上最大的一起兴奋剂丑闻。名扬全球的加拿大短跑运动员本·约翰逊先后夺得1987年世界田径锦标赛和1988年汉城奥运会100米赛的冠军，并两次惊人地打破世界纪录，成为"世界第一飞人"。然而，在汉城奥运会上约翰逊因药检未能过关，被收回金牌，并取消纪录。随后一系列调查会、听证会证实，约翰逊不仅早年前就服用了违禁药物，还在汉城奥运会犯案，因此，约翰逊在1987年世锦赛创造的百米世界纪录也被取消，并被判处终身不得执教。

2021年东京夏季奥运会亦未能幸免，来自尼日利亚的短跑选手布莱辛·奥卡巴雷在赢得女子100米预赛后兴奋剂检测呈阳性，并被取消比赛资格。另据田径诚信委员会公布，在2021年东京奥运会田径项目开始前，就有包括尼日利亚、白俄罗斯、乌克兰、肯尼亚、埃塞俄比亚和摩洛哥多达20名的运动员因未能通过赛外药检而被禁止参赛。

亚运会历史也不例外。近 20 年来，近七届亚运会兴奋剂始终阴魂不散，丑闻不断，1994 年广岛亚运会中国队被曝服用兴奋剂，1998 年曼谷亚运会上约旦举重运动员贾萨尔因为尿样呈阳性而被取消比赛资格，2002 年釜山亚运会上，马来西亚 3 名藤球选手因尿检未能过关，也门 3 名运动员因拒绝上报兴奋剂检测报告，均遭遣返回国。2006 年多哈亚运会上，乌兹别克斯坦 2 名举重运动员，缅甸 1 名举重运动员均被检出使用兴奋剂，伊拉克健美选手萨阿德·法伊兹则因携带违禁药品被取消比赛资格和比赛成绩。2010 年广州亚运会上，2 名乌兹别克斯坦柔道和摔跤运动员因使用违禁药物尿检呈阳性被剥夺成绩。[1] 2014 年亚运会上，包括韩国游泳名将朴泰桓在内的 6 名运动员被检出违禁药物。2018 年雅加达亚运会上，土库曼斯坦摔跤运动员纳扎罗夫因尿检呈阳性被取消参赛资格。2023 年杭州亚运会上，土库曼斯坦、阿富汗、乌兹别克斯坦、菲律宾等国运动员被检出服用兴奋剂。

中国同样深受兴奋剂之害。在 1992 年巴塞罗那奥运会上，中国女排主将巫丹就因服用含禁药成分的止咳药而被禁赛。1994 年广岛亚运会上 11 名中国运动员被查出使用兴奋剂，其中 7 人为游泳运动员，以及马家军的运动员、王德显等中国田径界传奇人物曾经爆出过的兴奋剂丑闻，这是中国运动员首次在国际大型运动会上出现集体兴奋剂丑闻，成为中国体坛迄今为止影响最恶劣、波及面最广的丑闻。这一事件直接促使中国加快了兴奋剂检测的研究和实施，此后历届亚运会中国代表团再未出现过兴奋剂事件。

2000 年，尹丽丽、宋丽清、刘云峰、崔丹凤等 4 名运动员因尿样呈阳性被中国田管中心禁赛，马俊仁等当时的名教头亦受到相应处罚。同年，本应代表中国队出征悉尼奥运会的游泳名将吴艳艳在济南全国游泳冠军赛暨奥运会达标赛中被检出服用兴奋剂，被禁赛 4 年，无缘悉尼奥运会。2001 年，当时的中国男子"百米王"周伟因兴奋剂跌下神坛。

令人痛心的是，在上海举行的 2012 年全国中学生田径锦标赛上爆出首例中学生兴奋剂事件，一名山东中学生运动员竟尿检呈阳性。2018 年，国家体育总局公布，两名女中学生田径运动员在高校体育特长生招生考试

---

① 李文龙. 这下他"兴奋"不起来了 [N]. 南方日报，2010-11-25.

中被发现使用了违禁药物。

兴奋剂的飞速发展和这一"盛况"直至 20 世纪 90 年代才逐渐得到控制，1999 年国际反兴奋剂机构理事会在瑞士洛桑成立，标志着世界各国开始反兴奋剂统一协调的行动，次年 2 月中国成为世界反兴奋剂机构理事国。2003 年《世界反兴奋剂条例》诞生，成为反兴奋剂的制度利器。

2019 年 11 月，我国第一个反兴奋剂司法解释出现，最高人民法院发布《关于审理走私、非法经营、非法使用兴奋剂刑事案件适用法律若干问题的解释》，2020 年 1 月 1 日起正式施行，中国反兴奋剂步入法制化轨道，为促进体育竞技公平和运动员身心健康提供了法治保障。[①]

2021 年 2 月，《最高人民法院最高人民检察院关于执行〈中华人民共和国刑法〉确定罪名的补充规定（七）》，明确了妨害兴奋剂管理罪罪名。

兴奋剂风险防范极其重要。习近平总书记曾明确提出"坚决推进反兴奋剂斗争""坚决做到兴奋剂问题'零出现'、'零容忍'"。对于在本土作战的中国代表团而言，兴奋剂问题尤其事关国家荣誉和国际形象，是不可触碰的红线，一旦在本国举办的大型体育赛事上出现中国运动员服用兴奋剂，将给中国国际形象带来难以估计的损失，因此，必须严加防范，把落实习近平总书记重要指示批示精神作为首要政治任务，绝不可掉以轻心，建立健全反兴奋剂制度、组织体系，全链条责任明确到人，坚决守住中国队兴奋剂问题"零出现"的底线。

五、恐怖袭击风险

确保安全是举办一届成功亚运会的先决条件和基本标志，而恐怖袭击是大型体育赛事面临的最大安全风险。恐怖袭击、踩踏、疾病传染等重大社会风险往往也是附着在大型体育赛事身上的"魔鬼"，多少年来挥之不去。"魔鬼"如果不能及时扼杀，就会破坏体育赛事的正常运行秩序，造成人员伤亡，引发社会秩序的稳定和社会情绪的恐慌，从而破坏组委会的公信力，抹黑城市形象甚至国家形象。

---

① 马宏俊，郭锐. 我国反兴奋剂法治实施体系研究［J］. 北京体育大学学报，2023，46（05）：27-36.

在大型体育赛事举办期间，极端的暴恐分子、狂热的球迷、民族分裂者和严重刑事犯罪人员等可能混迹其中，在比赛场馆或举办城市制造社会安全事件。

1972 年 9 月 5 日，8 名巴勒斯坦"黑九月"极端民族分子在第 20 届德国慕尼黑奥运会期间闯进了奥运村，制造了严重的恐怖事件，当场打死 12 名以色列运动员，并劫持 11 名以色列人质，要求以色列当局释放扣押的 200 多名巴勒斯坦人。

自从 1972 年慕尼黑奥运会发生血腥的"黑九月"恐怖袭击事件之后，针对奥运会在内的全球大型体育赛事的恐怖袭击事件已发生多起，绝大多数事件都是经过精心策划和准备的，为全球体育赛事蒙上阴影。

1993 年 4 月 28 日，一架空军专机搭载赞比亚 18 名被称为"黄金一代"的赞比亚国脚前往塞内加尔，参加 1994 年世界杯的非洲预选赛，那时候的赞比亚国足正处于巅峰时期，曾大胜葡萄牙和意大利。飞机在飞到加蓬境内时失事坠毁，造成机上 30 余人无一幸免。这场空难使这个当时实力很强的非洲国家国足精锐尽失，造成了无可挽回的损失。直到 19 年后的 2012 年，赞比亚才再次捧起非洲国家杯冠军奖杯。"4·28"空难究竟是技术原因还是人为原因，至今仍是一个谜。

1996 年 7 月 27 日，亚特兰大奥运会发生震惊世界的爆炸案，致使 1 人死亡，110 余人受伤。

2002 年 5 月 1 日，西班牙恐怖组织"埃塔"在皇家马德里队的伯纳乌球场前制造炸弹爆炸事件。

2004 年 3 月 11 日，第 28 轮西甲联赛前夕，西班牙首都马德里火车站发生震惊全世界的系列爆炸案，导致 200 人死亡和近 1500 人受伤。

2014 年索契冬奥会举办前夕收到高加索地区武装人员的恐怖袭击威胁，临近城市火车站发生自杀式袭击，致使 14 人死亡，数十人受伤。

透过 40 年来体育暴恐事件现象，可以看出：体育政治化是体育暴恐袭击最本质的特征，重大体育赛事的高影响力是体育暴恐袭击的最重要动机，民族宗教仇恨和东西方文明冲突是体育暴恐袭击最常见的内因，民族分裂分子、宗教极端势力是体育暴恐事件最大的黑手。

为何诸如奥运会、亚运会这样的大型体育赛事容易被暴恐分子盯上？原因在于：（1）人口规模大，人员密集，一场比赛动辄数万人，甚至超 10

万人，一旦发生恐怖事件，人员很难在短时间内有效疏散，容易造成大面积伤亡；（2）在有限时间内进行数万人入场的安检，难免有疏漏之处，容易使暴恐分子趁拥挤之机混进现场；（3）产生的国际影响力大，媒体传播效力快，容易产生社会恐慌情绪，暴恐分子往往为了实现其政治目的，会借助大型体育赛事来提升自己恐怖袭击的影响力；①（4）大型体育赛事看台往往有国际重要官员、名流，在这类赛事制造事端，往往具有成倍的放大效应。

虽然人们普遍认同突发恐怖袭击的危害性，但由于这类事件发生概率较低，在大型体育赛事期间更是罕见，因此我国民众并未真正形成危机意识。大部分人的公共安全意识和自我保护意识还比较薄弱。此外，由于国人往往存在忌讳心理，许多人对政府部门或单位发放的应对突发公共安全事件的书籍并不重视，导致安全防范和紧急避险知识匮乏，自救能力较差。而在 2004 年俄罗斯地铁事件中，司机和乘客能够听从指挥，紧张而有序地处理紧急情况，反映出政府和公民具有较高的公共安全素质和应急指挥处置水平。与此相比，自 2003 年以来，我国发生的重大伤亡事故和特大火灾事件中，受害者多为妇女、老人和儿童，这暴露出我国在安全教育、救援训练和应急处置等方面存在一定的薄弱环节。②

国内举办的大型体育赛事既要防范恐怖袭击，也要防范极端手段报复社会人群。随着中国社会经济进入全面转型期，社会矛盾和不稳定因素逐渐增加，一些犯罪分子可能会采取恐怖袭击等极端手段来发泄不满、报复社会、危害公共安全。这种行为不仅会严重损害社会秩序和公共安全，还会给人民带来巨大的伤害和损失。因此，我们应该加强社会治理，维护社会稳定，同时也要加强宣传教育，提高公众的安全意识和防范能力。例如 2021 年 5 月 22 日，辽宁大连一男子因投资失败，遂产生报复社会心理，驾驶轿车恶意撞人，造成 5 死 5 伤。

---

① 孙麒麟，张建新. 我国大型体育赛事公共安全面临的问题及应对机制 [J]. 体育学刊，2008（06）：14-17.
② 孙麒麟，张建新. 我国大型体育赛事公共安全面临的问题及应对机制 [J]. 体育学刊，2008（06）：14-17.

六、体育骚乱风险

由于体育赛事的竞技性、对抗性特征，体育骚乱是较为常见的社会风险之一。体育骚乱是指在特定的体育赛事场合发生的扰乱和冲击正常赛事秩序的群体行为，是体育参与者群体在非正常状态或危机状态下的一种过激行为方式。

体育骚乱具有突发性、发泄性、群体性、破坏性、煽动性、从众性等特征。骚乱并不一定有严密的组织结构和明确的利益诉求，往往表现出目的盲目性和无直接利益诉求的特征，大多是在群体中由集体行动情绪交互感染引发过激言行，甚至打砸抢行为。

裁判虽然不是运动员，但他们也是参赛的关键人员。虽然他们并不直接参与比赛，但通过观察比赛情况以及对比赛结果的判断，可能会影响比赛结果，尤其是对于高强度、快节奏、对抗性强的比赛，裁判员可能会出现误判，这种不公正的情况往往会引起骚乱。

除了运动员，观众在比赛过程中是最直接的情绪表达者。大型体育赛事往往观众人数众多，并且聚集在有限的场馆内，情绪容易变得兴奋并在人群中迅速累积。由于大型体育赛事中的运动项目竞技性较强，观众往往会被运动员的对抗情绪分为两个对立的阵营，从而容易导致冲突的出现。2010 年的欧洲杯预选赛中，就有球迷情绪激动对抗警察并向赛场投掷燃烧瓶的行为。

欧洲历史上发生过多起著名的"球迷骚乱事件"，一旦球迷崇拜的球队输球，就会在场内打出带有侮辱性的宣传条幅，投掷危险物，破坏场地设施，攻击运动员、裁判员或观众等。例如：2006 年德国世界杯发生德国和英格兰球迷长达 1 小时的对峙和斗殴事件。

大型体育赛事规模巨大，运动员代表团来源复杂，民族和宗教问题敏感，一旦骚乱在短时间内没有平复，很有可能会演变为大规模暴力事件、政治事件、火灾等更为严重的后果，需严加防范。

七、场馆安全风险

2023 年杭州亚运会计划场馆及设施项目建设任务共 33 个，其中新建场馆 5 个、续建场馆 7 个、改建和改造提升场馆 12 个、临建场馆 7 个、新建亚运村 1 个、利用现有宾馆资源改造提升亚运分村 1 个；全省部署 15 个竞赛大项 31 个训练场馆，涉及杭州市（县）属场馆 7 个、省属高校场馆 16 个、杭州市外办赛城市场馆 8 个。①

亚运会场馆分布在下城区、江干区、拱墅区、西湖区、滨江区、萧山区、余杭区、富阳区以及淳安县等。下城区为轮滑和拳击场馆，江干区主要有棋类运动以及足球，拱墅区场馆主要进行乒乓球和曲棍球的比赛，滨江区为羽毛球，余杭区的场馆是排球、足球和橄榄球，富阳区是射击运动、激流回旋和手球比赛，淳安县则是场地自行车以及公开水域游泳。作为此次亚运会的主场馆所在地，萧山区的运动场馆较为密集，主要包含的运动有田径、网球、篮球、游泳、跳水、武术、足球、举重、柔道、摔跤、壁球和击剑等。除了杭州，还全面整合绍兴、嘉兴、湖州、淳安等杭州都市经济圈以及宁波等滨海城市的各种现有场馆资源。借由"互联网+体育"这一主题，"智能亚运"被广泛应用，其中包括实现赛事报名的智能化和服务提供方式的升级等。例如，利用互联网技术的"一键通"功能，运动员在参赛前就能够了解到包括宾馆住宿、交通、接待、志愿服务、赛事日程等相关信息的详细情况。②

大型体育赛事场馆安全一直是广为关注的焦点之一，从场馆建设开始就受到媒体的聚焦报道。场馆安全问题主要有：

（一）场馆建设质量风险

场馆是体育赛事的重要承载建筑，往往在赛事开始前就已经建成甚至投入使用，其相应的配套设施也在建筑建成初期就已经安装完毕，所以基本上大型的装修和改动在建成后都不太可能进行，这就要求在建造场馆时对场馆的质量进行严格把关。在运动会期间，大量人群的涌入有可能会导致场馆内发生不可预测的事件。作为体育赛事的重要承载体和举办地，场馆安全关乎参赛运动员和观众的生命安全。历史上的场馆质量安全事件不断。

20 世纪 60 年代以来，巴西足球史上共发生过 6 起导致群体性伤亡的

---

① 黄宇翔. 33 个亚运场馆 2021 年 3 月全面交付［N］. 杭州日报，2017-11-16.

② 杭州亚运村选址已在谋划中 https：//sports. sina. com. cn/others/others/2015-09-22/doc-ifxhytxr4021992. shtml，新浪网 2015 年 09 月 22 日.

球场坍塌事故。2007 年 11 月 25 日，巴西萨尔瓦多市的一座球场看台突然裂开，致 37 人死伤。①

在 1985 年云南的一场足球比赛中，由于突然降下暴雨，加之体育馆的出入口通道设计不合理等因素，观众们在慌乱中退场时发生了推挤，最终导致 8 人现场被踩踏致死，175 人受伤。另外，因为座位数量不足，赛事方临时增设了座位，这也导致了看台难以承受压力而坍塌。

2007 年 1 月 12 日，作为温哥华冬奥会开幕式和闭幕式举行地的加拿大不列颠哥伦比亚省体育场发生穹顶坍塌事件。温哥华冬奥会举办期间，约有 7600 人参加的以冬奥会为主题的奥林匹克公园狂欢派对突发舞台坍塌，致现场秩序混乱，19 名观众受伤。

因此，面对体育场馆的质量问题，要从最初就承担其责任，在场馆建设方面把握质量，针对大型体育赛事的特点进行修建，后期就会减少很多不必要的风险，使赛事可以顺利进行。

(二) 场馆无障碍设施缺失风险

无障碍设施缺失也会引发严重后果。从 2002 年开始，我国开始探索城市无障碍环境建设，"十一五"期间开始在全国 100 个城市开展创建无障碍建设城市的一系列活动，至此我国逐渐形成了中国城市无障碍化的基本格局。但是总体来说，我国的无障碍建设还处于探索改进阶段，所以城区配套基础设施建设尚不到位。

自 1974 年联合国召开"城镇与障碍环境设计专家会议"后，其报告中提出的"我们所要建设的城市，应该是健全人、病人、孩子、老年人、残疾人等各种群体都能毫无障碍地自由生活和行动的地方"这一理念，已成为各国在城市建设过程中首要考虑的问题，而对于成功举办和完成的大型综合体育运动会来说，这一理念更是不可或缺的重要因素。

体育馆内的无障碍设施主要是为了满足残疾人、老年人、孕妇和儿童等特殊群体的需求，包括无障碍通道、电梯、洗手间相关设施、盲文标识以及特殊席位等。

---

① 刘亚云，钟丽萍，李可兴，等 . 大型体育赛事突发事件的预警管理 [J]. 体育学刊，2009，16 (09)：32-35.

在广州亚运会前，有专家对广州大型体育馆的无障碍标识进行了调查，发现了一些普遍存在的问题。其中包括无障碍设施及标识的缺失、标识不清晰、日常标识与无障碍标识不匹配以及标识匮乏等问题。此外，中国部分大型体育场馆的标识对各类残疾人（如肢体残疾者和听力、视力残疾者）以及高龄体弱者的需求区分不够明确，缺乏有针对性的标识，同时也很容易忽视为听力、视力损伤的人员提供服务。① 所以从场馆建设方面来说，要保障特殊人士的需求，就需要针对不同位置进行相关的设置。如设置无障碍坡道以便乘坐轮椅人士和携带婴儿车的观众可以直接进入观众区域；设置障碍人士专门的观看席位，让乘坐轮椅的残疾人士可以有相当富裕的场地回转轮椅并且还可以获得良好的观看视角。设置无障碍卫生间，为肢体存在障碍者设置扶手、防打滑地面以及呼救措施；设置电梯按键的盲文提示，室内低位服务设施以及场馆引导标识等等。

（三）场馆建设伤亡风险

2016 年里约奥运会之前，媒体报道 2013 年 1 月至 2016 年 3 月期间，总共有 12 名工人在奥运场馆项目建设中死亡。里约热内卢地区劳动就业办公室进行的研究报告称，地铁 4 号线的建设就发生了 3 起人员死亡事故，其中一名工人被一辆卡车撞死，另一名工人从梯子上掉落到轨道上，还有一名工人被压缩空气软管击中，造成致命伤害。事实上，里约奥运会在赛场内外都存在着不安全因素。当时里约奥运会开幕后不到三天，就陆续发生了多起运动员受伤意外，其中尤以自行车和体操这两个项目情况最为严重。以至于英国《镜报》惊呼，这可能是有史以来最危险的一届奥运会。该报指出，这些受伤包括锁骨骨折、腿骨骨折、严重脑震荡等重伤，有些是不可避免的，但有些却是因为糟糕的比赛组织管理所致。国际建筑与木业工人联合会（BWI）撰写的报告指出，在伦敦、索契、里约、平昌奥运会时，分别有 1 名、70 名、12 名和 4 名工作人员死亡。东京奥运会目前已有 2 人死亡。

---

① 李京凡. 从奥运场馆看体育场馆无障碍设计问题 ［J］. 北京规划建设，2007（06）：12-14.

（四）场馆安全管理风险

场馆维护管理极为复杂，以杭州亚运会奥体中心为例，这个 75 万平方米的场馆有大量的机电设备需要日常巡查、检修，亚运场馆配置的设备，都需要分专业、分系统的工程人员严格按照规程操作，比如通信（信息）网络系统、综合布线系统、安全防范系统、火灾自动报警及消防联动系统、楼宇设备自控系统、江水源热泵系统、水处理（直饮水）系统、体育场馆（体育工艺）专用系统等，以及很多后台的智能化操作系统，稍一疏忽就会造成对场馆使用的影响，影响比赛进程，甚至造成重大事故灾难或经济损失。亚运场馆的智能化，对物业也提出了新的挑战，很多物业工程人员此前没接触过高端设备，因此要求物业人员要有专业化培训，如小莲花顶部的巨型屋盖造型非常独特，由 8 片"花瓣"组成，每片"花瓣"重量约 160 吨，是一个在悬挑上端的旋转屋盖，这个钢结构悬挑端开闭屋盖为世界首创。在后台有一个操作系统控制，打开来就变身露天场馆，合上就是一个封闭场馆，如此重要的操作系统，如物业工程人员操作不慎，将会带来难以想象的后果。

杭州亚运会场馆建设工程极其庞大，仅亚运三村（运动员村、技术官员村、媒体村）就要为 10000 余名运动员和随队官员、近 4000 名技术官员和约 5000 名媒体人员提供住宿、餐饮、医疗等保障服务。消防安全是重中之重。虽然火灾并非体育场馆所独有，但是大型体育赛事举办场馆集聚了数以万计的观众，一旦发生火灾，造成的伤亡程度比其他场所严重得多。体育场馆的火灾一般由违规用电用火、消防隐患、人为纵火等原因造成。因此，要求对赛事场馆进行严格的常态化消防安全管理，消防控制中心值班人员都要求持有中级以上消防设施操作证，甚至连消防应急巡查人员，都要求持有建筑物消防员证书。强电、弱电、暖通、给排水、消防阀门、开关等，要求所有的一线员工都能对项目的各个"器官"了如指掌。

八、赛事运营风险

（一）财务风险

大型体育赛事的财务风险主要包括以下几个方面：

赞助商退款：大型体育赛事通常依靠赞助商的资金支持，如果赛事受到不可抗力因素（如自然灾害、政治冲突等）的影响导致取消或延期，赞助商可能要求退还已支付的赞助费用，这将对赛事组织方造成巨大的经济损失。

票务销售不佳：大型体育赛事的票务销售往往是赛事组织方的重要收入来源之一。如果赛事的知名度或吸引力不足以吸引观众购买门票，票务销售可能不佳，导致赛事组织方无法实现预期的收入。

广告和转播权收入下降：大型体育赛事的广告和转播权收入通常是赛事组织方的主要收入来源之一。然而，如果观众数量下降或转播平台付费意愿降低，广告和转播权的价值可能会下降，从而导致赛事组织方的收入减少。

运营成本超支：大型体育赛事的组织和运营涉及场地租赁、设备购买、人员招聘等一系列费用。如果运营成本超过预算，赛事组织方可能面临财务困境，甚至无法覆盖所有支出。

受伤或事故赔偿：在大型体育赛事中，选手受伤或事故发生的风险是存在的。赛事组织方可能需要承担赔偿责任，包括医疗费用、赔偿金等，这将对财务状况产生重大影响。

为了应对这些财务风险，赛事组织方通常会采取一些措施，如购买保险来减轻风险、合理规划预算以控制成本、提升赛事品牌和影响力以吸引更多的赞助商和观众等。

（二）城市保障风险

交通工程建设领域安全生产一直以来是社会关注的焦点热点。大型体育赛事有多个交通项目同时施工，涉及公路、水运、机场、地铁、铁路枢纽等大类。特别是进入交通保障工程的冲刺阶段，建设施工的高峰期，施工现场存在抢赶进度、各工序交叉施工多、大工程集中等安全风险隐患。

城市道路方面，由于大规模基础设施建设，地下基础设施、土层扰动非常频繁，加上污水等管线都处在"高龄"或"超龄"服役阶段，管线老化、漏水导致水土流失情况频发，道路易产生塌陷、异常沉降、下沉等隐患。

交通保障方面，赛事期间，杭州等赛区人流激增，热点地区人流激增，公共交通运输未能跟上，存在保障不及时，人员大量滞留的风险隐患。

城市环境保障方面，存在安全生产、交通运输等事故引起突发环境事件的风险，可能对附近举办的大型体育赛事产生干扰。室外水上项目区域存在出现蓝藻等水环境问题风险，可能影响赛事正常进行以及运动员和各国家（地区）奥委会的抗议。城市场馆、住处和交通沿线等区域可能出现环境污染问题，引起客户群投诉。

城市景区服务保障方面，举办城市的景区承担着重要的亮点与宣传作用。大型体育赛事期间，客观上可能出现景区接待量变大，考察需求多元，考察细节增多等情况，部分热门景点可能造成交通拥堵、人员聚集等风险。

票务保障方面，在门票发售的过程中容易出现倒票风险。由于市场供应的门票无法满足广大观众的需求，便产生了倒卖现象。运动会的开幕式和闭幕式尤其热门，经常出现观众为购票而从"黄牛"手中高价购买的情况。在金钱的诱惑下，甚至出现了以高于原价几倍甚至几百倍的价格来炒作门票的现象。比如在北京奥运会期间，开幕式的门票最高价格达到5000元，但在倒卖者的手中，竟然以天价几十万元一张的价格出售。倒卖门票的行为严重影响了市场的平衡，损害了观众和倒卖者双方的利益。因此，如果不提前采取措施进行干预，将会对整个运动会的形象造成极大的负面影响。

城市酒店保障方面，存在运动场馆周边的酒店价格飙升的现象。2010年广州亚运会期间，广州星级酒店的价格比平时上涨将近一倍，甚至有的酒店在11月11日当晚的标准间价格已经达到4200元一晚的天价。平昌冬奥会时，场馆周边的酒店价格也一路飙升，是平常价格的五倍，在观众心中产生负面口碑，影响城市形象。

此外，还应关注城市供水保障、燃气保障风险、人力资源及志愿者服务等方面可能出现的风险。

（三）多城联办风险

大型体育赛事多城联办的风险主要包括以下几个方面：
协调和合作难度：多城联办涉及多个城市的政府、组织机构、场馆等多方的合作。不同城市之间可能存在沟通障碍，协调难度较大。各方的利益、意见和决策可能存在差异，导致协作困难。

组织分散效率低：多城联办将赛事的组织工作分散到多个城市，需要统筹协调各个城市的场馆、运输、安全等方面的支持和配合。这种分散的组织结构可能导致效率低下，增加了组织成本和风险。

场馆设施和服务质量不一：每个承办城市的场馆设施和服务水平可能存在差异。有些城市可能没有适合举办大型体育赛事的场馆，或者设施不完善，无法提供高质量的比赛条件和观众体验。

安全问题和保障困难：多城联办涉及更复杂的安保工作。协调多个城市的安保措施、应对突发事件的能力和资源分配可能存在困难，安全风险增加。

财务压力和分配问题：多城联办需要承担更高的财务压力。不同城市之间如何分摊赛事组织费用、赞助收入以及广告和转播权的分配等问题可能引发纠纷和争议。

以杭州亚运会为例，2023 年杭州亚运会设杭州、宁波、温州、金华、绍兴、湖州 6 个赛区，并统筹利用杭州周边区县、高校及有关省级单位场馆设施，40 个大项，60 多个分项，预计共 480 多个小项竞赛分布在多个场馆进行，其中承担比赛任务的杭州市外和省级有关单位场馆设施就有 19 个，包括足球、篮球、排球、游泳的部分比赛，以及帆船帆板、藤球、龙舟、手球、体操等比赛项目。即使在杭州市内也有 25 个场馆分布于 9 个区县。亚运会是一场系统非常复杂的大型工程，由赛事运营、场馆建设、安全保卫、商业赞助、资源保障、媒体沟通等多个相互联系、相互影响的子系统、子项目组成，涉及 6 城地方政府等多个筹办和运行机构，社会风险治理上需要跨区域边界、跨部门边界、跨政府市场社会合作领域边界。涉及运动员、教练员、裁判员、技术人员、志愿者、医疗保障、安保、观众、游客、媒体人员等多个群体，可谓牵一发而动全身，无论是哪一个子系统、子项目出现风险，都有可能传导到其他系统和项目，各种风险相互影响，极易发生叠加混合型社会风险，甚至亚运会举办期间社会上的住宿、卫生、物价、交通等事件都会成为亚运会社会风险的"燃点"。

为了降低多城联办的风险，赛事组织方通常需要提前进行充分的规划和准备，确保各个城市的合作和协调顺利进行。在协商合作协议时，明确各方责任、权益和利益分配，并建立有效的沟通和决策机制。此外，加强安全保障措施、场馆设施的统一标准和品质，确保赛事的顺利进行。同时，合理规划财务预算，并确保各个城市的财务分配公平合理，避免引发争议和纠纷。

九、舆情风险

我国已经进入一个全新的体育传媒新媒体时代，WEB3.0 时代的到来代表着一种新的体育存现方式和传播方式，在众声喧哗的全媒体时代，人人都是麦克风，人人都是媒体。由于大型体育赛事涉及国家间关系、民族宗教等敏感问题，涵盖运动竞赛、赛事运行、体育产业、运动员管理、观众等多方面的矛盾，极易引起舆论关注，尤其是在比赛期间，如不能及时准确掌控社会舆情，往往引发大规模舆情事件。即便是正常的体育新闻报道，也由于受到市场影响，出现我们不愿意看到的娱乐化、暴力化和异化赛事报道现象。

（一）大型体育赛事频现舆情事件

在奥林匹克运动历史上，舆情危机屡见不鲜，频频上演。2016 年里约奥运开始前，世界各地媒体纷纷开启疯狂吐槽模式，把里约热内卢和巴西的公共卫生状况、城市治安管理、比赛场馆设施，甚至是来自亚马孙河的有毒蚊虫叮咬都描述得令人害怕……让世界一片问号：里约奥运究竟能不能如期举办？人们究竟能不能去里约观看奥运会？等到里约奥运甫一开幕，世界各地的网络大 V、卖萌粉红、营销帝、段子手又各显神通，娱乐与暴力、戏说与正解交织在里约奥运会舆论场，来自自媒体的情绪指标影响着奥运会舆情风向标，"洪荒少女"傅园慧就是在本届奥运会成为超级"网红"的。

2010 年广州亚运会中国台北运动员杨淑君被取消比赛资格也曾引发重大舆情事件。

2013 年南京青奥会在主要场馆和道路放置的一组体育雕塑作品被质疑图标抄袭，引起轩然大波，引发大众广泛参与讨论质疑。

从某种意义上说，体育本身就是一种特殊的实体媒介。伴随着全媒体时代的到来，国际性大型体育赛事广受全民关注，由于体育本身的竞技性特征，很容易引起全面围观和评论，东京奥运会上，14 岁的广东跳水小将全红婵、17 岁的北京跳水小将张家齐、来自暨南大学的百米短跑名将苏炳添、日本乒乓球运动员伊藤美诚等一次次跃入头条，霸屏各大网站，为全民津津乐道，成为热点公众人物。与此同时，在全媒体传播格局下，大型体育赛事中出现的任何负面消息也都可能被捕捉、被深挖并被无限放大，最终演变为舆情危机，这是我们必须要防范的。

典型案例 1：

刘翔退赛舆情事件

刘翔退赛舆情事件，教训极其深刻，应引以为鉴。2008 年奥运会上，刘翔在 110 米栏预赛比赛前因跟腱旧伤复发临时决定退赛，在国内外媒体密集报道和全民参与讨论中，最终演变为一场始料未及的巨大的舆情事件。包括凤凰网、新浪网、网易等数十家网络媒体迅速开辟刘翔退赛专门频道持续滚动播出，各种媒体资讯、观点声音、评论猜测爆发式出现，退赛当日各大网站评论区留言就达百万条。

刘翔退赛舆情事件的负面效应极大，深受民众喜爱追捧的刘翔选择退赛给当时大众社会心理带来了极大的失落感，舆情经过发酵，评论形成"挺翔派"和"倒翔派"两极化，甚至在某些网络社区形成骂战。舆情后转向指责和攻击主流媒体赛前对刘翔过度渲染甚至神化的报道从而使民众心理落差巨大，指责有关体育组织赛前对刘翔的伤情预估不足、严重误判、封锁消息，从而使大众毫不知情，并要求刘翔做出道歉。尽管针对刘翔退赛的官方权威声音很快就发布了，但"刘翔退赛是一场早有计划的阴谋"等网络谣言还是被广为传播，一篇题为《刘翔退赛——一切皆在计划之内》的网文竟造谣称"刘翔是因为各种商业原因和非体育事务缠身导致自身状态严重下滑，为了平衡各方利益所以选择退赛"，文章的广为传播更是激发了民众的负面情绪，有关"赞助刘翔的企业"等延伸话题也被爆炒。

刘翔退赛舆情危机事件热度持续时间之长、公众参与度之高、延伸话题之广、舆情应对难度之大，在各类体育舆情中极为罕见，事件严重影响了刘翔本人、有关赞助商、中国体育代表团、奥运会正常赛事安排甚至中国国家形象。很多媒体为追热点中断了奥运会接下来其他赛事的转播和报道进程，打乱了原本有序的赛事日程安排。事件引发了巨大的社会负面情绪，给中国代表团、有关体育组织公信力及社会稳定带来严重冲击。事件还引来部分西方媒体借机炒作、抹黑、丑化，把原本单纯的身体和个人原因贴上国家消极腐败的标签，损害了中国国家形象。

典型案例2:

电竞"入亚"引发非议

在经历了一波三折后，第19届杭州亚运会在保持40个运动大项不变的前提下对竞赛项目进行了优化，第38届亚奥理事会大会批准电子竞技、霹雳舞成为杭州亚运会正式新增项目，并纳入金牌总榜单。

尽管在亚运会第一阶段的报名中，27个国家和地区报名电竞项目。然而首入亚运会正式比赛项目的电竞一经宣布即引发民间非议甚至激烈反对。很多人对电子竞技参加亚运会持反对意见，理由是电竞入亚会在社会上起到鼓励网络游戏的负面效应，引领孩子"玩物丧志"。

2018年9月2日，在雅加达亚运会闭幕式媒体会上，国际奥委会主席巴赫表示无法确定电竞能否及何时被奥运会接纳，因为电竞自身还需达到一些条件，并说："我们不能在奥运会项目中加入一个提倡暴力和歧视的比赛，所谓的杀人游戏。它们，在我们看来，违背了奥运会的价值观，所以不会被接受。"

2018年瑞士足球超级联赛上曾出现大规模"抵制电竞"的抗议活动。在2021年国内某电竞论坛上，爱奇艺体育CEO喻凌霄在发言时炮轰电子竞技，直言电子竞技是不健康的生活方式，不能被称为体育，明确反对电竞入亚运会比赛项目，引发了电竞圈内不小的舆论风波。虎扑社区论坛网民发起"永远反对电竞入奥"的讨论。

无疑，相当一部分中国公众混淆了游戏与电竞的概念，在他们看来，电子竞技的本质就是网络游戏，由游戏演变来的电子竞技，不配被称为体育。抵制的多是年龄在45岁以上的中老年人，他们在网络上恶意评价、辱骂、攻击电子竞技项目。体育本身是时代的产物和烙印，这种观点违背了体育的发展历程。

(二) 大型体育赛事舆情事件特点

(1) 流量运动员是"热点"

知名度越高的运动员舆情热度越高，越容易被聚焦热炒，刘翔的名人效应使其话题敏感性和冲击力更强。如 2023 年杭州亚运会上，代表中国队出战的张雨菲、全红婵、马龙等流量运动员知名度高，备受关注追捧，他们在场内外的任何负面信息一旦被媒体捕捉，都极有可能形成舆情事件。

（2）突发事件是"燃点"

暴雨、台风、地质灾害等自然灾害，意外伤害、卫生事件、不当言论等社会政治事件，公共交通拥堵、网络中断、重大生产事故等社会安全事件，场馆坍塌、踩踏、污染、公共秩序、危化品泄漏等场馆事件都可能成为点燃大型体育赛事舆情的"火种"，人们借机把情绪发泄到大型体育赛事的举办上。原本属于技术问题的判罚，在掺杂进复杂而敏感的民族种族情感后，也容易导致舆情难以管控，进一步升级发酵，上升至国际层面。

（3）发达的全媒体资讯是"支点"

我国网络技术、数字经济、数字社会、互联网国际交流与区域合作等新技术新产业发达，互联网普及率和网民规模走在全球前列，媒体融合格局和新型传播方式取得了巨大成就，以手机媒体为优先，报纸、广播、电视、短视频高度融合，全方位覆盖、多渠道传播的舆论传播格局已经形成，资讯传播十分发达。

然而，必须看到，数字化改革的列车跑得越快，同时也会为负面舆情的传播提供便捷，舆情舆论压力就越大，舆情管理就越发重要，在这样发达的资讯下，资讯量大、平台多、传播快、受众广，任何工作都暴露在"聚光灯"下，对于新闻热点事件的关注将会形成相当大的舆论压力。大型体育赛事从建设到举办过程，国内外公众都可以通过各种形态的传播渠道浏览相关信息，全球几十亿人可以实时在线观赛，任何舆情都会被迅速传播到世界各地，舆情的应对机制根本就来不及反应，官方如应对不当，谣言和虚假消息就会满天飞，舆论风向标就会随时转向攻击主办方，使舆情进一步升级恶化，性质也发生变化。

（4）青年是舆情传播的主力军

QuestMobile 收集的最新数据显示，中国互联网用户每天在手机上的娱乐时间平均达到 4.7 小时，手机已成为我国青年人获取传播信息的最主要渠道。高校的青年大学生对智能手机的依赖程度越来越高，埋头于手机网络的时间长，资讯获取的渠道和平台更为多样，对新观点、新话题、新词、新事物的接受程度较高，网络赋予青年大学生思想碰撞交流的平台，对热点问题停驻各大网络社区浏览并跟帖参与话题讨论，很多人本身就是吧主、楼主，是话题的发起人，成为舆情事件在各大网络社区群体讨论的活跃骨干。某些热点话题的出现会吸引青年大学生的关注并参与讨论，在讨论交流中达成的共识可能很快就会形成话语抱团现象，激发青年群体心理效应，形成舆情扩散效应。

必须看到，思想活跃敏感的青年，由于缺乏一定的是非辨别能力和社会阅历，言论主观性强，在信息碎片化的时代，易受到蛊惑，容易被"带路党"引导迷失方向，容易受各种虚假信息和网络谣言误导，成为助推舆情发酵恶化的主力军，甚至可能成为搅乱网络秩序的主要风险来源。大型体育赛事在举办前后，相关举办城市甚至全国青年，都将是热点事件的围观者、传播者和讨论者，如出现与其相关的舆情事件时，他们的参与热情会更加热烈。

（5）KOL 聚集是舆情风向标突变的关键变量

KOL（key opinion leader）意为关键舆论领袖，是营销学领域的概念，意思是指拥有更多、更准确的消息的人，并且他们被相关群体所认可，一般是某领域内的权威人士。

KOL 在其领域都有一定号召力、影响力和相当公信力的账号，在现时代，网红、大 V 和 KOL 本身就是我们这个时代的一个大媒介，过去衡量一个媒介的价值就是发行量、阅读率、收视率、观众规模。今天很多大 V、明星微博的账号动辄有几千万甚至上亿的粉丝，活跃度很高。

大型体育赛事举办城市往往都是一线、新一线城市及强二线城市，这些城市作为互联网领跑者，发达的数字经济和网络媒体自然也催生了一部分自媒体网红、KOL 和大 V 形成，他们在各自的领域拥有巨大的影响力和传播力。

随着自媒体粉丝跃入千万，明星与主播、电商与娱乐界限在模糊，其背后则是流量在涌动，关键舆论领袖的影响力也跳出某个领域，成为拥有权威话语权的舆论领袖，其对某些热点话题发表的看法可以对舆情起到引导作用。问题在于，一些非专业意见领袖在面对某些舆情时无法保证其评论客观性、公正性和专业性，极个别意见领袖因质疑权威而拥有数量众多的粉丝。在这种情况下，当关键舆论领袖在舆情事件正处于真相还未知时就不负责任地急于发表对事件的负面看法，进行情绪渲染，甚至传播未加证实的谣言，会导致数量庞大的粉丝转发，使事件传播率呈几何级数增长，使局势进一步恶化。

（6）西方媒体"双标"行为是重要推手

另一种舆情风险来自西方媒体。西方媒体使用惯用的黑灰滤镜对准中国运动员，用典型的新闻双标传播赛事新闻。如2021年东京奥运会上，路透社发表图片新闻时，把我国铅球冠军巩立娇、举重冠军侯志慧、乒乓球冠军陈梦的比赛瞬间图片拍得面目狰狞、表情痛苦，而在同一版的报纸上，把美国体操运动员苏尼萨李、澳大利亚游泳运动员麦基翁拍得面目清秀、笑容灿烂。同样是在东京奥运会上，14岁的广东小将全红婵在10米台跳水中，5跳3次满分，赢得冠军后，全红婵在等待成绩时淡定的表情，却被澳大利亚新闻集团旗下的一家网络媒体阴阳怪气地描述成"即便表现惊人，拿到了满分，却没有露出笑容"，"观众都被她丝毫没有愉悦心情的这一幕惊呆了"，不仅如此，这家西方媒体竟在其网站首页打出了醒目标题，题目是《在做出完美的跳水后，这个少年"极度痛苦"》。

当前，我国大型体育赛事主办方精力集中于场馆建设和赛事安排，对舆情危机并没有给予足够重视，舆情危机应对准备尚存漏洞，舆情危机应对能力亦有短板。一旦出现重大体育舆情风险，负面影响力极大，必须引起高度重视。

十、应急资源不足风险

应急资源短缺是指在应对突发事件或紧急情况时，所需要的资源供应不足或无法满足需求的情况。应急资源短缺可能表现为以下几个方面的情况：

应急预案不足：应急预案是为了应对现实生活中可能出现的各种突发情况而制定的，而进行一场应急预案的演练需要大量的人力、物力支持才能完成，情景模拟演练会消耗场地、物资、资金、人员甚至医疗资源等。因此，有时官方组织和相关部门虽然想要组织一场预案演练，但却心有余而力不足，这就导致应急预案演练不足的情况出现。

物资供应不足：在应对突发事件时，常见的应急物资包括食品、水源、医疗用品、防护装备、救援设备等。当这些物资的供应不足时，可能无法满足灾区人民的基本需求和救援工作的需要。

人员配备不足：应急人员包括医护人员、消防队员、救援队伍等。如果应急人员的数量不足或分布不均衡，可能无法及时响应和展开救援行动，导致救援速度缓慢或无法覆盖所有需要救助的人群。

物资储备不足：应急资源是突发灾难发生后确保社会稳定的重要条件之一，充沛而有效的应急资源在灾害发生的初期可以及时遏制灾害的进一步扩散。虽然我国已经建立了比较完整的物资储备制度，但在突发事件面前仍然存在明显的不足。2019年年末暴发的新型冠状病毒肺炎就是明显的例子，暴露出我国在物资储备方面的不足。武汉协和医院甚至向社会公开请求捐赠口罩、防护服等医用设施，有的医院因为缺乏必要的防护措施，医生甚至不敢休息吃饭，以防物资短缺。在紧急情况下，救生艇、通信设备、医疗设备等应急设备和工具的需求量会大幅增加，如果这些设备和工具的储备不足或质量不过关，可能无法有效地支持应急工作。

救援能力有限：应急资源的短缺还可能表现为救援能力的有限性，包括救援车辆、救护车床、医院床位等。当这些救援资源紧缺时，可能无法满足大量伤员或患者的救治需求，加重了紧急情况下的人道主义困境。

专业人才不足：专业人才是风险治理工作中不可或缺的一部分。例如在舆情风险治理方面，政府层面缺乏网络评论团队、舆情研判专家和舆情监测人员的构建，更未实现与实体管控部门和舆情监控部门合作的联动。我国舆情监测的大部分任务都由中央和各省市网信办承担，他们不仅需要处理当地的舆情监控任务，还要对全国范围内的舆情进行监测、处理。因此，现有可用人员的数量非常有限。此外，在现有的舆情管控队伍中，人员素质参差不齐，真正业务熟练、技术过硬的专业人才稀缺。这导致在舆情出现初期缺乏有效管理，对舆情发展走向预判不严谨，使得前期舆情监测容易出现纰漏，最终导致后期舆情失控和谣言四起的结果。

部门之间的联动合作不足：当应急资源短缺时，协调各部门和组织之间的资源调配和管理将变得更加困难。缺乏统一的指挥和协调机制，可能导致资源浪费、重复投入或错失救援时机。不管是哪一方面的风险，最终都要依靠部门的联动处置来化解风险。然而在实际操作过程中却经常出现职能部门之间协调合作不顺畅，沟通和协调不及时等情况。

因此，在应急资源短缺的情况下，往往会观察到物资供应不足、人员配备不足、设备和工具不足、救援能力有限以及协调管理困难等表现。这些问题需要通过加强资源储备、优化调度机制，并加强国际合作来解决。

十一、公共卫生事件风险

公共卫生事件是影响体育赛事正常秩序的一大风险源。大型赛事期间，人员密集，跨境人口流动频繁，不可控因素多，任何一点防控上的疏忽，都可能导致大规模传染性疾病传播，引发公共卫生事件，从而不可避免地影响比赛进行。大型体育赛事还会面临食品安全、公共场所环境卫生、水源安全等公共卫生事件，如准备不当就会造成参赛人员、观众的集体食物中毒和肠道问题疾病。2020 年，本是国际体育赛事的大年，全球肆虐的新冠疫情给大型体育赛事举办带来了极大的影响。一系列重大体育赛事被搁置，NBA、欧洲足坛的五大联赛、ATP 网球赛事、F1 等国际主要体育赛事均宣布因新冠疫情而停赛。

1. 突发公共卫生事件可能带来的风险

（1）健康风险

突发公共卫生事件可能导致疾病传播，参与体育赛事的运动员、工作人员和观众可能面临感染风险。例如，传染性疾病（如流感、冠状病毒等）的暴发可能会在人群密集地区扩散。

2021 年东京奥运会开幕前的一周，日本确诊数以平均每天 3000+的速度增长，多国代表团被感染新冠病毒。7 月 18 日，韩国乒乓名将柳承敏确诊感染在东京被隔离，南非、英国、捷克、塞尔维亚、巴西、立陶宛、澳大利亚、埃及、法国、加纳、乌干达、斯里兰卡、智利、俄罗斯等国代表团成员均出现过感染。

（2）取消或推迟比赛

为了控制疫情蔓延，政府或相关机构可能会采取限制措施，包括禁止大规模聚集活动。这可能导致体育赛事被取消、推迟或改变举办方式，从而影响运动员的竞技机会和参与者的体验。由于新冠疫情带来的巨大冲击和诸多不确定性风险，东京奥运会和杭州亚运会都曾先后延期举办。

原本于 2020 年夏季举办的东京奥运会，因疫情原因延期至 2021 年 7 月举办，创造了历史，成为奥运百年历史上首次因瘟疫而改期的夏季奥运会。自 1896 年第一届现代奥运会以来，除了 1916 年柏林奥运会、1940 年东京奥运会、1944 年伦敦奥运会因为两次世界大战的原因被取消，奥运会124 年间从未有过被推迟的先例。历史上多届奥运会都曾顶着政治纷争、经济危机、腐败丑闻等巨大阻力，克服困难如期召开，包括 2016 年里约奥运会也是在巴西埃博拉病毒肆虐之际，最终顺利开幕。但新冠病毒在全球的肆虐是前所未有的，运动员生命安全受到威胁，作出夏季奥运会延期举办是一个痛苦而艰难的抉择，也是多方利益最后博弈的结果。

原定 2022 年 9 月举办的杭州亚运会延期至 2023 年 9 月开幕。作出延期决定时，亚洲依然是世界疫情重灾区之一，印度、土耳其、伊朗、印尼等亚洲疫情重灾国疫情依然惊人地大规模蔓延。印度的疫情可以用"火山喷发"来形容，日增超过 4 万人，印度政府的公共卫生系统近乎瘫痪。印尼也曾创下单日新增确诊病例超 5 万例的纪录。伊朗疫情高峰时曾通报单日新增死亡病例破 500 例。

这种国际性大型体育赛事一旦遭延期举办，会牵涉多个国家（地区）及万余名优秀运动员、转播商、赞助商、新闻媒体等众多主体和利益相关方，可谓"牵一发而动全身"。大型体育赛事投入巨大，延期办赛带来的经济损失，以及对国民信心、国家形象等造成的打击都是难以接受的。

举办方可能因此蒙受巨大的经济损失，举办城市首当其冲，最直接的损失就是很多工程项目的违约。直接经济损失主要来自运营成本的增加，包含场馆维护和修理的费用；间接经济损失主要来自中小企业，其中最大的损失是旅游业、酒店、餐饮等。赛事延期还将导致部分赞助商直接撤资或谨慎投资，赛事后续基础设施建设、商业运营、比赛运行等将会面临融资难甚至资金链断裂的风险，最终影响大赛整体筹备进程。

确定延期后，赛事自身一系列筹办工作都需要按照新的时间来倒排工期。以杭州亚运会为例，若干与亚运项目相关的中国甚至全球赛历都需要据此作出相应调整安排。由于竞技体育有其自身的特殊比赛周期，亚洲各国体育组织和国内各省往往根据重点赛事，安排运动员进行有重点有节奏的训练和参赛，杭州亚运会延期一年，也给第 12 届全国少数民族运动会（海南）、第 32 届世界大学生运动会（俄罗斯叶卡捷琳堡）及一系列基础大项的国际性单项比赛等带来不同程度的影响，对运动员的竞技技能和心理素质带来挑战。此外，还打破 4 年一届的惯例。自 1951 年以来，除第 1届与第 2 届间隔 3 年外，亚运会 70 年以来从未有过延期、改期和取消的情况出现。

（3）空场举办的风险

如突发公共卫生事件形势严峻，无法保证所有参赛人员的健康，空场办赛则是一个选项，延期后举办的东京奥运会就是空场举办。空场举办意味着届时赛事的开幕式、闭幕式、所有比赛项目、各国代表团升国旗仪式等都有可能被取消，其他惯例安排也因突发公共卫生事件尽可能简化，甚至获胜运动员颁奖仪式也是"无人颁奖"，运动员自己戴上奖牌。

如不得已空场举办，比赛的关注度和商业价值势必会直接影响，必将给经济损失、政治影响、运动员成绩带来不可估量的损失：

①影响运动员比赛成绩或受不同程度影响。空场比赛最大的问题就是失去了大型体育赛事必不可少的要素——比赛氛围。大型体育比赛的重要参与者就是观众，没有观众的现场参与，没有现场气氛，大型体育比赛的竞技赛本质就会发生变化，沦为运动员的"表演赛"。由于缺少观众的欢呼和鼓掌加油，现场冷冷清清，部分参赛运动员竞赛成绩可能会受到不同程度的影响，尤其是那些临场发挥型的运动员。运动心理学专家基尔茨研究得出结论，空场办赛会让实力相对较弱的运动员受益，因为，除了本国运动员主场作战，在爆满的体育馆内，现场观众的情绪往往偏向为顶尖选手呐喊助威，而许多优秀的运动员是"天生的表演者"，观众的呐喊是激发他们比赛的重要因素，因此，他们对空场环境难以适应甚至感到无所适从。比如在东京奥运会网球半决赛上，赛事的头号种子——塞尔维亚网球天王德约科维奇"冷门"出局，1∶2不敌德国的小兹维列夫，22连胜的神奇纪录就此终结。而就在这场比赛的上个月初，他赢得温网冠军后表示"观众的呐喊是他重要的动力"。但在空场的东京，他的年度"金满贯"之梦破碎。

②改变了大型体育比赛本身的价值和体育的力量。国际性大型体育赛事带给人类社会的价值和功能绝不仅仅是竞技本身，还附着了政治、经济、文化、外交等特殊的价值，是人民享受的体育的盛宴，各国经济交往和文化传播交流的平台，也是重要的外交舞台。大型体育赛事的主体绝不仅仅是运动员和裁判员，仪式感、现场感、互动感、狂欢感、激动感自古以来就是竞技比赛带给人民享受生活乐趣的一种方式和积极健康向上突破的正能量，也是增进国家和民族之间感情的独特交流方式。从这个意义上

来说，体育赛事的初衷和价值是让运动员和人民享受体育带来的快乐。观众、欢呼、仪式在大型体育赛事中占有举足轻重的分量，它们本身就是体育赛事不可或缺的一部分。大型体育比赛既是运动员夺金争银施展抱负的舞台，也是主办地人民激情与狂欢的盛宴，人们在比赛期间走进各个比赛场馆，联欢聚会，享受体育竞技带来的激情快感。体育本身还具有激发爱国精神的价值，当国旗升起、国歌响起，现场数万观众的爱国情怀油然而生，极大鼓舞和激发了人们的爱国热情。没有现场观众的体育竞赛和竞技，人类的政治、经济、文化、外交等其他重要活动，也很难充分利用人类自身搭起的独特文化体育平台，达到自己想要实现的目的和目标。体育激发现场观众精神力量的作用均未能得到充分彰显。尽管，云上传播和现场的机器人可以有效替代人类的工作，弥补某些空场缺憾，但技术永远无法替代现场人与人之间的交流和面对面情感的碰撞。

③从经济角度看，空场举办会导致大型体育赛事举办成本严重超支和巨额亏损。关西大学名誉教授宫本胜浩推算，东京奥运会以空场形式举办，经济损失超过 2.4 万亿日元，约合人民币 1420 亿元，而其他的无形损失更是难以用经济数字来衡量。① 通常来说，一场奥运会的经济效应主要体现在三大方面：一是直接经济效应，包括企业赞助、电视转播带来的收入、门票收入、各类奥运纪念品的销售收入等，这部分几乎占据了历届奥运会总收入的半壁江山。门票收入是重要的直接收入项，如空场举办，包括开幕式、闭幕式在内的所有场馆将全部退票，亚运会门票收入将基本全无，损失惨重。据公开报道显示，日本在奥运会开幕前出售了 363 万张门票，空场举办后绝大多数的门票将进行退票处理，空场比赛使东京奥运会仅门票一项，就亏损 900 亿日元（超过 52 亿元人民币）。后期日本政府追加费用才弥补退票后的财政不足。赞助收入、供应商收入、捐赠、特许经营、邮品、纪念币经营、主题文化活动等其他收入也将明显锐减。赞助费流失是一大棘手问题，作为大型体育赛事，大型企业特别是本土企业都会争抢难得的机遇，积极投入巨资赞助投放广告，借助大型体育赛事的影响力开展企业营销活动。如作出空场无观众的决定，赞助商可能表达一定程度上的不满，会取消或缩减与大型体育赛事相关的展位和推广活动，甚至

---

① 陈冰. 史上最贵奥运会，日本得到了什么？[J/OL]. 新民周刊，2021-07-29.

要求退还赞助费。如在 2020 年，东京奥运会宣布延期后，最大的赞助商丰田汽车 7 月 19 日宣布，撤销相关广告活动，并宣布在奥运会期间将不会投放奥运相关广告。佳能、东京海运、味之素等知名企业纷纷退出奥运会赞助，其他部分赞助商也取消或者缩减了相关奥运赞助。二是衍生经济效应，即奥运会可以充分彰显举办国的综合实力，能够持续吸引全球各地的游客前来观光，并带动旅游、交通、购物、餐饮等诸多行业的繁荣。自洛杉矶奥运会以后，奥运经济已经成为世界经济发展中的一种独特的经济现象。但空场举行大型体育赛事会对主办城市的旅游、航空、餐饮、酒店、消费等行业冲击严重，造成严重经济损失，给相关纪念产品的销售更是带来严重打击。有经济学家推算，由于东京奥运会的空场举办，仅海外观众带来的旅游及消费损失就达到 1500 亿日元左右。产业融合发展和体育人文交流也必将远低于预期。在产业升级优化上，主办城市希冀借助大型体育赛事实现赛事经济集聚发展和"赛会+文旅"产业融合发展，提升体育动漫、游戏、电子竞技等产业高质量发展。三是通过举办一届完美的大型体育赛事，尽快补齐国际化城市发展的短板，加快国际化城市建设的步伐，促进国际经贸合作和人文交流的拓展，邀请有影响力的国际组织在主办城市设立分支机构，吸引海外优质教育、医疗机构来赛事举办地合作办学和办医，吸引更多海外高端人才前来创新创业。

（4）因疫情防控规则带来的负面风险

严密的公共卫生防控措施可能引发运动员及其他参赛人员的不满情绪。受疫情的影响，所有参赛国家运动员都需要接受必要的检测，检测结果不合格的运动员及其他人员还可能被隔离，甚至被取消参赛资格。

在大规模公共卫生事件爆发的情况下，运动员、教练员、裁判员、技术官员等还可能被要求通过一定的信息平台提交每日行程计划和实际行程活动。出于防疫需要，大型体育赛事可能会出台一些比赛和社交方面禁止性规则，并被写进运动员手册。例如东京奥运会就出台禁止各国运动员拥抱和握手，乒乓球比赛中禁止吹球、擦球台等行为，观看比赛只能鼓掌，禁止呐喊助威、唱歌等。这些禁止性规则可能会让运动员以影响自己成绩的发挥，限制自己行为自由等为由而进行批评抗议或行为抵制。

运动员的行动也会受限，不能前往除他们所属项目以外的其他比赛场地，不能使用公共交通工具。一些国家人员可能因此不理解、不适应、不配合，感到自己变成了没有隐私的"透明人"，失去行动自由的"跛脚人"，滋生厌烦甚至不满情绪，必须引起我们足够重视。

　　例如在 2021 年东京奥运会上，印度派出了 228 人的庞大代表团，参加 88 个项目的比赛。当时面对这个 6 岁以上人口中有 67.6% 的人口感染新冠病毒的国家，日本"如临大敌"，采取了很多限制性措施，但遭印度极大不满，指责日本"不是抗疫，是歧视和羞辱"。

第三节　国内大型体育赛事特性总结

　　国内大型体育赛事以其独特的复合性、关联性和跨界性特征，呈现出鲜明的时代特点，并产生了广泛的社会影响。本节将围绕这三个特征，深入分析国内大型体育赛事的特点和意义。

一、复合性

　　国内大型体育赛事的复合性特征主要体现在其包含的多项体育赛事的结合上。这些赛事形式多样，涵盖了夏季和冬季奥运会、世界杯足球赛、全国体育锦标赛等众多国际和国内赛事。这些赛事的举办不仅需要各种体育设施和训练体系的支持，还需要强大的组织能力和协调能力。

　　多项体育赛事的结合，使得国内大型体育赛事具有更强的观赏性和参与性。不同项目的运动员在比赛中争相竞技，不仅为观众带来了精彩的视觉盛宴，还激发了人们的爱国热情和体育精神。同时，这些赛事的举办也促进了体育产业的发展，吸引了更多的投资和赞助，推动了经济的增长。

二、关联性

　　国内大型体育赛事的关联性特征主要体现在不同领域和行业之间的联系和互动上。这些赛事的举办需要政府、企业、媒体等多方面的支持和协作。例如，政府需要出台相关政策法规，提供资金支持；企业需要提供赞助，协助宣传；媒体需要实时报道，提高公众的关注度。

　　这些关联性对体育赛事本身以及社会的影响主要体现在以下几个方面：首先，它们为体育赛事提供了更多的资源和支持，使得赛事能够更加顺利地进行；其次，它们促进了不同领域和行业之间的交流与合作，推动了经济的发展；最后，它们还提高了公众对体育的关注度和参与度，增强了国民的体育意识。

三、跨界性

国内大型体育赛事的跨界性特征主要体现在其对社会和文化的影响上。这些赛事的举办不仅促进了体育产业的发展，还推动了相关产业的繁荣。例如，体育赛事的举办会带动旅游业、餐饮业、广告业等多个领域的发展。同时，这些赛事还能促进文化交流，推动中华文化的传承和发展。

此外，国内大型体育赛事的跨界性还体现在其对城市发展的推动作用上。这些赛事的举办能够提高城市的知名度和美誉度，吸引更多的人才和投资，推动城市的现代化建设。例如，奥运会、亚运会等国际大型体育赛事的举办，为城市提供了难得的发展机遇，推动了城市基础设施建设和环境改善。

综上所述，国内大型体育赛事以其独特的复合性、关联性和跨界性特征，展示了鲜明的时代特点和社会价值。这些赛事的举办不仅推动了体育产业的发展，提高了国民的体育意识，还促进了社会和文化交流，推动了经济的发展和城市的现代化建设。在今后的工作中，我们应该更加重视体育赛事的作用，充分发挥其社会价值和意义，推动我国体育事业的持续发展。

除此之外，大型体育赛事的跨界性还表现在其对社会公益事业的推动作用上。许多大型体育赛事都会通过各种方式关注和推动社会公益事业的发展。例如，赛事组织者可能会在赛事现场设置公益捐款箱，或者在赛事直播中宣传社会公益项目，以此鼓励观众关注并参与社会公益事业。

同时，大型体育赛事的跨界性还表现在其对科技创新的推动作用上。随着科技的不断发展，许多大型体育赛事都大量使用科技手段来提高赛事质量和效率。例如，在比赛评判中，可能会使用到各种智能设备，以提高评判的准确性和公正性；在赛事转播中，可能会使用到各种先进的转播技术和设备，以提供更加高清、实时的赛事画面。这些科技创新不仅有助于提高赛事的观赏性，还推动了体育产业的发展和国民经济的增长。

另外，大型体育赛事的跨界性还表现在其对教育和培养青少年的影响上。通过举办大型体育赛事，可以让更多的青少年参与体育活动，培养他们的体育精神和团队精神，提高他们的身体素质和文化素养。同时，大型体育赛事还可以作为教育和文化交流的平台，促进不同地区和不同文化之间的交流和理解，加强国民的凝聚力和爱国精神教育。

综上所述，国内大型体育赛事的复合性、关联性和跨界性特征，使其成为一种综合性、多元性的社会活动。这些特征不仅展示了体育赛事在推动体育产业发展、提高国民体育意识方面的作用，还体现了其在促进社会和文化交流、推动经济发展和城市现代化建设以及关注社会公益事业、推动科技创新等多方面的价值和意义。

第四章

国内大型体育赛事风险系统结构与演化机理

第一节 "职能、目标、时间三维度"：大型体育赛事风险系统结构

一、大型体育赛事风险系统结构：职能维度系统、目标维度系统、时间维度系统

大型体育赛事中的风险管理是一项十分复杂且庞大的系统工程，涉及每个利益诉求方的职能范围，在相对于统一的目标下的具体安排以及体育赛事过程中的时间、大气状况、交通运输方面的复杂的动态系统，任何一个环节出现问题都会使体育赛事无法顺利地进行。与此同时，在体育项目比赛的过程中可能会遇到一系列意外问题，例如设备故障、运动员受伤、裁判误判等。如此繁多的问题需要在大型体育赛事筹备时就进行合理的安排与风险评估，这样才能使正式比赛时减少突发事件的发生。所以我们要全面系统地认识大型体育赛事中存在的可能的风险，并在认识和评估这些风险的基础上，完善大型体育赛事风险系统结构，提高各种技术和预防风险的手段，妥善处理和有效控制各种风险，争取各利益诉求方以相对较低的成本获得最大的安全保障。

（一）职能维度系统

大型体育赛事的成功举办是以人力资源为载体的，这里的人力资源包括赛事观众、运动员、教练员、裁判员以及赛事各个部门的工作人员。风险系统中的职能维度系统，归根结底就是对各人力资源的优化与整合，每个人各司其职，实现人力资源价值的最大化，从而达到大型体育赛事顺利举办的目标。影响大型体育赛事顺利举行的因素有很多，其中较为重要的

是每个利益诉求方在风险评估以及风险发生时坚持自身职责，暂时不将自身利益放于首位，积极寻求与其他利益诉求方的通力合作，努力化解危机。在大型体育赛事风险结构中的职能维度系统主要可以分为上下职能与左右职能两个维度。

在我国，大型体育赛事举办的主体是举办地政府机关，由政府统一领导其他主体。因此政府在大型体育赛事筹备之初就会明确各主体的职能分工，以及它们之间的上下级关系，方便领导与统筹。具体表现为各利益诉求方在政府的领导下，贯彻政府意志，服从上级指令和严格执行相关政策，角色定位大体上来说就是"代理人"。但是，在具体的实施过程中经常会出现各利益诉求方之间的相互比较，希望在政府心中塑造一个良好的形象，有助于其利益的实现，与此同时，缺少一个较为明确的职能裁决方法，这就导致难以就职能完成度进行公正的评价以及问责，长期发展下去就会使大型体育赛事各利益诉求方从最初的"代理人"转变为"谋利人"。针对此类问题，近年我国大型体育赛事筹备时，政府机关会针对具体的参与主体制定与之相对应的职能目标，侧重合作机制，完善问责体系，强化责任意识。

（二）目标维度系统

大型体育赛事中风险系统目标维度方面主要可分为外部目标与内部目标，具体如下。

1. 外部目标

我国是社会主义国家，随着社会主义民主政治的发展，我国需要始终坚持和完善人民当家作主的制度体系，确保人民依法通过各种途径与形式参与国家事务管理[1]，因此外部目标的第一个要素就是满足公众的需求，保障广大人民群众的利益。随着我国国民素质的不断提高，广大民众有了更为主动的参与意识与权利意识，对各方面的社会信息都有着较为强烈的求知欲望。在大型体育赛事风险发生之时，如果公众不能够及时获取关于此次事件的具体信息，不了解具体的情况，就会产生一定的恐惧和逃避意

---

[1] 胡佳，罗雪连. 国家治理体系和治理能力现代化研究综述［J］. 湖北行政学院学报，2018（4）：52-57.

识，甚至被其他无良媒体带节奏，为网络舆情助力。除此之外，另一个外部目标的组成要素是市场的需要。市场需要有个稳定的发展环境，一旦出现大型体育赛事危机后，市场会出现一段时间的动荡，企业会出现一定的危机。因此构建一个完善的体育赛事风险系统结构可以帮助市场进行科学的战略决策，在很大程度上进行趋利避害，减少由于信息匮乏导致的盲目性生产，市场稳定是社会稳定的一个重要基础。

2. 内部目标

人民当家作主是社会主义民主政治的本质，这就决定了政府作为大型体育赛事的主要主体在处理大型体育赛事风险过程中必须尊重并保障公众的知情权，通过广泛、主动的信息公开，使公众在较大范围中知晓政府在危机发生时是如何行使权力、开展工作的。通过信息公开，广大民众可以进行监督，这就促使了政府积极协调和统筹各方的利益关系，顺利渡过赛事危机。与此同时，服务型政府的关键就是人民。政府积极主动公开大型体育赛事风险信息可以及时消除社会负面情绪、制止流言传播，并帮助政府树立负责任的形象。然后，可以加强社会各界监督政府处理赛事风险事件来确保工作有序合法，遏制政府腐败行为。最后，加强大型体育赛事突发事件的信息公开，还有助于我国政府更好获取所需信息，科学决策，不断促进政府自身建设。

（三）时间维度系统

大型体育赛事风险的解决不仅仅有危机产生之后的解决方法，更有危机开始前的防范措施，因此时间维度系统主要从赛前、赛中、赛后进行论述。

1. 赛前风险防范

赛前阶段就是赛事运行前的准备阶段，这一阶段需要完成组委会组建、落实赛事各项具体细则等工作。影响上述工作顺利进行的突发事件就是赛前风险，具体可以按影响的不同被分为影响赛事计划与影响赛事筹备。前者风险的发生是因为在大型体育赛事筹备时工作计划的问题，如比赛流程不合理、组委会人员构成不合理等。后者是因为在具体执行过程中出现的各类问题，如运动员报名信息遗漏、比赛公告有误、赛场布置不能按时完工等问题。近年来，我国针对这些问题，逐步完善赛前风险防范体系。首先，在大型体育赛事开始前必须成立风险防控小组，小组由政府领导并积极动员广大社会力量进入风险防范小组，集中民智，确保赛事风险防范的全面化。风险防范小组必须针对赛事筹备的全过程综合进行风险分析，进一步优化风险工作部门的职能，明确职责、强化监督。其次，在大型体育赛事的顺利且成功举办中有一个重要前提，那就是良好的城市环境。政府部门通过提前规划城市的整个布局，有组织、有计划地提升城市基础建设，努力改善市容市貌，提升城市公共服务的整体水平与能力，要提前展开志愿者活动，提高全社会对赛事的认识，保障体育赛事成功举办。再次，在赛前要制定极为严格的体育赛事风险应急预案并提前进行多次风险演习。[①] 在赛事筹办过程中，在政府牵头下举办赛事风险大会，制定赛事风险应急预案。依据风险评估，预测可能会发生的赛事风险以及会产生的一系列实际情况，并根据危机预测制定切实可行的危机应对策略，针对应对策略进行相关的演习工作，让赛事工作人员充分认识到赛事可能发生的风险，及对应的应对措施，避免真正风险发生时的恐慌。赛事风险处理预案不仅需要政府在宏观层面上的危机应对启动机制，更需要全社会在赛前广泛集中民智去细化风险应对措施，大型体育赛事风险预案考虑得越细致，越能够及时防范风险发生。最后，政府部门完善赛事保险规划和购买，主动寻求转嫁赛事风险，已经成为大型体育赛事风险防范的手段之一。主要措施是，购买赛事保险，降低赛事风险造成的大规模损失，通过对赛事工作人员安全、场馆设备、器械以及商业活动等方面进行投保，提高赛事应对风险的能力。

2. 赛中风险应对

赛中是指从比赛开始到比赛全部结束并公布比赛成绩完成颁奖。在这一阶段，工作的目标是保障赛事的顺利进行。赛事顺利进行需要在赛中完成赛场安全、竞赛运行、后勤保障三个工作任务。赛场安全主要包括保障运动员、工作人员及观众的安全以及应对其他突发状况；竞赛安全主要包括比赛设备的管理、成绩的统计以及裁判的执裁等工作内容；后勤保障工作这一工作内容主要包括水电供应、餐饮服务以及交通网络等。赛中风险

① 蒲毕文，贾宏．大型体育赛事风险评估的结构方程模型构建及实证研究 [J]．中国体育科技，2018，54（02）：51-58．

往往牵一发而动全身，影响范围广且对赛事损害严重。针对赛中风险，需要完善风险系统中对赛中风险的管控。首先，要规范有序地管理赛事风险，体育赛事中人事、竞赛、物资、财务管理等安全条件是重中之重，组委会、赞助商、各部门工作人员均以赛事顺利运作为中心是赛事顺利推进的重要条件，必须尽可能兼顾体育赛事中各利益诉求方的利益，各方要通过前期清晰明确的协议和合同，确保赛事全部关联方按照既定的约定履行自身职责，以保障赛事的顺利进行。其次，大型体育赛事中的风险要进行有效转移。通过与职业体育赛事公司合作等形式，部分转移赛事运作风险，提高体育赛事安保的专业化程度，公安部门的安全保障也是必不可少的。与此同时与专业的市场开发机构进行深度合作，也是减少赛事赞助风险和门票等销售方面的风险的重要途径。最后，要进行风险止损。实施合理有效的体育风险应对措施可以极大程度降低风险发生时对赛事的影响，例如，在体育赛事举行期间，严格进行安全检查、保障电力服务与交通管理等措施，可以提高突发赛事风险应对能力，能够有效阻止各种负面影响进一步扩散。

3. 赛后风险处理

赛后阶段是指从比赛正式结束到解决比赛中出现的问题、资产清查完毕，这一阶段的主要工作任务是确保赛事顺利结束以及处理赛事过程中发生的各种问题。一方面，要彻底解决大型体育赛事赛前及赛中风险发生后所产生的遗留问题，重塑政府形象，重新获得民众的信任；另一方面，大型体育赛事各利益诉求者要进行积极主动的归纳总结，直面风险防控和风险处理中存在的各种问题，同时也需要明确指出风险防控取得的成绩以及可以借鉴的经验，不断提高我国体育赛事风险管理的水平与能力，为以后我国大型体育赛事的申办、承办、举办提供足够的经验依据。赛后风险处理往往容易受到忽略，但如果不寻求积极的解决方法，就会使风险不断发酵，负面影响持续扩大，甚至影响今后大型体育赛事的举办。

第二节 "连续统三关系": 大型体育赛事风险演化逻辑

一、赛事风险、突发事件、公共危机三者之间存在"连续统"的演化逻辑

突发事件的产生并不仅仅是纯粹的突然发生,是在社会总体动态变化的过程中产生的结果,因此我们在研究大型体育赛事风险演化时需要将突发事件、赛事风险以及公共危机三者放置于一个整体的框架之中进行讨论。对于赛事风险而言,如果无法将它上升为应对策略,那么进行风险预测将毫无意义;同理,就公共危机而言,也需要研究不同的危机类型,以及危机演变的触发因子、关键因素以及传导路径,找出发展及演变的规律。赛事风险、突发事件以及公共危机三者之间的结构关系如图 4-1 所示。

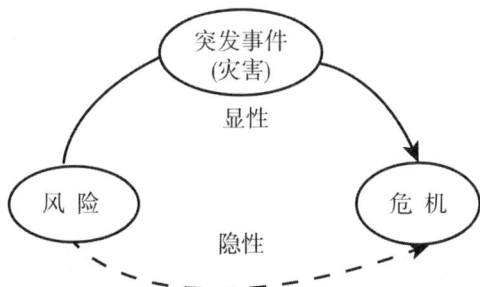

图 4-1 赛事风险、突发事件、公共危机之间的逻辑关系

根据图 4-1 可以发现就赛事风险与公关危机之间的逻辑关联来说,风险只是一种可能会引起大规模损失的不确定性,是一种没有发生的可能性。而危机则是突发事件发生之后所导致的一系列政治、社会等方方面面的后果,是一种已经发生的无法更改的客观事实,造成大型体育赛事公共危机的根本原因是体育赛事风险。这种因果关系是隐性的、不显著的,然而一旦突发事件爆发,赛事风险与公共危机的隐性因果关系便会转变为显性。在现实社会中,赛事风险与公共危机这种隐性的关系转变为显性关系的表现主要有以下两种:(1)某起有特大影响力、规模的突发事件的爆发,会使因果关系显性化,从而引发广泛的社会关注。(2)社会中在同一

时间段内出现多起小规模突发事件，从而导致因果关系逐步显性化，虽然每个事件的社会关注度较小。

在现代社会中几乎所有的突发事件都可以在上述分析赛事风险与公共危机间因果关系的"连续统"的分析框架中得到解释。例如，一些极端天气之类的自然灾害，在之前的认知中通常被认为是突发的，是由自然条件决定的，但越来越多的证据表明，它们的发生与人类活动息息相关，导致自然灾害中的人为因素逐步占据重要地位。矿难、动车事故等灾难的发生，也与人类活动密不可分，这些事故发生之前可能都存在或多或少的安全隐患。按照"连续统"的解释理论，突发事件并不直接等同于公共危机。

二、我国应对大型体育赛事突发事件及应急管理的现状

突发事件是引发大型体育赛事风险向整个社会公共危机演变的关键。突发事件一旦发生，通过各路媒体以及普通民众的理性与非理性的交叉传播往往会出现"放大效应"，负面效应会进一步扩大。目前我国针对大型体育赛事突发事件的方案主要存在如下问题：

（一）大型体育赛事以安保防范为主，忽视其他风险防范

大型体育赛事安保风险管理是重中之重，体育赛事举行期间一旦出现安保问题以及人员安全问题，会严重影响体育赛事的顺利举行，人员生命安全与群体性安全是衡量一个大型体育赛事是否成功的重要指标。与安全保卫方面的重视程度相比，其他风险防范管理明显不足。例如，刚刚举办的杭州亚运会，在场馆亮相时，就引起了一些负面影响，原因在于其中某一场馆造型涉嫌抄袭，造成网民的激烈讨论，给亚运会以及杭州造型政府带来了不少的负面影响。与此同时，大型体育赛事中财务风险管理也值得注意，在2003年广州举办的中巴足球对抗赛中因为事前没有对财务进行风险预测，最终因为突发的公共卫生事件——"非典"导致组委会亏损严重，各利益诉求方损失惨重，最后只能申请政府财务补贴。广州亚运会出现"改分门"事件以及严重的票务危机而最终导致体操比赛中断的原因，也是因为组委会对赛前各种风险和票务管理风险认识和准备不足，这次赛事公共危机引起了国内外新闻媒体的广泛关注，负面影响较大。

（二）风险管理主要聚焦于赛中管理，忽视赛前风险预测

每一次大型体育赛事的成功举办都离不开赛中风险的严格把控。近年来，我国举行大型体育赛事先后得到国际社会、各国参赛运动员以及教练员和各国观众的肯定，赢得了国内国际社会的广泛关注，国际影响力不断提高，这是因为我国举行大型体育赛事的次数逐渐增多并且都取得了一定的成功，这在很大程度上得益于我国对赛中风险的严格控制。例如 2008 年北京奥运会的安保措施就非常到位，先后编制了反恐情报、大型活动等52 项安保计划、500 多项实施方案，参与人员高达一百多万，这才确保了北京奥运会期间的"零"风险事件的成果。① 由此可见，我国对赛中风险控制和管理非常重视，这才能保障赛事安全，将风险降至最低。相比较来说，我国举办大型体育赛事时对赛前风险预测的重视程度并不高。2008 年奥运会、2010 年亚运会、2011 年世界大学生运动会等都因为没有进行赛前风险的评估，导致投入高额的花费以确保赛事的顺利举办。出现这些负面影响的主要原因就是制度不完善，我国并没有相对完善的赛事风险预估政策，所以并不能在赛前进行相对完善的风险预测。与此同时，比赛风险评价指标体系的不足，也是在大型体育赛事过程中存在问题的另一个因素。近年来，中国大量学者对比赛风险评估指标体系开展了较为系统的研究，并参考了金融产业的海外风险评估指标体系，逐渐形成了中国风险评估指标体系②，但目前还停留在理论阶段，缺少足够实证研究，因此应通过大量实证研究来检测风险评估指标体系，以此提高我国大型体育赛事风险管理的质量与水平。

（三）应对风险时过于流程化，缺少灵活性

随着我国大型体育赛事举办场次的增多，我国积累了相当丰富的大型体育赛事的筹办与风险管理经验，形成了一套较为完备的赛事风险管理方案，我国大型体育赛事管理也走向规模化、流程化、程序化，不可否认的是这对于我国提高大型体育赛事风险管理能力，起到了至关重要的作用。

---

① 刘东波，姜立嘉，吕丹. 大型体育赛事风险管理研究［J］. 体育文化导刊，2009（03）：8-12.

② 刘东波. 我国承办大型体育赛事风险管理机制研究［D］. 长春：东北师范大学，2010.

与之相对应出现了赛事流程化管理，不能发挥团队作用，风险应对过程较为呆板。例如，在赛事过程中出现了突发事件，仅仅由竞赛部门负责处理，其余部门会自然地认为这不是我的管辖范围，不需要进行活动，因此极少参与突发事件的处理。例如，2010年亚运会中就出现了因过于流程化而发生的重大事故。仅仅因某一篮球队带错队服就导致了篮球比赛无法正常进行，在那次事件中后勤部门并没有全力配合解决危机，最后篮球队发起抗议活动，形成了较大的赛事负面影响。

三、利益诉求是赛事风险与公共危机潜在因果关系显性化的触发因子

大型体育赛事中各利益相关者的利益是否能得到满足是赛事风险转变为公关危机的重要影响因素。中央在体育事业"十二五"规划中对体育赛事举办提出了明确的要求："加大政策引导，促进体育竞赛社会化，调动地方体育部门和社会力量办赛的积极性。"① 大型体育赛事的承办是一个相对宏大的话题，赛事举办成果为该地的经济等利益可以带来不可估量的结果，若举办得不顺利那么其中的经济损失也是难以计量的。大型赛事能否成功举办，其中的赛事风险能否降到最低取决于主办方能否平衡好各方的利益诉求。贾生华、陈宏辉等国内学者对利益相关者的理论有比较全面的界定，他们认为："利益相关者是指那些在企业中进行了一定的专用性投资，并承担了一定风险的个体和群体，其活动能够影响该企业目标的实现，或者受到该企业实现其目标过程的影响。"②

在一次大型体育赛事中通常有以下几个利益诉求方，下文将通过梳理各利益诉求方的诉求来论证赛事风险与公共危机潜在的因果关系，显性化的触发因子是各利益诉求方所追求的自身利益。

（一）赛事举办地政府

赛事举办地政府是一场大型体育赛事能否成功举办的重要支撑，是一场体育赛事能否顺利完成的必要条件，因为政府控制着大量的赛事资源，

---

① 国家体育总局"关于印发体育事业发展'十二五'规划的通知"［EB/OL］.国家体育总局网站，2011-04-01.

② 贾生华，陈宏辉.利益相关者的界定方法述评［J］.外国经济与管理，2002（05）：13-18.

对赛事拥有绝对的话语权，是大型体育赛事利益诉求方中权益最大的参与方。举办地政府的利益诉求主要有以下两点，一是借助大型体育赛事的举办提升城市知名度，打开对外交流的窗口。二是通过大型体育赛事刺激各项技术的发展，培养各类运动后备人才，以此提高举办地的整体运动水平。例如，成都自第一届"一带一路"乒乓球国际公开赛举办以来，比赛规模逐步扩大，闻名而来的运动员也逐年增多，这给当地发展体育事业带来了极大的利好，也给当地运动员带来了压力与动力，大大促进了运动员的训练水平。

（二）赛事主办组织

近年来，由于大型体育赛事商业化的发展，职业赛事服务公司迅速崛起，虽然职业赛事服务公司属于体育赛事中的第三方，但是不可否认的是，他们也是利益诉求方的一个重要组成部分，可以在一定程度上影响体育赛事的举办效果。赛事主办组织最重要的诉求就是经济诉求，他们希望通过服务大型体育的赛事参与方而获得直接的利益，以及通过服务对象等评价方的正面评价进一步打造其口碑，直接达到最好的宣传效果，收获长期的直接收益。

（三）赛事赞助商

一次大型体育赛事的举办离不开赛事赞助商的资金支持，赞助商是无可替代的利益诉求方。其利益诉求也非常简单，就是通过赛事的举行获得最佳的宣传效果，以此提升品牌的知名度，进入目标市场，扩大目标受众。各赞助商一般以冠名、主办、协办、指定产品等形式参与到各项比赛中去，以此树立品牌形象，对大型体育赛事的赞助是帮助一个企业提升美誉度、推动企业发展的重要渠道。

（四）赛事参与者

大型体育赛事的参与者主要由运动员、裁判员、教练员以及工作人员构成。在一场体育赛事中最常见的就是运动员与裁判员的冲突，产生冲突的原因是双方利益的冲突，双方在空间中所处的位置不同，对待比赛的事实问题就会有些许差距，这些差距就会影响比赛的正常进行。在赛事参与者中运动员与其教练员的利益诉求是一致的，追求的是在比赛中获得一个好成绩，通过好名次提升知名度，为国争光甚至能获得一定的经济利益。而裁判员则需要不断执行裁判各种赛事，提升知名度与业务水平，获得经济报酬。赛事的其他工作人员则是对主办方负责，处于一种中立的态度，他们的诉求主要就是完成赛事，获取报酬，期间发生的所有事情他们并不会有较大的参与度。

（五）媒体与观众

媒体是大型体育赛事中对外传播的重要渠道，就媒体的表现形式而言，包括视频、广播等，媒体看重的是通过报道体育赛事所能获得的可观的经济效益。近年来，媒体购买大型体育赛事转播权的费用在节节攀升，虽然价格高昂，但媒体却乐于支付，因为事实证明了获得转播权所带来的经济效益是非常可观的。所以就媒体而言，它们的诉求主要集中在经济方面，它们希望赛事具有较高的商业价值以及转播权的成本较低。随着科技的不断发展，广大观众也会通过不同的方式观看比赛，网络直播、线下到场观看以及电视转播等方式是观众参与到体育赛事的主要渠道。在体育赛事中观众的利益诉求就非常简单了，他们只想观看到精彩的比赛，因此对于观众来说，比赛需要具有观赏性。同时，部分观众在观看比赛时会产生消费行为，对于这部分观众而言他们希望购买到合适时间、地点的赛事商品和门票，同时希望被提供优质的服务。

国际奥委会终身名誉主席胡安·安东尼奥·萨马兰奇曾经说过他永远不会支持没有政府参与的奥运会申办城市。在一场大型体育赛事中，政府的作用是至关重要的。为保证赛事的顺利运行，政府制定政策，从制度上为赛事的成功举办提供支撑，作为体育赛事中影响力最大的组织，政府宏观地把控整个赛事，所有的赛事诉求方必须统一接受政府的领导。政府对于利益诉求方的选择是多样的，随着体育赛事商业化的日益加深，政府与职业赛事公司的合作也越来越多，在大型体育赛事开始前运用竞标等方式选择最优的合作伙伴，以此达到顺利举行比赛的目标。在"连续统"理论的支持下，我们可以将赛事各利益诉求方看成一个网络系统，它们之间相互影响、相互依靠，互相交换资源，各利益诉求方之间相互信任，将赛事综合效益最大化作为目标并积极行动。在利益循环的过程中，利益相关者为了实现自己的利益而向其他利益诉求方施压，施压得到的结果是其他利益相关方积极与消极的反馈。积极的反馈会带来积极的循环，使各利益诉求方之间相互信任、通力合作，从而进一步实现体育赛事的顺利进行；消极的反馈暗藏着诸多风险，赛事风险得不到解决相反会进一步扩大，最终会导致突发事件的发生，带来公共危机，最后给举办地带来严重的负面影响，经济、文化、旅游等产业会受到一定冲击。

第三节　"纵向、横向、立向三模式"：大型体育赛事风险传导机理

一、大型体育赛事中风险演化的一般规律

所有的风险都有一个发生过程，大型体育赛事的召开由于外部环境的不确定性、赛事发生时的动态变化性以及大型赛事举行的复杂性等原因决定了其是一项高风险的活动。大型体育赛事中的风险与其他领域中的风险一样具有突发性，但是它的发生并不具有偶然性，是有深层原因的。要理清大型体育赛事中风险的传导机理就要弄清楚大型体育赛事中的风险源、风险阈值、风险传导路径以及风险接受者。

（一）风险源（风险发生）

大型体育赛事中的风险是由利益诉求方之间利益分配不均以及信任失衡导致的矛盾冲突，由于各种利益诉求方得到的利益不平衡发展，在赛事过程中潜藏着不稳定因素，这些不稳定因素如场馆失控、恐怖袭击等无法得到合理有效控制，就会引发赛事风险的发生。大型体育赛事中风险源一旦形成，就成为风险传导以及突发事件发生的起点，风险源就如同导火索，可以直接引起突发事件的发生。风险源一旦形成，如果得不到合理有效的措施进行控制，那么风险源将会进一步扩散与传导，突发事件的产生就无法避免。

（二）风险阈值（风险蔓延）

量变引起质变，只有当风险源持续发展得不到有效控制时，风险源才会继续传导，进而演变为公共危机。当对未超过风险阈值的风险源进行及时控制，积极地进行干预就可以最大可能阻断其传导，将其停留在局部。

（三）风险传导路径（风险升级）

风险一旦进行传导就表明风险得到了升级，风险传导路径就是指风险传导的基本路线。大型体育赛事的风险源一旦形成就会具有向外扩散的趋势，就一定会沿着一定的路线进行传导，一般可分为内部传导与外部传导两种形式。内部传导是指风险在大型体育赛事各组成部分中进行传导，内部传导的路径一般会使内部组织结构的信任崩溃，合作机制无法有效实施，进而无法顺利完成大型体育赛事的成功举行。外部传导路径是指风险在媒体和公众等利益诉求方中进行传导，多数情况下会使大型体育赛事名誉度降低、新闻价值贬值乃至对举办地产生一定的负面影响。

（四）风险接受者（风险消亡）

风险接受者是大型体育赛事中风险传导的最后一个要素，有外部接受者也有内部接受者，还有各利益诉求方。如果大型体育赛事在运行初期，就出现了设计不合理，政府债务变多，那么政府就成为风险接受者，政府就会尽全力将本次赛事办好，即使出现突发事件，也会有足够的应急措施进行补救，从而为举办地提升知名度，推动经济发展，尽早还清债务。当大型体育赛事运行期间出现突发事件，那么各利益诉求方将会运用自己的一切资源进行危机公关，慢慢淡化突发事件在社会中的负面影响，从而将自己的损失降到最低。

二、可能由大型体育赛事发生的社会公共危机事件激化传导的多源路径、传播规律、时空结构突发机理和观测度

危机存在于社会中的每个领域，体育领域也不例外。危机的突发性、破坏性以及不可预测性给大型体育赛事中各利益诉求方造成了不同程度的利益损害。大型体育赛事中的公共危机主要指围绕着赛事的举办，在体育

赛事的全过程中，在赛场内外出现的突发事件，这些事件会带来破坏赛场秩序、损害赛事价值等负面影响。

（一）公共危机事件发生的多源路径

在大型体育赛事中公共危机主要分为外向型危机与内向型危机。外向型危机顾名思义就是指与体育赛事相关的所有外部因素（包括自然灾害、恐怖袭击等）引发的危机事件，这些赛事危机不仅会影响体育赛事的顺利举行，对大型体育赛事中各利益诉求方造成利益损害，同时也会影响社会秩序，造成社会混乱。内向型危机是指与体育赛事相关的，由于运动员、裁判员等体育赛事各利益诉求方自身的问题对赛事产生影响的内部因素（包括裁判误判、运动员退赛、政治问题、申奥贿选等）所引发的危机事件，大型体育赛事中的内向型危机因严重违背公平公正的体育精神，背离体育道德，会使大型体育赛事举办地政府和各利益诉求方出现较为严重的形象危机。大型体育赛事发生突发事件后形成公共危机，再进入传播领域后就会引发程度不同、反响不一的社会注意力，传播路径或长或短，传播范围或大或小，大型体育赛事各利益诉求方会与赛事进程同步形成一种多元互动的对话场域。

大型体育赛事中公共危机的传导路径具体有以下两种。第一，在大型体育赛事各利益诉求方之间横向的有限扩散；第二，在大型体育赛事举办地危机自下而上逐级积聚。

大型体育赛事公共危机的传导机制在本质上是在体育赛事的框架下，各利益诉求方围绕着体育赛事中产生的危机进行相互合作且进行一定博弈。各诉求方会因彼此的利益诉求不同在解决公共危机时进行博弈，争取获得最大的利益；与此同时，也会围绕着大型体育赛事中的公共危机进行合作，争取将危机的影响降至最低，维护自身利益。体育赛事中的各利益诉求方毕竟只是个利益聚合体，组织形式松散，并无法形成一个较为统一的行为体，彼此之间自然都以维护自身利益为核心。首先，在处理公共危机的态度上，利益受损最严重的主体会更为积极地去解决突发事件，而其他主体则会观望甚至毫无援助之意，因为他们认为这才符合他们的利益。长此以往，突发事件演变为公共危机严重影响本次体育赛事，造成体育赛事暂停，或者延期，就会导致本次赛事中所有利益诉求方的利益受损，因此基于这一原因的考虑，突发事件演变为公共危机时各利益诉求方会或多或少地进行合作，力求赛事的顺利进行，以此保证彼此利益的最大化。其次，在处理公共危机的方式上，由于各利益诉求方的利益与大型体育赛事紧密相连，因此出现公共危机时可能会出现"公共危机大锅饭"的道德风险，但合作机制相对松散的背景下，各利益诉求方的利益与整体利益可能会出现偏差，因此"公共危机大锅饭"可能会转变为公共危机转嫁。

在我国，大型体育赛事一般是由政府作为最大的参与方，在这种情况下，公共危机在内部传导以及危机转嫁的可能性就变得较低，更多情况下是危机逐渐由地方政府转移至中央政府。具体也是从两个方面展开：一是公共危机的影响自上而下在各级政府间逐渐扩大；二是公共危机反过来自下而上向中央政府积聚。基于我国公有制为主体的性质，在大型体育赛事中政府的主导地位还是较为突出的，政府对赛事掌握着主要的决定权，中央政府更有对大型体育赛事的绝对领导权。因此在地方政府出现大型体育赛事公共危机时，中央政府一方面可以调动绝对的资源力量进行调控，另一方面中央政府有足够的底气去解决地方政府出现的各种问题，其应对方式及应对工具的选择也较为灵活自如，因此中央政府层面上的公共危机不会轻易爆发，公共危机经常就止步在地方层面上。

综上，我国大型体育赛事突发事件转变为公共危机后的传导机制主要有两种形式，一是危机扩张过程中地方政府自上而下的内生性逐级放大，使体育赛事公共危机的规模与范围呈离心发散式进行几何级扩张；二是承办大型体育赛事的地方政府因无力解决公共危机自下而上逐级向中央政府积聚，呈现出向中心积聚与逐步累加的特征。

（二）公共危机事件传播的规律

突发公共危机事件传播是指在事件发生前后及发生过程中，各参与主体之间信息交流的过程，以及在这一过程中各主体之间如何进行沟通的方式。在公共危机传播的过程中"蝴蝶效应"是其中最具有代表性的理论，"蝴蝶效应"在危机传播中发挥作用是因为我们处在一个特定的网络化时代，在没有官方媒体进行把关的情况下，普通网民对于公共危机事件在社交媒体上进行公开的意见表达形成了一个传播现象与沟通方式。2023 年 8 月，中国互联网信息中心发布了第 52 次《中国互联网络发展状况统计报告》，其数据表示：截至 2023 年 6 月，我国网民规模达 10.79 亿人，较 2022 年 12 月增长 1109 万人，互联网普及率达 76.4%。① 这就使得在网络时代"蝴蝶效应"一方面促成公共危机网络舆情生成；另一方面在蝴蝶效应的支配下，公共危机网络舆论的规模和走向与网民素质、关注度以及舆论的偏向之间呈现正相关关系。在传统媒体传播中，媒体是舆论监控的最后一道防线，公众对社会的意见要通过媒体进行反映。因此，在传统年代，大规模、大影响力的体育赛事公共危机鲜有发生。但在互联网高速发展的今天，民众对于信息的及时性需求，使得"传统媒体的把关作用在新的传播工具面前受到了挑战"。② 由于互联网中个体身份的匿名性，个体网民充分在网络上表达自己的意愿，尽管这些意愿有的并不理性。网络舆论中形形色色的意见，此消彼长，相互叠加，就容易出现难以控制的局面。被"蝴蝶效应"支配下的网络舆论，一般会经历诱发、蔓延、升级、消亡等时期，当官方新闻舆论监督方面的报道直接引起社会上强大的舆论后，强舆论就会反过来化解网络不良舆论。

基于公共危机中"蝴蝶效应"的理论，以及当前环境处于大数据、互联网发达的现代社会，可以总结出公共危机事件传播的主要途径是借助于网络传播，基于此条件，可以总结出大型体育赛事公共危机事件传播的规律。如下：

1. 借助网络平台，公众对体育赛事的发声有各自发声也有从众发声

从众行为是人类社会和动物世界趋利避害的一种本能反应③，随着互联网的高速发展与经济社会的不断发展，科技进步与社会结构日趋复杂，信息不对称与不确定性日益增加。网民因文化水平、道德素质以及想要发声的事情不同各发其声，且经常毫无顾忌。特别是在大型体育赛事公共危机事件出现以后，情形更甚，首先会出现对大型体育赛事较为感兴趣的网友，以及认为自己知晓危机事件全程的"知情者"在网络中最先发声，或批评举办地政府，或吐槽某场比赛的裁判员又或者质疑比赛流程的合理

① 中国互联网络信息中心（CNNIC）. 第 52 次《中国互联网络发展状况统计报告》［EB/OL］. 中国互联网络信息中心，2023-8-28.

② 翟国选. 双重属性下的现代广播宣传管理［M］. 北京：当代中国出版社，2012：160.

③ SHILLER R J. Conversation, Information and Herd Behavior［J］. *American Economic Review*, 1995, 85（02）：181-185.

性。之后，网络中开始出现从众现象，分散的观点通过冲突不断聚集逐步演变为群体性观点时，网络舆情就产生了。在网络中，从众发声的现象特别明显，一般而言，给他人公开发表的言论进行点赞是对他人意见表示认同和赞赏之意，暗含本人思考相一致或者出乎意料的意思。不做任何评价的转发多半隐含转发者肯定的意思，而点击量是予以关注但不做评价。发表言论的作者通常会因为人气上升受大众激烈的情绪感染而选择继续发声，最终吸引更多网民加入意见表达者的行列，这个时候虽然他们的立场不同、思维不同，但在特殊的环境下极易产生从众心理。这种从众行为的发生就极易发生信息变异，滋生网络谣言，激化社会矛盾。但是，从众现象产生的网络舆情在某些方面对社会治理、政策制定以及政府决策都有重要意义，政府在决策前，直接或间接地被网络舆情影响，因此政府在解决大型体育赛事公共危机时必须考虑政策是否能被广大公众所接受。①

2. 大型体育赛事公共危机传播经常会出现信息碎片化现象

自从进入大数据时代，每个公民的生活中都充斥着海量的网络信息。在当今最火爆的社交平台微博上，因为篇幅的限制，以往的信息传播方式不再适用，因此传播的信息经常出现碎片化的特征。信息碎片化传播与当今社交平台交互性和及时性有密切关联，这种信息传播在很大程度上依附于公众快节奏的浏览、点赞等行为所取得的流量优势，经过人们非理性的再加工，往往变成了充满偏见和误导的认知且根深蒂固。通过人类非理性的再制造，往往形成了具有偏差和错误的认知且根深蒂固。长时间摄入碎片化资讯，对社会大众自觉接收新知和网络舆情事件会产生巨大影响以及对思维的深度化与系统性产生不利影响，加上信息快速更迭的影响，快速浏览已经成为公众接受新信息、新观点的普遍选择。又因为微博的匿名性、低门槛等特性，使微博中不宜娱乐化的话题和内容，被做娱乐化处理，博点击、博关注已经是家常便饭了；稍微深刻一点的话题经常会受到广大网民的强烈抵制；与此同时，具有思辨色彩的话题讨论经常不被广大网友看好。与此紧密相连的是，对于网络上出现的一些时事新闻，相当一

---

① ASONGU A S, ODHIAMBO M N. Governance and social media in African countries: An empirical investigation [J]. *Telecommunications Policy*, 2019, 43 (05): 411-425.

部分网民存在着"'智力递减'而'暴戾递增'"的思维方式和行为方式。① 长期发展下去，将会在不同程度上影响国人的处事方式和思维深度。公共危机产生后经过舆论的引导普通民众通常会焦躁不安，倾向于更加悲观地理解和看待各种信息，这就加速了负面情绪的传播，影响公共危机处理过程中正向信息的作用。如果在大型体育赛事出现公共危机事件后出现以上这些现象，大批不清楚事实真相的网民在社交平台上公开发表不真实、不理智言论，甚至开始贩卖焦虑，这对于重大公共危机事件的舆论和舆情等同于火上浇油。

3. 发生大型体育赛事公共危机之后参与传播的主体多元化，主要包括官方媒体、自媒体以及普通民众

传播主体即传播者。互联网时代中，政府及其相关部门借助互联网成立自己的官方平台直接面向公众进行传播，在大型体育赛事公共危机事件爆发之后通常是由官方媒体首先进行事件信息的传递，在政府部门长期的经营之下，官方媒体在普通公众心中有较高的可信度。也就是说，官方媒体的账号受到大量网络用户的评论或转发，大规模的影响力使得官方媒体像一座"桥梁"一样，将关注、点赞、评论以及转发它的用户进行连接，实现了较强的中介功能。在日常生活中以及重大公共危机事件发生之后，政府官员、精英人士会积极地进行意见表达，同时随着我国互联网的发展，大量普通民众也以多种方式参与到传播过程中来，甚至成为危机传播的主要力量，这就在很大程度上改变了信息传播格局以及社会舆论的发酵方式。在日常生活中，传播媒介是广大媒体，大多数公民并不会主动去充当媒介的角色，对其他人施加各种影响也没有强烈的兴趣。但在大型体育赛事公共危机期间，民众与各路媒体一样随时随地身处舆论场中，民众作为传播媒介主体性的作用力与影响力就被大大强化了，社会舆论中的矛盾就变得容易催生和激化，从而产生一系列关于体育赛事危机的连锁反应。近年来官方媒体在公共危机事件发生之后已经形成了一个较为固定的应对措施，大致如下：首先，政府作为主体部门可以较为清晰地明确主体间的界限，一般应对公共危机事件会有负责应急工作的应急指挥机构、负责危

---

① 徐百柯. 网上行事切忌"智力递减"而"暴戾递增"［N］. 中国青年报, 2012-06-05 (01).

机事件信息公开的宣传部门以及党委。上述三个部门会明确各自的职能界限，相互合作完成公共危机事件相关机制的构建以及应对政策，对下级部门关系进行协调，对信息发布进行不断优化。其次，政府部门在危机发生后会及时明确信息公开内容的范围，在这一过程中政府部门必须充分保证信息公开的程度，保障民众的知情权；也需要密切保护国家机密、商业秘密以及个人隐私不被泄露。最后，官方媒体针对大型体育赛事公共危机事件信息公开方式也有着立体化的原则，政府会优化新闻发布制度，充分运用各类新媒体，减少危机事件对政府形象的影响。

4. 对于关注度高的大型体育赛事公共危机传播经常会出现阶段性的特征

在自媒体高度发达的今天，每个人都有在网络上发表言论的权利，公众在大型体育赛事公共危机发生之后，会将与此类事件相关的舆论信息调取出来，进行联系、对照等。关于同一事件的多种意见与信息以及不同事件的观点，会通过媒体历时性地保存下来同时又共时性地进行传播。在大型体育赛事公共危机中存在着诸多不同阶段，各阶段中信息数量以及信息公开的方式均呈现阶段性，导致了各传播主体会对危机事件的态度处于不断变化中。从风险发生到风险消亡，公众及媒体的传播热情也逐步减弱。在风险发生前会有各种各样的征兆出现，社会中也可能会出现各种各样的流言，这时公共危机还没有开始传播，即使是危机意识比较强、观察比较敏锐的公众也可能只是对体育赛事进行密切关注而不会有在网络上发表观点的行为，此时与风险事件相关的信息相对有限；风险一旦发生，相关信息会在社会上快速传播，这时新闻媒体开始对体育赛事进行关注，信息流通速度会达到一个相当快的水平，这一阶段的信息传播会对整个公共危机事件的传播以及危机处理的过程产生重要影响。体育赛事的原生性风险与网络舆论传播风险"双重叠加"，网络舆情呈直线上升趋势，这一阶段中谣言与极端言论积聚，负面舆情危害性更大、煽动性更强，原生体育赛事风险与衍生网络舆情风险融合，风险复杂程度更高；[①] 大型体育赛事公共危机发展到一个相对平稳的时期，这时官方媒体掌握了绝对的信息传播主

---

① TING Z, CHANGXIU C. Temporal and Spatial Evolution and Influencing Factors of Public Sentiment in Natural Disasters—A Case Study of Typhoon Haiyan [J]. *ISPRS International Journal of Geo-Information*, 2021, 10 (05): 299.

动权，并且主动、真实地公开完整且全面的信息内容，此时关于体育赛事的舆论风险指向由关注体育赛事本身转向举办地政府，由关注体育赛事具体流程安排转向对制度、体制等的不满或者批判。① 这一阶段在政府主导和媒体引导下正向信息相对集中，民众从非理性向理性转变，体育赛事传播发生波动；随着公共危机事件的发展，事件进入一个风险消亡期，广大民众经过情绪的剧烈波动，往往会表现出对体育赛事公共危机讨论的疲劳，不再有兴趣关注或对危机事件发表意见与看法。这一阶段中公共危机不断消解，事态基本定性，不良信息停止扩散，舆论表达中情绪性、激烈性表达在降低，因此政府传播的信息主要以危机处理办法、进行宣传教育、挽救政府形象、总结经验教训以及提升公众满意度为主要目标。

以上四个方面从不同维度构成了大型体育赛事中公共危机传播的规律，客观分析公共危机的传播规律，在客观上能提升应对大型体育赛事公共危机事件的能力，最大限度地降低对举办城市及国家的负面影响。

(三) 时空结构突发机理与观测度

一次大型体育赛事公共危机的发生到持续升级，会像多米诺骨牌一样从单一省份扩散到全国范围，这种公共危机扩散有时间与空间两个维度。一方面，从危机扩散的时间来看，大型体育赛事公共危机的扩散过程呈现出较为明显的"S"形曲线特征，主要呈现出缓慢扩散升级为迅速扩散再到缓慢扩散的一个动态性的过程。具体过程如下：在大型体育赛事开始时，普通公民会对此次赛事产生关注，一旦发生公共危机事件，网民的关注点开始转移至公共危机事件上，并在互联网上发表自己的观点，这些观点不断积聚和叠加，网络舆情逐渐形成。随着网络上对该公共危机事件关注度的提高，政府开始控制舆论，各大媒体开始发声，政府、媒体、网民三者力量相互影响，站在自己的立场上发表观点，因此舆论开始如滚雪球一样，进入爆发阶段。这个阶段中，网民的广泛参与、媒体的各类报道以及政府信息公共的程度及速度都将影响舆论的爆发程度，在这个阶段中，公共危机传播到达顶点。随着时间的推移，到达顶点的公共危机事件将进

---

① 毛凌翔，史后波. 重大应急事件的舆情演化与治理体系研究 [J]. 文献与数据学报，2021，3 (03)：81-92.

入一个相对平稳的阶段，公众对此次危机事件的情绪趋于稳定。随着体育赛事公共危机事件的解决，政府部门的不断介入以及信息公开，公众会逐渐降低对此次公共危机事件的关注度，一旦这时有新的热点事件出现，公众的注意力将被转移，公共危机事件也将进入消亡的阶段。另一方面，从危机扩散的空间层面看，在大型体育赛事公共危机事件刚发生时，只有少数公众关注这类事件，他们大多是信息传播的敏感性群体，他们之间并没有实现信息流通，而是存在着分离现象，没有相适应的节点作为连接中介，因此在这类情况下，政府或者媒体想要在源头上阻止公共危机事件传播存在一定限制，难以进行有效的信息扩散与交流。所以公共危机事件的网络舆情就呈现出爆炸式增长，越来越多的公众通过大众媒体进行个人点评与传播，形成了更大的信息圈，进一步扩大了舆情范围，在这一阶段，关于大型体育赛事公共危机的信息得到了充分交流，网络凝聚力不断提高。随着时间的推移，网络舆情进入可控阶段，政府部门开始大规模对此次危机事件进行信息公开，并进行反思，获得经验总结。这一阶段经常会出现"政府发布消息—网民质疑—政府发布消息—网民继续质疑"的过程，反复几次，广大网民对此次危机事件的关注度也会不断降低，情绪也会逐渐趋于平稳，网络上对这次危机事件的报道也会逐步减少。

在大型体育赛事公共危机事件发生后观测度上主要有主客观两种维度，这两种维度在方向上存在普遍的一致性，在数量上受到多种要素的影响但具有较强的相关性。这些可以从主客观之间的总体关系、评价维度的差异以及评价效用的差异角度进行解释。首先，在大型体育赛事公共危机事件发生之后，对危机事件的传播，各利益诉求方之间存在着一定的主客观测度的相关性。一方面对危机事件的传播往往是基于公众对危机事件的局部认知，难免会有管中窥豹的局限性，而官方媒体进行危机事件的传播则更多地关注整体。另一方面，大型体育赛事公共危机事件的传播并非只受到此次危机事件单一要素的影响，还受既往历史、公众基本素质、特定环境等因素的影响。其次，在进行大型体育赛事公共危机事件传播时，过程中会出现两种维度的评价，一部分评价此次事件中出现问题的工作人员等主观因素侧重于主观感受，一部分则评价客观存在的危机，以及此次危机发生后的应对措施。两个不同评价维度的观测度结果也会间接影响到公共危机事件传播的速度与范围。最后，主客观两种不同的观测度所评价的最后结果也是不同的。主观的观测度更侧重于本次大型体育赛事公共危机处理的结果以及公众满意度。而客观的观测度更侧重于处理本次公共危机事件投入的成本（包括人、财、物等）是否能收回。

三、大型体育赛事风险演化模式

传统的体育赛事风险演化研究认为不同的风险是相互独立的，但越来越多的实例表明，同一或者不同体育赛事在时间和空间上常呈现连锁反应。分析大型体育赛事风险演化可以借用系统"熵"的概念。"熵"是指一个系统的混乱程度，在许多领域方面"熵"这个概念都有重要的应用，在大型体育赛事风险演化中"熵"可以提供一个较为新颖的理论视角。信息时代下的大型体育赛事风险演化离不开互联网这一关键的节点。政府网站、主流媒体、自媒体以及普通民众都是风险演化的主要推动者。总的来说，大型体育赛事风险演化是系统从无序向有序的生成过程，可能会存在纵向链式发展、横向网状伸展、立向高低起伏三种演化模式。

（一）纵向链式发展

纵向链式发展是风险演化的主要形式之一，通常所说的风险链式发展就是大型体育赛事中风险演化纵向链式发展。风险链的环节越多，反映风险传播的时间越长，涉及的主体越多。在大型体育赛事中风险演化之初都是以半封闭式人际交往圈为基础的，基于此最初风险演化只存在于人际关系中，可能是一对一进行传播，也可能是一对多的形式，多对多的方式概率较低，更多的是单个主体间进行传播。纵向链式发展呈现出以人为核心，以一个主体与其他主体之间的合作程度为路径的结构性发展，是一个相对开放的发展结构。通过共同关注体育赛事、分享体育赛事，将体育赛事传播作为一个以体育赛事为媒介的情感沟通和交流过程，这种分享过程并不会产生较大的风险传播。但随着事件的逐渐演化以及公众的关注，大型体育赛事风险将会呈现出较为明显的沿风险发生先后顺序进行传导的特点，时效性较强。纵向链式灾害的放大效应，为体育赛事风险防治带来了巨大挑战。从时间维度来看，社会的热点议题是不断动态变化着的，特别是在网络环境中，经常会出现今天还在讨论的话题明天就会被新的热点话题所替代，社会议题的迅速更替反映出的社会现实是信息的迅速流动。大型体育赛事风险演化的链式发展是一个动态变化、不断扩展的过程，在大型体育赛事风险演化的过程中，民众针对大型体育赛事危机关注的内容是固定不变的，只是会随着时间和过程的发展，人们的关注重心会随着风险演化过程而发生变化，通过风险的不断变化而更新，民众可以不断地了解风险演化的最新进展，在社交平台上发表自己的看法以及见解。呈链式发展的体育赛事风险具有时间相连、因果关联的特征。大型体育赛事风险的发生有一定的先后顺序，即风险源产生的原生风险在前，更新的风险在后。大型体育赛事风险的时间尺度通常与赛事时间有紧密关联，在时间上连续发生，总体上环环相扣，赛事持续的时间越长，风险发展的链条就会越长，风险种类也会越多样化；大型体育赛事风险传导之间存在着因果关系，即一种风险的发生是由另一种风险诱发或者演化而来的。

（二）横向网状发展

横向网状发展模式在大型体育赛事风险传导中主要表现在以任何一个风险环节作为基础，向新的风险进行拓展，例如在一次大型体育赛事中初始出现的风险是安全风险，但是安全风险慢慢演化就会变为社会风险。横向网状的张力越大，就意味着原有风险向新的空间和领域进行拓展的范围越大。一般来说，大型体育赛事中风险演化横向网状发展可以分为对内横向发展和对外横向发展。

大型体育赛事中风险演化对内横向发展，主要指的是风险在此次大型体育赛事中影响范围在内部规模扩大。如此次风险事件不仅影响到本次体育赛事中的政府管理部门，而且经过风险的演化同时影响到其他利益诉求方、工作人员等。这样一来，对于大型体育赛事来说，风险演化就会日益影响到更多大型体育赛事关联方。在大型体育赛事中的各利益诉求方之间的关系联系并不十分紧密，但是在风险传播速度快、传播规模大等背景下，即使彼此之间是相对较弱的联系关系也会产生强烈的效果。

大型体育赛事风险演化对外横向发展，主要是指风险演化链在演化的过程中逐步延伸到体育赛事关联方以外的主体当中，例如一场大型体育赛事出现风险危机后，口碑迅速下滑，这不仅影响到当地政府的形象以及民众满意度，也会影响到一国的对外形象与国际影响力。实际上，体育赛事风险向外横向发展是指风险多元化，一个风险可能会延伸演变为诸多风险，通过风险向外横向发展，不同的利益诉求方以及关联主体会产生密切联系，甚至会为了应对特定风险产生一个全新的风险处理机构。

（三）立向高低起伏发展

大型体育赛事风险传导是一个较为复杂的过程，不仅有纵向链式发展、横向网状发展也有横纵交错发展的现象，这种横纵交错被称为立向高低起伏发展。大型体育赛事是一项复杂的活动，其风险传导也必然是一个复杂的系统，涉及的主体庞杂，各利益诉求主体之间既受限政府的线性管理，又因为体育赛事的实时发展过程而产生新的相互联系、相互作用的关系结构。大型体育赛事风险传导立向高低起伏发展是指通过体育赛事各利益诉求方之间相互作用，风险持续经过链式、网状发展演化而成的无法准确预测的风险立体性结构，强调的是体育赛事中客观因素与主观因素的环境，描述的是体育赛事中风险传导的大致发展形态、各利益诉求方的互动关系以及在赛事运作过程中具体的运作细节。

第五章

国内大型赛事风险治理实践的"碎片化"困境与时代表征

第一节 "路径依赖"：治理模式的历史脉络

我国大型体育赛事风险治理体制以职能导向、专业分工、地域分割、条块分治为典型特征，遵循"统一领导、综合协调、分类管理、分级负责、属地管理"的基本原则，旨在确保在风险治理过程中，各个部门和层级能够协同工作，确保风险得到及时有效的控制。

一、我国大型赛事风险治理模式的嬗变

随着我国经济的快速发展和国际地位的提升，近年来我国大型赛事的举办日益频繁。这既为我国体育事业的发展提供了良好的契机，也对我国大型赛事的风险治理提出了更高的要求。

（一）初步探索阶段

这一阶段，我国大型赛事风险治理主要依赖于传统的行政管理手段，风险管理意识较弱，风险识别和评估能力有限。在筹备和举办过程中，往往出现临时应对、被动管理的现象。在 20 世纪 90 年代，我国大型赛事风险治理模式处于初步探索阶段。这一时期，我国刚刚开始涉足大型赛事的举办，对于风险治理的认识和经验相对匮乏。然而，随着我国经济社会的快速发展，举办大型赛事的需求逐渐增强，为风险治理模式的探索提供了

实践基础。①

在这个阶段，我国主要采取了以下几种方式来应对大型赛事中的风险：

1. 制定临时性政策与规定

在20世纪90年代，我国对于大型赛事风险治理的法规政策尚不完善。为了解决实际问题，政府和相关部门制定了一系列临时性政策与规定，为赛事组织者提供了一定的指导。这些政策和规定涉及赛事筹备、安全保卫、医疗卫生等多个方面，为赛事的顺利进行提供了保障。

2. 成立临时性组织机构

在大型赛事举办期间，我国政府会成立临时性组织机构，负责协调赛事各项事宜。这些机构通常由政府部门、社会组织和企事业单位共同组成，以确保赛事各个环节得到高效、有序的推进。临时性组织机构的成立，有助于集中各方资源，共同应对赛事中的风险。

3. 学习和借鉴国际经验

在这个阶段，我国已经开始关注国际大型赛事的风险治理经验，并加以借鉴。例如，我国在举办1990年北京亚运会和1995年世界田径锦标赛等赛事时，积极向其他国家学习赛事风险管理、安保、医疗等方面的经验，并结合国内实际情况进行改进。这种做法为我国大型赛事风险治理模式的探索和发展奠定了基础。总之，在20世纪90年代，我国大型赛事风险治理模式处于初步探索阶段。虽然当时在法规政策、组织机构等方面尚不完善，但通过制定临时性政策与规定、成立临时性组织机构以及学习和借鉴国际经验等方式，我国在举办大型赛事的过程中逐步积累经验，为后续风险治理模式的嬗变和发展奠定了基础。②

（二）逐步完善阶段

随着我国大型赛事承办经验的积累，风险治理模式逐渐从行政管理向法治化、专业化、精细化方向发展。政府出台了一系列法律法规，明确了

---

① 吕晶晶，宋娜，郭晴．大型体育赛事风险传播评估模型构建［J］．武汉体育学院学报，2023，57（03）：21-28.

② 刘亮，刘晓东，郝昱文，等．大型体育赛事风险分析及应急医学救援对策研究［J］．中国急救复苏与灾害医学杂志，2023，18（01）：23-26.

各部门的职责和权限，形成了相对稳定的风险治理体系。同时，我国开始引进国际先进的风险管理理念和技术，提高了风险识别、评估和应对能力。

进入 21 世纪，我国大型赛事风险治理模式经历了逐步完善阶段。在这一阶段，我国政府和相关部门采取了一系列措施来加强赛事风险治理，包括制定相关法规和政策、建立风险管理体系、加强赛事安全监管等。我国政府和相关部门制定了一系列法规和政策来规范大型赛事的组织和管理。例如，2007 年，国家体育总局发布了《关于加强体育赛事安全管理工作的通知》，明确了赛事组织者应当制定安全应急预案，建立安全管理机构，并开展安全培训等工作。2014 年，国务院又发布了《关于加强体育赛事安全管理工作的通知》，进一步明确了赛事组织者的责任和义务，并规定了赛事审批和监管的程序。我国政府和相关部门建立了一套完整的风险管理体系，包括赛事组织者、赛事监管部门和赛事应急管理部门等。赛事组织者负责赛事的策划、组织、实施和安全管理等工作；赛事监管部门负责对赛事组织者的赛事准备、组织和管理等进行监督和检查；赛事应急管理部门负责组织和协调赛事突发事件应急响应和救援等工作。

我国政府和相关部门也加强了对赛事安全的监管和管理。例如，在 2018 年，国家体育总局发布了《关于加强体育赛事安全工作的通知》，要求各级体育部门加强对赛事安全的监管和管理，建立赛事安全监管档案，实行赛事安全报告制度，并加强对赛事组织者的培训和考核。我国大型赛事风险治理模式在逐步完善阶段取得了一定的进展。相关法规和政策的制定、风险管理体系的建立以及赛事安全监管的加强等措施，为赛事的安全组织和管理提供了有力的保障。然而，随着赛事规模的不断扩大和赛事类型的不断增多，赛事风险治理仍然面临诸多挑战，需要进一步加强和完善。

（三）创新发展阶段

进入新时代，我国大型赛事风险治理模式不断创新，充分利用现代信息技术，构建起全面、动态、智能的风险管理系统。例如，通过大数据、云计算等技术手段，实时收集、分析和传递风险信息，为决策者提供科学依据，提高了风险治理的效能。

早期我国大型赛事风险治理模式主要依赖经验积累和行政手段。由于当时我国举办的赛事规模较小，涉及的风险因素相对简单，因此，通过借鉴国际经验，采取行政命令和领导批示的方式进行风险治理，基本上能够满足赛事举办的需求。这一阶段，我国大型赛事风险治理模式的特点是：以政府为主导，治理手段单一，缺乏系统性和专业性。随着我国大型赛事规模的扩大和国际化程度的提高，单一的行政手段已经无法满足赛事风险治理的需求。在此背景下，我国大型赛事风险治理模式逐步走向多元化、专业化。一方面，政府部门开始与社会组织、企业等共同参与赛事风险治理，形成政府主导、社会参与的治理格局；另一方面，通过制定专门的赛事风险管理法规、标准和指南，提高赛事风险治理的科学性和规范性。这一阶段，我国大型赛事风险治理模式的特点是：政府主导，社会参与，治理手段多样化，逐步走向规范化和专业化。

近年来，我国大型赛事风险治理模式在继承前期成果的基础上，不断进行创新和完善。首先，在组织架构上，形成了以赛事组委会为核心，政府部门、社会组织、企业等共同参与的赛事风险治理体系；其次，在治理手段上，充分利用现代信息技术，构建赛事风险监测、预警和应急响应系统，提高赛事风险治理的实时性和有效性；最后，在人才培养上，通过开展专业培训和引进国际先进理念，提高赛事风险管理人员的专业素质。这一阶段，我国大型赛事风险治理模式的特点是：组织架构完善，治理手段先进，人才队伍专业，具有较高的系统性和协同性。我国大型赛事风险治理模式经历了从初创到发展，再到完善的嬗变过程。当前，我国大型赛事风险治理模式已经初步形成了政府主导、社会参与、专业化运作的格局，为我国大型赛事的顺利举办提供了有力保障。然而，面对未来更加复杂的国际形势和赛事风险挑战，我国大型赛事风险治理模式仍需不断优化和创新，以更好地服务于我国体育事业的发展。[①]

在创新发展阶段，我国大型赛事风险治理模式发生了显著的变化，主要体现在以下几个方面：

风险治理体系逐步完善，近年来，我国大型赛事风险治理逐步形成了

---

①　王逸伟，谢明，谢晓雯，等. 新冠疫情下大型体育赛事风险评估［J］. 电子科技大学学报，2022，51（06）：937-946.

以赛事组织者为主体，政府、企业、社会等多方共同参与的风险治理体系。政府部门负责制定政策、提供支持，赛事组织者承担风险管理主体责任，企业负责赛事运营和市场开发，社会力量参与监督和评价。这一体系有利于充分利用各方资源，提高风险治理效率。

风险识别和评估能力不断提高，随着科技的发展和经验的积累，我国大型赛事风险识别和评估能力得到了显著提高。运用大数据、人工智能等技术手段，可以更加精准地识别潜在风险，为风险防范提供科学依据。此外，我国还积极借鉴国际先进的风险评估方法，结合国情制定了一系列风险评估标准，为风险治理提供了技术支持。

风险防范措施日益多样化，在创新发展阶段，我国大型赛事风险防范措施呈现出多样化的发展趋势。除了传统的应急预案、安保措施等，还出现了风险分担机制、保险制度等多种风险防范手段。例如，赛事组织者可以与保险公司合作，通过购买保险来分散赛事风险。同时，政府也鼓励企业、社会组织等参与风险防范工作，形成全民共治的良好局面。

随着我国大型赛事的国际影响力不断提升，赛事风险管理也逐渐与国际接轨。我国积极参与国际大型赛事组织、风险管理等方面的交流与合作，引进国际先进的风险管理理念和方法，提高我国大型赛事风险管理的国际化水平。在创新发展阶段，我国对大型赛事风险教育的重视程度不断提高。政府、赛事组织者等加大了对赛事风险知识的普及力度，通过多种形式开展风险教育活动，提高了公众对赛事风险的认知和防范意识。同时，我国还加强了赛事风险管理人才的培养，为大型赛事风险治理提供了有力的人才保障。总结来说，在创新发展阶段，我国大型赛事风险治理模式发生了积极的变化，逐步形成了科学化、规范化、国际化的发展趋势。然而，面对未来更加复杂的赛事风险挑战，我们还需继续努力，不断探索创新，以更好地保障赛事的安全与成功。

二、我国大型赛事风险治理模式的历史必然性

随着我国经济的快速发展和国际地位的日益提高，我国体育事业得到了空前的关注度和发展。从 2008 年北京奥运会的成功举办，到各类国际体育赛事在我国的相继落户，我国大型赛事的组织和承办能力得到了世界的认可。在大型赛事的组织过程中，风险管理逐渐成为一个重要环节。为了确保赛事的顺利进行，我国开始探索适合自身特点的风险治理模式，通过借鉴国际先进经验，结合实际情况，形成了一套以风险预防、风险评估、风险应对为核心的风险治理体系。

在政策的引导和推动下，我国大型赛事风险治理模式逐步完善。从《关于加强大型体育赛事安全风险防范工作的通知》等文件的出台，到《大型群众性活动安全管理条例》等相关法律法规的完善，为我国大型赛事风险治理提供了有力的法律支持。我国大型赛事风险治理模式在实践中逐步建立和完善，形成了政府主导、部门协同、社会参与的多元化风险治理体系。政府负责制定政策、标准和规范，相关部门负责具体实施，社会组织和公众参与监督和评估，形成了全面覆盖、层层递进的风险治理网络。

随着我国社会经济的快速发展，大型赛事的举办对于提升国家形象、促进地方经济发展具有重要意义。因此，对大型赛事风险进行有效治理，确保赛事的顺利进行，成为我国社会经济发展的必然要求。政府职能转变的必然趋势：在行政管理体制改革的背景下，政府职能逐渐从"全能型"向"服务型"转变，对大型赛事风险治理的参与也呈现出从主导到引导、从管理到服务的趋势。政府通过制定政策、法规，引导社会力量参与风险治理，形成政府、企业、社会共同参与的风险治理格局。风险全球化背景下的应对策略：在全球化背景下，风险呈现出跨国、跨地区的特点，大型赛事风险治理也需要与国际接轨。我国在引进国际先进风险管理理念和技术的同时，还积极参与国际风险治理合作，提高了我国大型赛事风险治理的国际化水平。总之，我国大型赛事风险治理模式的嬗变及其历史必然性反映了我国在风险治理方面的创新和进步。未来，我们应继续深化风险治理改革，构建更加科学、高效、智能的风险治理体系，为我国大型赛事的顺利举办提供有力保障。

我国大型赛事风险治理模式的历史必然性源于我国体育事业的快速发展、政策法规的完善和科技创新的推动。在新的历史条件下，我国大型赛事风险治理模式将继续发展完善，为我国大型赛事的成功举办提供有力保障。

我国大型赛事风险治理模式是经济社会的发展需求，随着我国经济社会的快速发展，大型赛事已成为推动经济发展、提升国家形象的重要手段。因此，建立科学、高效的大型赛事风险治理模式，对于确保赛事的成功举办具有重要意义。在经历过多次大型赛事的举办后，我国政府和承办方对于风险的认识不断加深，风险防范意识逐渐提高。这使得我国大型赛事风险治理模式不断完善，更具针对性和可操作性。我国政府通过制度创新，明确了各部门在风险治理中的职责和任务，为风险治理提供了有力的组织保障。同时，加强与国际组织的合作，借鉴国际先进经验，提升了我国大型赛事风险治理的国际化水平。

我国政府一直致力于通过制度创新来明确各部门在风险治理中的职责和任务。这种制度创新不仅包括制定新的政策和法规，还包括改革现有的制度和机制，以更好地应对各种风险和挑战。我国政府通过制定各种政策和法规，明确了各部门在风险治理中的职责和任务。例如，政府部门负责监管和管理工作，而企业部门则负责实施和执行工作。这种明确的分工有助于确保风险治理工作的有效性和高效性。我国政府通过改革现有的制度和机制，以更好地应对各种风险和挑战。例如，政府可以建立一个风险管理委员会，由各部门的代表组成，负责制定风险管理计划和协调各部门的工作。这种机制可以提高各部门之间的协作和沟通能力，以便更好地应对风险和挑战。我国政府还通过建立风险评估和监测系统，以及时发现和应对风险。这种系统可以通过各种手段，如数据分析、人工智能等，来评估和监测各种风险，以便政府能够及时采取措施来应对这些风险。

第二节　"治理失灵"：传统治理的实践困境

本节将深入探讨国内大型赛事风险治理实践的"碎片化"困境与时代表征，具体包括画像公共价值碎片化、职权与资源配置碎片化、决策与行动碎片化、风险治理能力碎片化等方面。

一、公共价值碎片化

随着社会的发展，大型赛事的公共价值观念日益多元化，导致不同群体对于赛事的期望和需求存在显著差异。这种差异性使政府在制定风险治理政策时难以达成共识，从而出现公共价值碎片化现象。在实际操作中，这种碎片化表现为政府部门、社会组织、企业以及公众等各方在风险治理中的角色定位模糊，各方在参与风险治理的过程中容易陷入利益博弈，影响整体风险治理效果。随着国内大型赛事的不断增多，风险治理实践的"碎片化"问题逐渐显现出来。

公共价值碎片化是指各个赛事组织者、参与者对于风险治理的理解和实践方式存在差异。不同的赛事组织者可能会有不同的理念、目标和方法，导致对于风险治理的理解和实践方式存在差异。例如，有些赛事组织者可能更加注重赛事的安全性，而忽视了赛事的公平性和透明性；有些赛事组织者可能更加注重赛事的营销效果，而忽视了赛事的社会效益。这些差异可能导致各个赛事之间的风险治理实践相互孤立，难以形成有效的协同和整合。其次，当前国内大型赛事风险治理的制度环境不够完善。在制度层面，国内大型赛事风险治理的法律法规和标准体系还不够完善，导致各个赛事组织者在实践中的操作空间较大。在管理层面，国内大型赛事风险治理的管理体制和机制还不够健全，导致各个赛事组织者之间的沟通和协作存在困难。这些因素都可能导致公共价值碎片化现象的出现。为了解决这个问题，需要从以下几个方面入手：

首先，完善国内大型赛事风险治理的法律法规和标准体系，为各个赛事组织者提供了明确的指导和支持。在我国，大型赛事的风险治理一直是一个备受关注的话题。为了更好地应对大型赛事中可能出现的各种风险，我们需要从法律法规和标准体系两个方面进行完善。在法律法规方面，我们需要加强立法工作，制定一系列针对大型赛事风险治理的法律法规。这些法律法规应当明确赛事组织者、参赛者和观众在赛事中的权利和义务，以及赛事风险的分类、评估、预防、应对和善后处理等方面的具体规定。①此外，法律法规还应规定赛事组织者和参赛者的责任范围，确保在赛事过程中出现问题时能够迅速找到责任人，从而降低风险对赛事的影响。在标准体系方面，我们需要建立一套完善的赛事风险治理标准体系。这套体系应当包括赛事风险评估、风险预防、风险应对等方面的具体操作规范。通过制定这些标准，我们可以确保赛事组织者和参赛者在面对风险时能够采

---

① 付强．群众性体育赛事安全风险的防控治理［C］//中国体育科学学会体育管理分会．2023年第十一届全国体育管理科学大会论文摘要集．［出版者不详］，2023：26-27.

取统一规范的行动，从而提高风险治理的效率和效果。①

此外，我们还需要加强对赛事风险治理法律法规和标准体系的宣传和培训工作。通过各种渠道，提高赛事组织者、参赛者和观众对赛事风险治理法律法规和标准体系的认识，增强他们的法律意识和风险防范意识。这样，在大型赛事中出现风险时，才能更好地发挥法律法规和标准体系的作用，保障赛事的顺利进行。总之，完善国内大型赛事风险治理的法律法规和标准体系是确保赛事安全、顺利进行的关键。我们应当加大立法工作力度，建立完善的赛事风险治理标准体系，并加强宣传培训，提高各方面的法律意识和风险防范意识。只有这样，我们才能确保大型赛事的顺利进行，为广大参赛者和观众创造一个安全、舒适的赛事环境。

其次，建立健全国内大型赛事风险治理的管理体制和机制，促进各个赛事组织者之间的沟通和协作。在我国，大型赛事的举办已经成为一种常态，从全运会、亚运会到奥运会和各类单项赛事，都在不断地提升着我国在国际舞台上的影响力。然而，随着赛事规模的扩大和复杂性的增加，赛事组织者和政府部门面临着越来越多的风险挑战。为了确保赛事的顺利进行，提高赛事的组织水平，我们需要建立健全国内大型赛事风险治理的管理体制和机制。②

大型赛事涉及的风险因素众多，包括自然灾害、人为事故、公共卫生、恐怖袭击等。因此，我们需要设立专门的风险管理部门，负责赛事风险的识别、评估、监控和应对工作。该部门应与政府部门、公安部门、卫生部门等相关机构保持紧密联系，形成风险防范的合力；针对不同类型的风险，风险管理部门应制定相应的风险防范和应对预案。预案应详细规定风险的识别、评估、监控和应对措施，并定期进行更新和完善。同时，应将预案与相关部门和单位进行共享，确保各方在面临风险时能够快速响应。为了确保风险治理工作的顺利进行，应建立由赛事组织者、政府部门、公安部门、卫生部门等相关部门组成的风险治理领导机制。该机制负责统筹协调各方资源，制定风险治理的工作计划，监督和指导风险治理工

---

① 杜芳．桂林适宜体育赛事创建研究［D］．桂林：广西师范大学，2022.
② 张李南．我国大型体育赛事风险指标体系构建研究［D］．西安：西安体育学院，2022.

作的实施。①

　　建立健全国内大型赛事风险治理的机制，风险识别和评估是风险治理的基础。赛事组织者应建立风险识别和评估机制，通过专业化的方法和技术，对赛事过程中可能出现的风险进行全面识别和评估，为制定风险防范措施提供依据。风险监控和预警是防范风险的关键。赛事组织者应建立风险监控和预警机制，对赛事过程中可能出现的风险进行实时监控，发现风险征兆及时发出预警，为采取应对措施争取时间。风险应对和救援是风险治理的核心。赛事组织者应建立风险应对和救援机制，根据风险类型和程度，采取相应的应对措施。同时，应建立健全救援体系，确保在发生风险时能够迅速组织救援，降低损失。建立健全国内大型赛事风险治理的管理体制和机制，对于保障赛事的顺利进行和提高赛事组织水平具有重要意义。通过设立专门的风险管理部门、制定风险防范和应对的预案、建立风险治理的领导机制，以及建立风险识别和评估机制、风险监控和预警机制、风险应对和救援机制等，我们可以更好地应对大型赛事中的各种风险挑战，为赛事的成功举办创造有利条件。最后，加强各个赛事组织者对于风险治理的理解和实践，提高赛事的风险治理水平，确保赛事的安全、公平和透明。②

二、职权与资源配置碎片化

　　在国内大型赛事风险治理实践中，职权与资源配置碎片化主要表现在以下几个方面：首先，政府部门间的职责划分不明确，容易导致风险治理过程中的权责不清、推诿扯皮现象；其次，资源配置不合理，可能导致某些关键领域风险治理投入不足，而其他非关键领域资源浪费；最后，由于信息不对称，各方在风险治理过程中往往缺乏有效沟通与协作，进一步加剧职权与资源配置的碎片化。

　　首先，职权碎片化导致了风险治理决策的分散。在大型赛事风险治理过程中，涉及多个部门和层级的职权，包括政府部门、赛事组织者、保险

---

① 付强.群众性体育赛事安全风险的防控治理［C］//中国体育科学学会体育管理分会.2023年第十一届全国体育管理科学大会论文摘要集.［出版者不详］，2023：26-27.

② 张李南.我国大型体育赛事风险指标体系构建研究［D］.西安：西安体育学院，2022.

公司等。这些部门和层级之间的职权界限模糊，往往导致决策权的分散，使得风险治理决策难以高效实施。在国内大型赛事风险治理实践中，职权碎片化是一个普遍存在的问题。它主要表现在赛事组织者、政府部门、安全机构等多个相关方在风险治理决策过程中的权责划分不明确，导致决策的分散和效率低下。赛事组织者作为赛事的主要承办方，应当对赛事风险治理负主要责任。① 然而，在实际操作过程中，赛事组织者可能将部分职责分配给政府部门或安全机构，导致权责不清。例如，在赛事安全保障方面，赛事组织者可能将一部分任务分配给公安部门，而公安部门在执行任务时可能又会涉及其他部门的工作范畴，这就使风险治理决策变得分散，难以形成统一和高效的决策体系。政府部门在赛事风险治理中的角色也相对模糊。由于赛事涉及多个政府部门的工作范畴，如公安、交通、卫生等，因此在决策过程中，各部门可能会从自身利益和职责出发，对风险治理提出不同意见，从而导致决策的分散。此外，政府部门之间的协调和沟通成本较高，也影响了风险治理决策的效率。安全机构在赛事风险治理中的作用不容忽视。安全机构通常负责赛事现场的安全保卫工作，但在实际操作中，安全机构与其他部门之间的沟通和协调往往不够充分，导致在应对突发事件时，各部门的反应速度和应对措施难以形成合力。总之，职权碎片化导致了国内大型赛事风险治理决策的分散。为了提高风险治理的效率和效果，有必要对赛事组织者、政府部门和安全机构的权责进行明确划分，加强各部门之间的沟通和协调，形成统一、高效的风险治理决策体系。在此基础上，赛事组织者还应建立健全风险评估、应急预案等制度，确保赛事风险得到有效控制。②

其次，资源配置碎片化影响了风险治理的效率。在当前国内大型赛事风险治理实践中，资源配置的碎片化问题日益突出，对风险治理的效率产生了显著的影响。具体而言，资源配置碎片化主要体现在以下几个方面：资金投入碎片化。在大型赛事风险治理过程中，资金投入的碎片化表现为

---

① 袁久鑫. 我国大众田径赛事安全风险管理研究——基于项目管理理论视角 [C] //中国体育科学学会体育管理分会. 2023 年第十一届全国体育管理科学大会论文摘要集. [出版者不详], 2023: 129-130.

② 高冉，徐百超，骆丁，等. 2020 年东京奥运会公共卫生应对策略对我国大型体育赛事风险防范与管理的启示 [J]. 四川体育科学，2022, 41 (02): 1-6.

各类资金来源分散，投入规模有限，难以形成有效的合力。这种情况导致政府在风险治理中的财政支持力度不足，同时，社会资本对于风险治理的投资也相对保守，使得整体风险治理的投入水平偏低。在实际操作中，资金投入的碎片化还可能导致资金使用效率低下，进一步削弱了风险治理的效果。人力资源配置碎片化。在大型赛事风险治理过程中，人力资源的配置碎片化主要体现在人才队伍的结构不合理、专业能力不足、跨部门协同困难等方面。首先，人才队伍的结构不合理，可能导致风险治理的专业化程度不高，难以应对复杂多变的风险挑战。① 其次，专业能力不足会影响风险识别、评估和处置的效率，降低整体风险治理水平。最后，跨部门协同困难会导致信息沟通不畅、资源共享不足，进而影响风险治理的实际效果。物资资源配置碎片化。在大型赛事风险治理过程中，物资资源的配置碎片化主要体现在物资储备不充分、调配机制不健全、应急物资保障能力不足等方面。首先，物资储备不充分会导致在风险发生时，应对措施无法及时到位，影响风险治理的效果。其次，调配机制不健全可能导致物资资源在关键时刻无法有效调配，使得风险治理的效果大打折扣。最后，应急物资保障能力不足会直接影响风险治理过程中救援力量的效率和效果。

综上所述，资源配置碎片化降低了国内大型赛事风险治理的效率，此外，职权与资源配置碎片化还导致了风险治理的信息不对称。在风险治理过程中，需要及时收集、整理和分析各种信息，以便做出及时、准确的决策。然而，由于职权和资源分散，信息共享和传递的机制不健全，导致信息不对称，影响了风险治理的质量和效果。职权与资源配置碎片化是大型赛事风险治理实践中面临的一个重要问题。要解决这一问题，需要通过改革和创新，建立有效的职权整合和资源协同机制，提高风险治理的效率和质量。

三、决策与行动碎片化

在我国，大型赛事风险治理的实践过程中，职权碎片化是一个显著的问题，它导致了风险治理决策的分散。这种现象的出现，源于多个部门和

---

① 池光鹏．我国大型群众性体育赛事安全风险评估指标体系构建研究［D］．天津：天津体育学院，2023．

机构在赛事管理中的职责划分不明确，使得风险治理工作在实际操作中出现了重复劳动和责任推诿的现象。赛事组织机构内部的管理职权碎片化，使得风险治理决策无法形成统一的策略。在我国，大型赛事的组织机构通常涉及多个部门和机构，例如体育部门、公安部门、卫生部门等。这些部门在赛事组织过程中，往往各自为政，对于风险治理的理解和执行也存在差异。因此，在制定风险治理决策时，各部门之间的意见分歧和利益冲突，导致了决策过程的复杂化和分散化。职权碎片化还导致了风险治理资源的浪费。各部门在赛事风险治理中的职责划分不明确，使得各部门在处理风险问题时，可能出现重复劳动和资源浪费的情况。① 例如，在赛事食品安全管理中，卫生部门和食品监管部门可能都会对食品进行检测，这样的重复劳动不仅增加了治理成本，还可能影响赛事的顺利进行。职权碎片化还可能影响赛事风险治理的效率。在风险治理决策分散的情况下，各部门之间的协调和沟通成本增加，可能导致治理工作的延误。② 例如，在应对突发事件时，各部门可能无法迅速达成一致意见，从而影响了应对风险的效率。职权碎片化导致了风险治理决策的分散，影响了我国大型赛事风险治理的效率和效果。为解决这一问题，有必要对赛事组织机构进行改革，明确各部门在风险治理中的职责划分，加强各部门之间的协调和沟通，形成统一的风险治理策略。同时，应加强对赛事风险治理工作的监督和评估，确保风险治理资源得到合理利用，提高赛事风险治理的整体水平。在大型赛事风险治理过程中，决策与行动碎片化主要表现在以下几个方面：首先，各方利益诉求不同，政府在制定风险治理政策时难以形成统一决策，导致决策过程漫长、效率低下；其次，在执行风险治理措施时，各方容易陷入各自为政的状态，缺少协同作战，从而降低整体风险治理效果。在当今社会，随着全球化和信息化的快速发展，各国的治理体系面临着前所未有的挑战。决策与行动碎片化作为"治理失灵"的一种表现，已经引起了广泛的关注。

在传统治理模式下，治理主体往往是政府及其附属机构。而在现代社

---

① 刘妍超. 中国大型体育赛事经济效益评价指标体系研究 [D]. 上海：上海财经大学，2022.

② 刘兵，吕万刚，邹溪楠，等. 马拉松赛事风险政府协调治理的理论内涵、现实困境与实现路径 [J]. 武汉体育学院学报，2022，56（12）：29-35.

会，治理主体已经呈现出多元化的趋势，包括政府、企业、社会组织和公民个人等。多元化的治理主体导致决策与行动的分散，难以形成统一的目标和行动计划。① 治理事务复杂化，随着科技、经济和社会的发展，治理事务越来越复杂，涉及多个领域和层面。在这种情况下，决策和行动的制定和执行变得更加困难，容易产生碎片化现象。信息传播快速化，互联网和社交媒体的发展使得信息传播速度加快，各种信息充斥在人们的生活中。这使得决策者和行动者难以全面、准确地掌握信息，容易导致决策和行动的碎片化。②

决策与行动碎片化给治理带来了一系列影响和挑战，包括：

1. 信息过载

在信息爆炸的时代，政府、企业和个人面临海量信息，需要在有限的时间内做出决策。这使得决策者容易陷入信息过载的困境，难以对所有信息进行深入分析，从而影响决策的质量。信息过载是现代社会中一个普遍存在的问题，特别是在互联网和社交媒体的普及下，人们每天都要接收到大量的信息。这些信息来自各种渠道，包括新闻、社交媒体、电子邮件、广告等，使得人们难以有效地处理和利用这些信息。因此，信息过载不仅会导致人们做出决策和行动碎片化，还会影响人们的生产力和生活质量。信息过载会影响人们的思维方式和行为模式。当人们面临过多的信息时，他们可能会感到压力和焦虑，导致他们无法集中精力处理信息。这可能会导致人们做出决策和行动碎片化，因为他们无法全面考虑所有的信息，而只能关注其中的一部分。此外，信息过载还会导致人们过度依赖外部信息，而忽略了自己的内部信息。这可能会使人们失去自己的判断力，而只是跟随外部信息做出决策。③

信息过载还会影响人们的生活质量。当人们面临过多的信息时，他们可能会感到疲惫和压力，这可能会影响他们的身体健康和精神健康。此外，信息过载还会影响人们的人际关系，因为人们可能会过度依赖社交媒

① 张恩儒，尹海立，李赵鹏. 以价值位阶论体育赛事公共安全风险防控的桎梏与救赎[J]. 吉林体育学院学报，2022，38（01）：1-7.

② 宁怡夏，吴明才. 我国大型体育赛事风险规避研究——以 2021 年白银市百公里越野赛事件为例[J]. 体育科技文献通报，2022，30（01）：228-230.

③ 张洪波. 大型国际体育赛事风险提炼和安保治理[J]. 江苏警官学院学报，2017，32（06）：21-27.

体和其他数字媒体，而忽略与他人的面对面交流。这可能会导致人们感到孤独和隔阂，从而影响他们的生活质量。为了解决信息过载的问题，人们可以采取一些措施。例如，人们可以学会有效地处理信息，比如通过筛选和组织信息，以便更容易地理解和利用信息。人们还可以尝试减少信息的来源，以避免过多的信息干扰他们的思维和决策。此外，人们还可以增加与他人的面对面交流，以建立更真实、更亲密的人际关系。

2. 决策分散

决策与行动碎片化意味着决策权下放，越来越多的部门、机构和个体可以参与决策过程。虽然这有助于提高决策的灵活性和适应性，但过度的分散决策可能导致资源浪费、效率低下和政策冲突。随着互联网的普及和信息传播速度的加快，人们面临的信息和决策问题越来越多。在这种情况下，决策与行动碎片化的现象逐渐显现，人们需要在众多的信息和决策中做出选择，而这种决策分散的现象也随之出现。①

决策分散使得人们在决策时需要花费更多的时间和精力，从而降低了决策的效率。在碎片化的决策过程中，人们容易受到外界因素的干扰，导致决策的质量下降。决策分散使得人们在面对问题时容易产生焦虑和恐慌，从而增加了心理压力。决策分散的现象给人们带来了诸多困扰。要想解决这个问题，人们需要提高信息处理能力、建立有效的决策机制，学会分配决策时间，从而更好地应对决策分散带来的挑战。

3. 协调难题

碎片化决策和行动可能导致不同部门、机构和个体之间的协调难题。缺乏有效的协调机制，容易造成政策执行不力、资源配置失衡和公共利益受损。在当今社会，决策碎片化已经成为一个日益严重的问题，特别是在组织和管理领域。在这样的背景下，协调难题成为决策者必须面对和解决的关键挑战之一。

在决策过程中，不同部门或个体可能拥有不完全相同的信息。这导致信息传递不畅，影响决策的制定和执行，在各部门或个体在决策过程中可能会优先考虑自身利益，从而产生冲突和矛盾，影响决策的协调性。随着

---

① 田玉戈，石振国，马超. 回顾与展望：我国大型体育赛事风险研究述评［J］. 湖北体育科技，2021，40（12）：1054-1058.

组织规模的扩大,决策权可能分散在多个部门或个人手中。这导致决策过程中难以形成统一的意见和方向。由于文化、语言和地域差异,决策者在协调过程中可能面临沟通障碍,影响决策的有效实施。

协调难题导致决策过程中产生大量不必要的摩擦和冲突,使得决策效率降低,甚至可能导致决策无法进行。由于决策协调性差,可能导致资源分配不合理,甚至出现重复投资和资源浪费的现象。协调难题可能导致组织内部出现矛盾和冲突,影响组织的稳定性和凝聚力。在决策协调性差的组织中,可能无法及时抓住发展机遇,影响组织的竞争力和市场份额。决策碎片化背景下的协调难题对组织的发展产生严重影响。要应对这一挑战,组织需要从信息共享、跨部门协同、决策权力分配和沟通能力等方面入手,不断提高决策的协调性和有效性。[①]

4. 责任模糊

决策与行动碎片化使责任分配更加复杂,一旦出现问题,很难界定责任归属。这可能导致责任逃避、推诿现象,影响治理效能。在现代社会中,决策与行动碎片化的问题日益严重,尤其在责任模糊这方面表现得尤为突出。将从以下几个方面来探讨责任模糊对决策与行动碎片化的影响。

首先,责任模糊导致决策和行动过程中的权责界定不清晰。在碎片化的决策和行动过程中,不同部门和个体之间的权责界限模糊,往往导致任务分配不均、工作效率低下和资源浪费等问题。因此,在决策和行动过程中,明确各个部门和个体的权责,对于提高工作效率、减少资源浪费具有重要意义。[②]

其次,责任模糊加剧了决策和行动过程中的信息不对称。在碎片化的决策和行动过程中,信息的传播和沟通容易出现断层和失误,导致信息的不对称。这不仅会影响决策的质量和效果,还可能导致行动的失误和资源的错配。因此,加强信息的共享和沟通,确保决策和行动过程中的信息对称性,是提高决策和行动效率的关键。此外,责任模糊还可能导致道德风险。在碎片化的决策和行动过程中,个体和部门之间的责任界定不清晰,使得一些不道德甚至违法的行为得以滋生。这种道德风险不仅会影响社会

---

① 杜卫提,孙珂. 基于 SEM 的大型体育赛事风险识别与评价 [J]. 通化师范学院学报,2021,42 (12):116-123.

② 段绪来. 以城市品牌为导向的体育赛事治理研究 [D]. 北京:北京体育大学,2016.

公平和正义，还会对整个社会的稳定和发展造成严重威胁。因此，强化道德教育和法治建设，提高社会成员的道德素质和法治意识，是防范道德风险、维护社会稳定的重要途径。

责任模糊是导致决策与行动碎片化的重要原因之一。要解决这一问题，我们需要从明确权责界定、加强信息沟通和防范道德风险等方面入手，以期提高决策和行动效率，推动社会的和谐与进步。

5. 政策稳定性降低

碎片化决策容易受到政治、经济和社会环境变化的影响，使得政策呈现出较强的波动性。政策的不稳定性可能影响市场信心、社会预期和长远规划。随着社会的发展和变化，政策稳定性降低成了一个越来越普遍的现象。下面我们将重点探讨政策稳定性降低的原因和其对社会的影响。全球化的推进使得各国之间的联系更加紧密，政策制定者需要面对更多的外部因素。全球性的经济、政治、文化等问题都会对政策制定产生影响，使得政策的稳定性降低。科技的快速发展也为政策制定带来了挑战。新的科技和通信技术的发展，使得政策制定者需要更快速地做出反应，以适应技术的发展。这也使得政策的稳定性降低。社会的多元化也是导致政策稳定性降低的原因之一。随着社会的多元化发展，不同的利益群体对政策的诉求也不同，政策制定者需要更充分地考虑各方的利益，这也使得政策的稳定性降低。[①]

政策稳定性降低对社会的影响是多方面的。首先，政策的稳定性降低会导致政策的连续性受到影响，政策的效果可能难以持久。其次，政策的稳定性降低会增加政策的不确定性，这可能会导致社会的焦虑和不安。最后，政策的稳定性降低可能会导致政策的实施难度增加，政策的执行效果可能会受到影响。总的来说，政策稳定性降低是当前社会面临的一个重要问题，需要政策制定者和执行者充分认识到其重要性，采取有效措施来提高政策的稳定性，以促进社会的稳定和发展。

6. 监管难度加大

随着决策与行动的碎片化，监管对象变得更加多样化和复杂化。这使

---

① 刘帅. 我国城市马拉松参赛风险评估体系及化解策略 [D]. 武汉：武汉体育学院，2022.

得监管部门在有限的资源下，难以实现全面有效的监管，从而影响治理效果。在现代社会中，决策和行动的复杂性不断增加，各种信息和数据的涌现使得决策者面临前所未有的挑战。在这个过程中，监管难度的加大成为一个不可忽视的问题。

首先，监管难度的加大源于信息技术的飞速发展。互联网、大数据和人工智能等技术手段为信息的传播和处理提供了便捷途径，同时也加剧了信息过载的问题。在海量的信息中，决策者需要辨别真假、评估影响并做出正确决策，这无疑增加了监管的难度。此外，信息技术的发展也使得各种非法行为和犯罪活动更具隐蔽性，加大了监管的难度。

其次，全球化进程的加速也使监管难度加大。随着全球贸易、资本流动和人员往来的日益频繁，各国的政策制定和监管需要考虑国际因素，协调不同国家之间的政策和法规。在这个过程中，各国之间的利益冲突、文化和价值观念的差异等因素都增加了监管的难度。

再者，市场的不确定性和风险也导致监管难度加大。在市场竞争中，企业为了追求利润，可能会采取不道德甚至非法的手段。例如，企业可能会进行价格操纵、虚假宣传等行为，这都给监管带来了挑战。此外，金融市场的波动性和风险性也使得监管者需要时刻关注市场动态，以确保金融市场的稳定和安全。

最后，监管体制和机制的不完善也是监管难度加大的原因之一。在一些国家和地区，监管体制存在权力分散、职责不清、执法不严等问题，这给监管工作带来了困难。为了解决这些问题，有必要对监管体制进行改革和完善，提高监管效率和效果。总之，监管难度的加大对决策和行动产生了重要影响。面对监管难度加大的挑战，决策者需要不断提高自身的信息处理能力、风险识别和应对能力，同时加强国际合作，共同应对全球性监管难题。此外，还需要通过改革监管体制和机制，提高监管效能，以保障社会经济的稳定和健康发展。应对决策与行动碎片化带来的挑战，需要加强信息处理能力，提高决策效率；优化决策结构，平衡决策分散与集中；建立健全协调机制，促进部门、机构和个体之间的协同合作；明确责任分配，强化责任意识；保持政策稳定性，维护市场信心和社会预期；加强监管能力，提高治理效能。

四、风险治理能力碎片化

随着全球化的推进和我国经济的快速发展，风险问题逐渐成为社会各界关注的焦点。风险治理能力碎片化作为风险治理领域的一个重要现象，引发了广泛的讨论。风险治理能力碎片化是指在风险治理过程中，各个参与主体在职责、权限、信息、资源等方面存在分散、不协同的现象，导致风险治理效果不佳。在大型赛事中，这种现象主要表现在以下几个方面：

1. 政府部门与赛事组织者之间的协调不足

在我国，大型赛事风险治理实践的"碎片化"困境在很大程度上源于政府部门与赛事组织者之间的协调不足。这种协调不足主要表现在以下几个方面：

首先，政府部门和赛事组织者在赛事筹备阶段的沟通不畅。政府部门可能没有充分了解赛事组织者的需求，导致在制定相关政策时无法完全符合实际情况。同时，赛事组织者也可能未能及时向政府部门反馈问题，使得政策制定和实施存在一定的脱节。

其次，政府部门在赛事进行中对赛事组织者的监督和指导不够。在一些关键环节，如安保、医疗等方面，政府部门需要加强对赛事组织者的监督，确保赛事顺利进行。然而，在实际操作中，政府部门可能因人力、物力等资源有限，无法对赛事组织者进行全面有效的监督。

此外，政府部门与赛事组织者在赛事结束后的总结和反馈方面也存在不足。一些政府部门可能过于关注赛事的顺利进行，而忽视了赛后总结和反馈的重要性。这导致在下一届赛事筹备时，同样的错误可能再次发生，从而影响大型赛事风险治理的整体效果。

综上所述，政府部门与赛事组织者之间的协调不足是国内大型赛事风险治理实践"碎片化"的主要原因之一。为了解决这一问题，政府部门和赛事组织者需要加强沟通、提高监督力度，并在赛事结束后进行充分的总结和反馈。这样，才能更好地保障大型赛事的顺利进行，降低风险。

2. 赛事组织者内部各部门之间的协同不力

在国内大型赛事风险治理实践中，赛事组织者内部各部门之间的协同不力是一个重要的困境。这种协同不力可能导致决策混乱、资源浪费、工作效率低下，甚至可能影响到赛事的顺利进行。在大型赛事的组织过程中，需要协调多个部门共同完成各项工作。然而，由于各个部门之间的沟通不畅，信息传递容易出现延误或失真，导致决策者无法及时了解实际情况，从而增加了风险的发生概率。

在赛事筹备过程中，各个部门对资源的竞争可能导致资源分配不合理。某些关键部门可能因为资源不足而无法有效开展工作，而其他非关键部门却可能存在资源浪费现象。这种资源分配的不合理将直接影响到赛事的顺利进行和风险防范效果。赛事组织者内部各部门之间的协同不力，这是一个广泛存在的问题，它可能导致赛事策划、筹备和执行过程中出现各种问题，从而影响到赛事的顺利进行和整体效果。为了更好地理解和解决这个问题，我们首先需要了解赛事组织者内部各部门的职责和相互关系①。

赛事组织者通常包括以下部门：

策划部：负责制定赛事的总体策划方案，包括赛事目标、主题、规模、预算、时间表等。竞赛部：负责组织和监督赛事的竞赛环节，包括选手选拔、比赛规程制定、裁判员选派等。运营部：负责赛事的执行和运营工作，包括场地布置、物资采购、选手接待、观众管理等。市场部：负责赛事的宣传和推广工作，包括媒体合作、广告投放、公关活动等。财务部：负责赛事的财务管理，包括预算控制、成本核算、收入管理等。

在这些部门中，策划部、竞赛部和运营部是赛事组织的核心部门，它们的工作直接关系到赛事的成败。然而，这三个部门之间往往存在着协同不力的问题。

在大型赛事的组织过程中，各个部门的工作进度可能不一致。部分部门可能因为各种原因导致工作进度滞后，这将对整个赛事的筹备工作产生负面影响。同时，工作进度的差异可能导致各部门之间的协同出现问题，进一步加大风险的发生概率。在赛事组织过程中，各部门之间的责任划分不明确可能导致责任推诿和懈怠现象。一旦出现问题，各部门可能会互相推诿责任，从而影响到风险治理的效果。

在国内大型赛事风险治理实践中，赛事组织者内部各部门之间的协同不力是一个需要关注的问题。通过加强沟通、合理分配资源、监控工作进

---

① 唐钧，安东元会，王勇．大型体育赛事风险控制：促精细化、增集成度、提承受力[J]．中国减灾，2021（15）：40-45．

度以及明确责任划分等措施，有望提高赛事组织者内部各部门之间的协同效果，从而更好地应对风险挑战。

3. 赛事组织者与地方相关部门之间的合作不够紧密

大型赛事涉及的领域广泛，需要与公安、交通、卫生等多个部门密切配合。在实际操作中，这些部门之间可能存在信息不通畅、资源不共享等问题，影响风险治理效果。在国内大型赛事风险治理实践中，赛事组织者与地方相关部门之间的合作不够紧密是一个重要的挑战。这种"碎片化"的合作方式可能导致信息沟通不畅、资源分配不均、协调效率低下，进而影响赛事的顺利进行和风险防范效果。

在大型赛事的筹备和进行过程中，赛事组织者需要与地方相关部门就诸多事项进行沟通协调，如安保、医疗、交通等。然而，双方沟通渠道不畅通，信息传递容易出现遗漏或误解，导致实际操作中出现问题和风险。赛事组织者和地方相关部门在资源分配上可能存在矛盾，尤其是在资金、人力、物资等方面。这可能导致赛事筹备过程中的资源浪费，以及现场救援、安全保障等环节的不足，进一步加大赛事风险。由于赛事组织者与地方相关部门之间的合作不够紧密，协调工作效率可能受到影响。在面临突发事件或紧急情况时，双方的协调不力可能导致应对措施迟缓，延误最佳处理时机，进而加剧风险。赛事组织者与地方相关部门之间的紧密合作是解决国内大型赛事风险治理"碎片化"困境的关键。通过加强沟通、合理分配资源、提高协调效率和明确责任划分，有望实现风险治理的有效性和实效性。

第三节　"碎片化"：实践困境的时代表征

在当前社会环境中，决策和行动的碎片化已经成为一个普遍现象，尤其在应对国内大型赛事风险治理实践中表现得尤为突出。这种碎片化困境不仅增加了决策的复杂性，也为实际的行动执行带来了挑战。首先，决策的碎片化使得决策者需要处理大量的信息，这无疑增加了决策的难度。在国内大型赛事风险治理实践中，涉及的领域广泛，包括安全管理、公共卫生、交通管理、赛事组织等，任何一个环节的决策失误都可能引发连锁反应，造成严重后果。因此，如何在大量的信息中进行有效的决策，是决策者面临的一大挑战。其次，行动的碎片化也对实际的行动执行带来了挑战。由于决策的碎片化，各个部门可能根据自己的理解和职责进行行动，这可能导致行动的冲突和混乱。① 在国内大型赛事风险治理实践中，如果各个部门不能协同工作，统一行动，就可能造成风险管理的失效，甚至引发更大的风险。针对这种碎片化困境，我们需要采取有效的应对策略。首先，建立有效的信息共享机制，使得各个部门可以及时获取所需的信息，避免因为信息不足而导致的决策失误。其次，建立协同工作的机制，使得各个部门可以在统一领导下协同工作，避免行动的冲突和混乱。总的来说，应对决策和行动的碎片化带来的挑战，需要我们通过有效的决策机制和行动机制，来确保国内大型赛事风险治理的有效性。

一、主体追逐非公利益是根本原因

在当前社会中，碎片化现象日益严重，这不仅体现在信息传播、人际关系等方面，也体现在社会实践领域。其中，主体追逐非公利益被认为是导致碎片化现象的根本原因之一。首先，我们需要明确什么是非公利益。非公利益指的是个人或团体在公共利益之外，追求自身特殊利益的行为。这种行为往往会导致资源分配不公，社会结构失衡，从而使得整个社会陷入碎片化状态。从历史上看，人类社会的发展历程就是一个不断追求公利益，抑制非公利益的过程。但是，随着现代社会的到来，非公利益逐渐崛起，成为主导社会行为的重要力量。特别是在我国改革开放以来，随着市场经济的发展，非公利益得到了更大的发展空间，主体追逐非公利益的现象也越来越普遍。具体来说，主体追逐非公利益导致碎片化现象的表现主要有以下几个方面：首先，资源分配不公。在非公利益的驱动下，资源往往会流向那些具有较强利益相关性的领域，而那些没有利益关系的领域则难以获得资源。这就会导致整个社会的资源分配呈现出不均衡的状态，进而使得社会陷入碎片化状态。其次，社会结构失衡。非公利益的追求往往会使得社会结构失衡，这主要表现在两个方面：一是社会阶层结构失衡，

---

① 王昕，章璐. 人工智能时代学校信息安全：风险表征与化解路径［J］. 生活教育，2022（08）：111-117.

二是社会利益结构失衡。这两个方面的问题都会导致社会陷入碎片化状态。最后，社会协作困难。在非公利益的驱动下，各个主体往往会追求自身的利益，而忽视社会的整体利益。这就会导致社会协作的困难，进而使得社会陷入碎片化状态。

二、传统行政理念是观念障碍

随着社会的发展和变化，我们面临着越来越多的实践困境，而"碎片化"成了这一时代的一个重要表征。在诸多影响因素中，传统行政理念的僵化和滞后，成了阻碍我们有效应对"碎片化"挑战的重要观念障碍。

在传统行政理念中，权力与层级紧密相连，上级对下级拥有绝对的指挥权。这种等级观念不仅限制了信息的流通和共享，还容易导致决策的僵化和效率的低下，难以适应"碎片化"时代对灵活性和创新性的要求；传统行政理念倾向于维护现状，对变革持有怀疑和抵触的态度。在"碎片化"时代，这种保守观念使得我们在面对复杂多变的形势时，难以做出及时有效的调整和应对；传统行政理念强调对社会的管理和控制，而非服务和引导。这种管理主义导致政府在面对"碎片化"问题时，往往采取过于强势的手段，试图通过强制性手段来恢复秩序，而不是从源头上解决问题。传统行政理念中的等级观念和保守观念，导致政府部门间的信息流通不畅，难以实现高效的协同。在"碎片化"时代，这种信息孤岛现象使得我们无法充分利用资源，提高解决问题的效率。[①] 传统行政理念的保守性，使得政府在面对"碎片化"问题时，往往陷入墨守成规、因循守旧的困境，无法及时调整政策和策略，以适应不断变化的环境。传统行政理念中的管理主义，使得政府在应对"碎片化"问题时，过于强调秩序和控制，而忽视了民众的需求和利益。这种做法不仅容易引发民众的反感，还可能进一步加剧社会矛盾。总之，传统行政理念作为观念障碍，对我们在"碎片化"时代的实践困境产生了深远的影响。因此，要想有效应对"碎片化"挑战，我们必须摒弃传统行政理念的束缚，积极创新和变革，以适应新时代的要求。

---

① 赵磊磊，张黎，王靖．智能时代教育数据伦理风险：典型表征与治理路径 [J]．中国远程教育，2022（03）：17-25，77．

三、专业化分工的局限是体制障碍

在当前的国内大型赛事风险治理实践中，专业化分工的局限性是体制障碍的一个重要表现。具体来说，专业化分工在提高工作效率和优化资源配置方面具有显著的优势，但同时也存在一些不足，这些不足在一定程度上制约了国内大型赛事风险治理的有效性和可持续性。

首先，专业化分工导致风险治理过程中信息传递和沟通的障碍。由于各个部门和岗位的职责划分明确，往往容易产生信息不对称和沟通不畅的问题。在风险治理实践中，这种问题可能导致对风险识别和评估的准确性不足，进而影响风险应对策略的制定和执行。其次，专业化分工可能导致风险治理的"碎片化"。在分工过细的情况下，各个部门和岗位往往只关注自己职责范围内的风险，容易忽视其他部门和岗位可能面临的风险。这种"碎片化"的风险治理模式难以对整个赛事风险进行全面把握，容易造成风险防控的盲区和漏洞。此外，专业化分工还可能导致风险治理资源的浪费。在分工过细的情况下，可能会出现重复劳动和资源浪费的现象，从而降低整体的风险治理效率。同时，过度的专业化分工也可能导致人才流失和经验传承的困难，进一步削弱风险治理的能力和水平。专业化分工在风险治理实践中具有一定的局限性，这种局限性在国内大型赛事风险治理中表现为体制障碍。为克服这一障碍，有必要在风险治理实践中加强对各部门和岗位之间的协同和沟通，形成统一、协调、高效的风险治理体系。同时，要关注人才培养和经验传承，提高整体的风险治理能力和水平，确保国内大型赛事的顺利进行。

四、制度供给不足是协作障碍

随着社会的发展，人们逐渐进入一个"碎片化"的时代，这一现象在各个领域都有所体现。在实践中，制度供给不足往往成为协作过程中的障碍，导致工作效率低下，进一步加剧了"碎片化"现象。在现实工作中，制度的不完善往往会导致资源的浪费。由于缺乏明确的制度规定，人们在进行协作时可能会出现重复劳动、资源争夺等现象，从而降低了工作效率。此外，制度不完善还可能导致一些潜在的风险，如权力滥用、信息泄露等，给组织带来不必要的损失。

即使有完善的制度，如果执行不力，也难以发挥其应有的作用。在实际协作过程中，一些人可能会因为个人利益或其他原因，对制度视而不见，从而导致协作效果大打折扣。此外，制度执行不力还可能导致组织内部出现权力斗争、官僚主义等问题，进一步削弱协作效率。随着社会的发展，制度也需要不断更新和完善，以适应新的实践需求。然而，在现实中，很多制度的更新滞后于实际需要，这往往会对协作产生负面影响。一方面，过时的制度可能导致协作过程中的资源配置不合理，无法满足实际需求；另一方面，制度更新滞后也会影响人们的积极性和创新性，使协作陷入僵化状态。

综上所述，制度供给不足是导致"碎片化"现象的重要原因之一。为了应对这一问题，组织应该加强对制度的制定、执行和更新等方面的投入，以提高协作效率，减少"碎片化"现象。

第六章

国内大型体育赛事风险的整体性治理机制及突破路径

本章分析整体性治理理论运用的可能性和契合性，并在此基础上探索国内大型体育赛事风险的优化治理机制和突破路径。笔者的基本观点是：整体性社会风险治理模式契合现代大型体育赛事复合性、关联性和跨界性的社会风险特性，可以有效解决其社会风险治理存在的碎片化问题。

第一节　整体性治理理论运用的可能性和契合性

一、整体性治理理论与模式

（一）整体性治理理论

整体性治理理论产生于 20 世纪 90 年代的西方国家，是在对新公共管理理论反思和完善的基础上，构建的一个新公共服务供给模式。其代表人物为佩里·希克斯（Perri Six）。佩里·希克斯在 1997 年提出了整体性治理理论。他认为整体性治理是一种借助信息技术手段，建立整合、协调机制，对功能、层级、公私部门关系等碎片化治理问题进行协同与整合的治理过程。①

整体性治理理论的核心思想是通过整合、协调和协同不同部门之间的工作，提高公共服务的效率和质量。在应急联动方面，可以通过借鉴和应

---

① 林晓兰，叶淑静. 社区自治与共治的模式整合及其优化路径——以苏州市山池街道为例[J]. 学习与实践，2021（12）：112-121.

用整体性治理理论，建立多部门协作和资源整合的机制，更好地应对大型体育赛事社会风险治理的"碎片化"困境。

在整体性治理理论中，信息技术手段是实现协同合作的重要工具。通过建立信息共享平台、数据管理系统等，可以促进各部门之间的信息交流和资源共享，提高决策的科学性和透明度。此外，整体性治理还强调公私部门的合作，通过政府与私营部门、非营利组织等之间的合作，实现资源的优化配置和公共服务的多元化供给。

整体性治理理论并非排斥和彻底否认传统官僚制治理模式，而是立足于其组织基础，主张克服其组织运转不畅的缺陷，以大部制整合社会风险治理流程，避免分权化、分散化，运用信息平台进行权力配置和资源共享，重构治理参与者的信任关系。

整体性治理理论可以应用于多个领域，如政府管理、公共服务、环境保护等。在应急联动方面，整体性治理理论也可以提供一定的参考。例如，在应对自然灾害或公共卫生事件时，需要多个部门协作和整合资源，包括救援、医疗、交通、通信等多个方面。通过整体性治理，可以更好地协调各部门之间的工作，提高应急联动的效率和效果。

在我国，应急管理的高度重视始于2003年的"非典"疫情管控。应急管理部的成立是中国应急管理体制改革的重要里程碑，标志着中国应急管理体系已经进入了一个全新阶段。在应急管理部的统一领导下，各种应急力量和资源得到了更好的整合和优化，使得在应对突发事件时可以更加及时、有效地进行处置。①

（二）整体性治理模式

整体性治理模式是一种新兴的风险管理理念，它强调在复杂的社会环境中，多个领域、多个部门和多个主体之间需要进行协同合作，以实现社会风险的有效管理和控制。这种模式着眼于风险的全面性、关联性和跨界性，通过跨部门、跨领域、跨主体的协同合作，形成风险治理的整体合力。

---

① 严小丽. 应急联动：一个基于整体性治理理论的基本框架 [J]. 信阳师范学院学报（哲学社会科学版），2022，42（01）：43-48.

整体性治理模式的基本概念是，以公民需求为治理导向，以信息技术为治理手段，以协调、整合、责任为治理机制，对治理层级、功能、公私部门关系及信息系统等碎片化问题进行有机协调与整合，不断从分散走向集中、从部分走向整体、从破碎走向整合，为公民提供无缝隙且非分离的整体型服务的政府治理图式。这种治理模式的目标是实现公共利益的最大化，提供全面、高效、公正、透明的公共服务。①

整体性治理模式的特点包括：

1. 以公民需求为导向：整体性治理模式将公民的需求和反馈作为决策的核心，通过了解公民的需求和偏好，调整政策和服务方向，以满足他们的期望。

2. 信息技术为治理手段：通过利用现代信息技术，如大数据、人工智能、云计算等，整体性治理模式可以提高决策的精准度、服务的效率和质量。

3. 协调和整合：整体性治理模式注重协调和整合各个政府部门、公私部门之间的关系，以及它们各自的功能和层级。通过消除信息壁垒、优化资源配置，实现服务的整体性和高效性。

4. 责任机制：整体性治理模式强调政府对公民的责任，要求政府在提供服务时保持透明、公正和负责。同时，也强调各部门之间的相互责任和协作。

5. 提供整体型服务：整体性治理模式的最终目标是提供整体型服务，即将政府的各种服务整合在一起，形成一个统一、全面的服务体系。这样可以方便公民获取服务，提高服务的质量和效率。

在实践中，整体性治理模式已经取得了一些成功案例。例如，一些城市通过整合各种公共服务资源，建立了一站式的公民服务中心，方便了公民办理各种事务。整体性治理模式的目标是提高治理效能，以满足公民的需求和实现公共利益的最大化。它强调的是政府内部机构和部门之间的协同工作，以解决社会问题。整体性治理模式旨在实现以下几个方面的整合：

---

① 史云贵，周荃. 整体性治理：梳理、反思与趋势［J］. 天津行政学院学报，2014，16（05）：3-8.

1. 政策制定和执行的整合：整体性治理模式强调政策制定和执行的协调和整合，以确保政府政策的一致性和有效性。

2. 公共服务供给的整合：整体性治理模式通过整合公共服务供给，提高服务质量和效率，以满足公民的需求。

3. 政府内部机构的整合：整体性治理模式通过协调和整合政府内部机构和部门，减少碎片化和重复性工作，提高政府整体的工作效率。

4. 信息系统的整合：整体性治理模式通过整合政府信息系统，实现信息的共享和流通，提高政府决策的准确性和效率。

整体性治理模式是一种创新的政府治理模式，有助于提高政府的效率和公共服务的质量，满足公民的需求。

二、整体性社会风险治理模式可以有效解决大型体育赛事社会风险治理中存在的"碎片化困境"问题

整体性治理模式对于有效应对大型体育赛事社会风险特性具有显著意义，可以有效地解决职权与资源配置"碎片化"问题。主要原因在于以下几个方面：

1. 整合资源：整体性治理模式可以有效地整合各种资源，包括人力、物力、财力等，以提高治理效率。在大型体育赛事的风险治理中，需要各种资源的支持，如安保资源、舆情监控资源等。通过整合这些资源，可以形成有效地协同效应。

2. 协同运作：整体性治理模式强调各利益相关方之间的协同运作，以实现资源的共享和互补。在大型体育赛事的风险治理中，需要各方的共同参与和协作，如主办方、承办方、协办方、赞助商等。通过协同运作，可以形成有效的风险防范和应对机制。

3. 统一指挥：整体性治理模式强调统一指挥和统一行动，以避免"多头管理"和"碎片化"问题。在大型体育赛事的风险治理中，需要有一个权威的指挥机构来统一指挥和协调各方的工作，以确保治理工作的有效性和高效性。

4. 全面评估：整体性治理模式强调对治理工作的全面评估和反馈，以不断优化治理方案和提高治理效果。在大型体育赛事的风险治理中，需要对各项治理工作进行全面的评估和反馈，以便及时发现问题和解决问题。

具体说，整体性治理模式可以有效解决下列四大"碎片化"困境。

（一）整体性治理模式可以有效解决大型体育赛事社会风险治理中存在的公共价值"碎片化"问题

整体性治理模式强调政府不同部门之间的协同合作，以实现公共价值的最大化。在大型体育赛事的社会风险治理中，由于涉及的部门和利益相关者众多，公共价值的碎片化问题往往较为突出。

整体性治理模式通过建立跨部门的信息共享平台和协调沟通机制，可以有效地解决公共价值碎片化问题。一方面，通过信息共享平台，各部门可以及时获取赛事相关的信息和数据，了解其他部门的资源和需求情况，从而更好地协调自己的行动；另一方面，通过协调沟通机制，各部门可以共同商讨赛事社会风险治理的策略和措施，共同确定责任主体和行动计划，从而实现资源的优化配置和整体效能的最大化。

整体性治理模式还强调公众参与和透明度，通过加强与社会各界的联系和沟通，可以增强公众对赛事社会风险治理的认知和理解，提高公众的参与度和支持度。同时，通过公开透明的信息披露机制，可以加强社会监督和舆论监督，促进各部门更加负责地履行职责，提高社会风险治理的整体效能。

此外，整体性治理模式还可以通过建立有效的问责机制来进一步解决公共价值碎片化问题。在大型体育赛事的社会风险治理中，由于涉及的利益相关者众多，问责机制的缺失往往会导致权责不清、效率低下等问题。整体性治理模式通过明确各部门的职责和责任主体，可以建立有效的问责机制，对不履行职责或执行不力的部门进行问责，从而确保社会风险治理工作的有效开展。

（二）整体性治理模式可以有效解决大型体育赛事社会风险治理中存在的职权与资源配置"碎片化"问题

该模式强调跨部门、跨领域的协调和整合，通过建立统一的领导机构、完善的工作机制和有效的信息共享平台，实现各部门的协同作战和资源共享。通过整体性治理模式的实施，可以建立起大型体育赛事社会风险治理的长效机制，促进政府部门之间的协作和配合，形成合力。同时，该模式还强调对体育赛事的全程监管和风险评估，提前发现和评估可能存在的风险和隐患，制定相应的应对措施，避免社会安全事件的爆发。

（三）整体性治理模式可以有效解决大型体育赛事社会风险治理中存在的决策与行动"碎片化"问题

整体性治理模式可以通过以下几个方面来解决大型体育赛事社会风险治理中的碎片化问题：

1. 建立跨部门协调机制：通过建立跨部门的风险治理协调机制，可以有效地协调不同部门之间的行动，避免出现部门之间的相互掣肘和重复劳动，提高治理效率和效果。

2. 整合信息资源：大型体育赛事社会风险治理需要处理大量的信息，包括安全保障、环境保护、公共卫生等方面的信息。整体性治理模式可以有效地整合这些信息资源，避免信息孤岛现象，提高信息利用效率。

3. 形成协同效应：整体性治理模式可以促进不同机构之间的协同合作，形成协同效应，提高整体效能。例如，在安全保障方面，可以协调公安、消防、医疗等部门的力量，形成全方位的安全保障体系。

4. 加强监管和评估：整体性治理模式可以加强对大型体育赛事社会风险治理的监管和评估，确保治理工作的有效性和规范性。同时，通过对治理效果的评估，可以及时发现问题和不足，进一步完善治理机制。

（四）整体性治理模式可以有效解决大型体育赛事风险治理能力"碎片化"问题

整体性治理模式强调从宏观的顶层架构出发，以全面、系统、多维的视角对大型体育赛事的社会风险进行治理。这种模式注重组织与部门之间的协调与整合，既满足了组织强制力下的团结，又能够相互协调各自的目标，解决组织间目标的冲突，从而形成一种持久的有机团结。

在具体实践中，整体性治理模式可以采取以下几种策略来有效地解决大型体育赛事社会风险治理中存在的赛事举办者风险治理能力碎片化问题：

1. 建立跨部门的风险治理协调机制：通过建立跨部门的风险治理协调机制，可以加强各相关部门之间的沟通与合作，实现信息共享和资源整合，从而形成协同效应，提高整体风险治理能力。

2. 加强赛事举办者的风险管理能力培训：通过加强赛事举办者的风险

管理能力培训，可以提高他们对风险识别、评估、监控和应对的能力，从而更加有效地进行风险治理。

3. 制定全面的风险应对方案：在赛事筹备阶段，赛事举办者可以与相关部门合作，制定全面的风险应对方案，包括针对可能出现的各种风险的应对措施和应急预案，从而在赛事举办过程中能够迅速应对各种突发赛事风险。

三、整体性治理模式对未来大型体育赛事风险治理的启示

整体性治理模式对未来大型体育赛事风险管理具有重要的启示作用。

1. 动态风险管理：未来的大型体育赛事风险管理应更加注重动态性。随着赛事的进展和环境的变化，风险也会发生变化。整体性治理模式要求我们在赛事进行中不断监测风险，及时调整风险管理策略，以适应不断变化的环境。

2. 多元化风险管理：由于大型体育赛事的参与者和观众来自不同地区和文化背景，因此风险管理需要考虑到多元化的特点。整体性治理模式可以促进不同文化的交流和理解，以减少文化差异带来的风险。

3. 全周期风险管理：大型体育赛事的风险管理不应仅局限于赛事期间，而应该覆盖赛事的全周期。从赛事策划、宣传、现场管理到后续的评估和反馈，每一个阶段都需要采取适当的风险管理措施。

4. 智能化风险管理：随着技术的发展，利用大数据、人工智能等技术手段进行风险管理已经成为趋势。通过智能化手段对大量数据进行实时分析，可以更准确地识别和预测风险，提高风险管理的效率和准确性。

5. 合作与应急预案：整体性治理模式强调多部门、多领域的协同合作，这种合作精神应贯穿于赛事风险管理的始终。同时，针对可能出现的紧急情况，应制定详细的应急预案，确保在紧急情况下能够迅速、有效地应对风险。

第二节 整体性治理的三大机制

此部分尝试以整体性治理的理论和方法探寻破解大型体育赛事社会风险治理"碎片化困境"的机制，提出大型体育赛事社会风险优化治理的三大机制。

一、从组织层面，建立沟通顺畅、内外合作的公共关系机制，提升内外部协作能力

大型体育赛事风险应对并不能靠组委会一己之力胜任，必须构建一个沟通顺畅、中外合作的外部合作公共关系机制。

一要打通组委会与政府、社区、社会组织、公众之间的信息壁垒，实现信息统一、融合、共享和相互联动。组委会尤其需要寻求政府网信部门的支持，以实现对信息的快速收集整理，掌握舆论动态，了解民众的意见和诉求。尤其是突发事件的应对处置更离不开网信部门及时介入。

二要加强与国际性赛事的参赛国和地区，国内赛事的举办地和承办地政府的沟通对话，畅通政治、经济、体育等领域的官方对话机制。如2023年杭州亚运会延期举办决定之后，亚组委就曾主动与亚奥理事会、亚残奥委会、各单项竞赛组织、运动员教练员团体及亚洲各国体育组织沟通合作。进一步加强与国家体育总局、中国残联和国家相关部委、省委省政府及省直有关单位的沟通对接。积极开展民间外交和体育项目交流，积极向亚洲各国和地区宣传我国防控疫情的巨大成就、杭州亚运会的筹办成就以及我国对办好亚运会的信心、决心和能力，争取他们的理解和支持。

三要加强媒体合作。媒体在大型体育赛事中扮演着极其重要的角色，是大型体育赛事运行必不可少的重要部分。大型体育赛事组委会要友善对待媒体，与媒体机构保持良好的沟通协作关系，积极主动地为媒体做好服务，向媒体提供官方实时资讯，并借助于媒体平台与社会公众对话沟通。一旦发生社会风险事件，政府、组委会除了要及时发布真实准确的有效信息，还应该主动与各类新闻媒体加强沟通合作，对意见领袖和全体网民进行舆论引导，防止有关消息被误读的情况出现。大型体育赛事主办方必须善于与媒体打交道，加强与媒体的伙伴关系，最大限度利用媒体的"减压阀"作用，从而有效舒缓社会情绪，提升舆论引导能力。

四要加强与第三方专业机构合作。第三方专业机构是大型体育赛事非常重要的合作伙伴。第三方合作首先是寻求专业支持，以购买服务等方式，引进第三方专业团队提供社会风险的监测，提供专业的行业支持。比如，舆情风险的应对上，可以让专业的舆情公司利用其舆情监测软件对所有涉及大型体育赛事的话题进行网络信息自动抓取和分类，生成舆情报告供组委会相关部门决策参考。第三方合作另一个重要领域是绩效评估，可以以付费的方式，委托第三方对大型体育赛事各子系统、子项目工作运行情况进行绩效评估，从中找出薄弱环节和突出问题。

五要加强与非政府组织（Non Governmental Organizations）合作。NGO（非政府组织简称）是指在特定法律系统下，不被视为政府部门的协会、社团、基金会、慈善信托、非营利公司或其他法人，不以营利为目的的非政府组织。NGO 的原动力是志愿精神，它既不是政府，不靠权力驱动；也不是经济体，不靠经济利益驱动。NGO 兴起是公民社会兴起的一个重要标志。从治理的理念看，公共事务的治理是一个利益相关的共同体共同管理的过程，大型体育赛事的社会风险治理不能由主办地政府或组委会大包大揽，而应该唤起更多的 NGO 参与治理，最大程度调动社会的积极性。NGO 可以在下列方面发挥作用：（1）民意支持。NGO 可以发起签名、网络接力等活动声援支持大型体育赛事相关活动。（2）决策咨询。来自民间体育、环保、志愿者等 NGO 的参与可以为政府和大型体育赛事组委会决策提供信息支持和决策咨询，以避免盲目决策和决策失误。（3）服务提供。在赛事举办时期，大量游客涌入，使得大型体育赛事官方难以为庞大的社会群体提供高质量的服务，需要引进有关旅游、餐饮、酒店等行业协会、环保组织等 NGO 来协助提供服务，进行行业自我约束和自我管理。大型体育赛事组委会还可以利用 NGO 的技术和专业人员，对特定领域的讯息进行收集，形成更加畅通的信息收集体系，弥补大型体育赛事组委会官方在信息获取时的不足。

六要加强与专家团队的合作。吸收风险管理专业人士参与组委会工作，请专家团队建设基于大数据平台的大型体育赛事风险点库和重大风险关联库，绘制便于实际操作的大型体育赛事社会风险模型图、流程图、风险源评估范本以及培训和演习手册，以加强日常风险应对培训和演练。

二、从技术层面，建立数字赋能、科技助力的监测预警机制，提升数字化风险预警能力

20 世纪 80 年代以来，信息技术对体育运动的影响日益强烈和深化，从赛事组织、管理，从注册、报名到成绩处理，从信息发布到实况转播。

"科技奥运"是 2008 年北京奥运会三大理念之一，北京奥运会启动实施了"奥运科技（2008）行动计划"，这是奥运史上首次明确地把科学技术的作用与举办奥运会结合起来。

如今，信息技术已经成为体育赛事的核心要素之一，信息技术已经全方位深深地植入体育运动的肌肤之中，发挥着不可替代的作用。杭州亚运会提出"绿色、智能、节俭、文明"四大办赛理念，其中，"智能"理念和特色为国内外重大体育赛事首次提出。杭州亚运会是推进浙江数字化改革的重要场景，也是向国际社会展示数智杭州、数字浙江、数字中国的重要窗口。发挥数字经济优势，将创新科技融入亚运筹办各个环节，擦亮"智能亚运"金名片，打造"云上亚运""数字亚运""掌中亚运"是杭州亚运会的一大看点和特色。杭州亚运会期间，赛事管理、赛事成绩、赛事支持等核心系统 100% 使用云智能技术。来自 45 个国家和地区的万余名运动员、数十万工作人员、上百万参会者、上亿观众都将在云计算、数据智能、智联网、移动协同等云技术的支持下，共同参与杭州亚运会的精彩赛事。

智能赛事是指运用现代信息技术，建设大型体育赛事各种信息基础设施、信息应用系统和信息服务资源的系统工程。它涵盖了智能指挥、智能安防、智能安检、智能生活、智能表演、智能场馆、智能语言服务、智能出行、智能观赛、创新技术应用展示等十大领域，旨在通过科技手段提升赛事运行效率，为运动员、观众和游客提供服务，丰富赛事呈现和传播方式，创造交互式、沉浸式的观赛体验。①

在智能赛事中，各种先进技术的应用是核心和关键。例如，大数据技术可以帮助赛事组织者更好地分析赛事数据，提供更精准的决策支持；云计算技术可以提供强大的计算能力和存储空间，满足赛事信息系统的需求；人工智能技术可以用于智能安防、智能安检等领域，提高安全和安检的效率；虚拟现实技术可以提供沉浸式的观赛体验，让观众仿佛置身于比赛现场；5G 超高清技术可以提供更加清晰、流畅的赛事直播体验；物联网技术可以将赛事的各个系统连接在一起，实现信息的互通和共享；区块

---

① 本刊编辑部，严晨安. 盘点科技关键词：七大亮点助力打造"数智杭州·宜居天堂"[J]. 杭州科技，2021（01）：9-16.

链技术可以用于智能合约、智能公证等领域，确保赛事的公正性和透明度。

智能赛事是现代信息技术与体育赛事的深度融合，旨在提高赛事的效率、安全性和观赛体验。与此相适应，大型体育赛事也必须建立数字赋能、科技助力的监测预警机制，提升数字化风险预警能力。

一是把社会风险防控的目标要求纳入"智能赛事"建设总体规划。在"智能赛事"建设总体规划中设"智能指挥""智能安防""智能安检"等风险应对专门规划，与"智能场馆""智能观赛"等一体规划、一体建设、一体应用。

二是设立"智能赛事"重点专项课题"大型体育赛事社会风险防范技术研究"。面向国内外进行课题招标，侧重开展大型体育赛事社会风险识别评估和预警的技术研究，包括相关模型、数据采集处理、科技支持系统等，为大型体育赛事社会安全防控提供技术支撑。

三是推进大型体育赛事智能风险预警基础设施建设。借助5G、人工智能、物联网、大数据新技术成果，高标准推进大型体育赛事"智能安防""智能检测""智能预警"等信息化建设。在技术加持下，给"智能赛事"相关风险应对平台赋予快速感知、实时监测、超前预警、联动处置及系统评估等多种新能力，推动风险防控、隐患排除技术水平和能力素质的迭代升级。

四是推进大型体育赛事社会风险"一张图"数字化管理和风险预警一网统管。建设智能、集约、统筹的风险管理体系，建设一批具有"硬核科技感"的标志性、创新性智慧项目。建立大型体育赛事社会风险数据云平台，根据大型体育赛事的特点，借助城市大脑等风险数据采集手段，深入剖析对大型体育赛事产生影响的风险因素及其之间的耦合关系。通过对相关数据进行严谨的分析与评估，预见未来可能的发展趋势，以实现风险的早期发现和高效控制，从而最大限度地减少负面影响。[①] 以新技术应用推进大型体育赛事社会风险防控的"可视化""实时化""网络化"，打破信息封闭，整合各方面的信息资源，实现大型体育赛事各子系统风险防范信

---

① 肖海婷，宋昱.2022年北京冬奥会风险识别与运营管理创新研究［J］.广州体育学院学报，2021，41（03）：15-20.

息资源的共建共享共通共治，提高社会风险数字化防控预警能力。

五是借鉴吸收东京奥运会、北京冬奥会、杭州亚运会的"黑科技"安防有益经验。如在延期一年举办的东京奥运会疫情防控和公共安全防控上都有不少可圈可点之处，一个非常重要的经验是许多"黑科技"在风险防控上的广泛应用，云计算、AI、VR、3D、5G、4K/8K、机器人等技术在安防多个环节发挥了重要作用。如"智能无人机"在赛场内外进行实时风险监测、预警与管控上，人脸识别技术在出入场所的检查验证，OCHA 软件在追踪奥运相关人员健康和活动轨迹上都发挥了重要作用，"情感可视化"人工智能警察巡逻系统（"AI 警察"）对巡逻检查、紧急支援、识别可疑包裹、检测队伍中情绪波动的人，以及预防恐怖主义袭击等功不可没，这些有益的经验值得我们借鉴吸取。

当然，我们必须清醒地认识到，技术只是赋能，并非全能，也不可盲从。如以数据汇报替代现场检查，反而容易掩藏隐患、蒙蔽监管。技术能否在风险防控中发挥实效，关键还看人的科学合理使用。

三、从制度层面，建立跨界跨域、统一行动的风险治理协调联动机制，提升风险治理集成能力

应对大型体育赛事社会风险，需要建立跨界跨域、统一行动的社会风险治理协调联动机制，使全社会形成协同办好大型体育赛事的共同价值理念。

（一）跨区域统一指挥——组织体系要一体化

大型体育赛事是一项复杂的系统工程，涉及国家、省级、市级和区县级等多个层面，涵盖场馆建设、赛事组织和城市保障等多个领域。为确保大型体育赛事在筹办和举办期间安全高效，首先就要建立高效的运行指挥体系，进一步完善体制机制，强化整体协同，提升跨区域、跨领域的指挥调度和应急保障能力，形成心往一处想、劲往一处使的强大合力。

尤其是国际性的大型体育赛事，往往多城联办，设立多个赛区，赛区各城市的社会应急联动机制还需要进一步加强。城市内都按照各自行政管辖权建立了"垂直"和"纵向"排列的社会风险组织架构，跨区域的"横向"联动治理机制还没有建立起来。这会导致出现下列问题：

1. 当面对跨区域的大型体育赛事社会风险时，一个城市单兵作战不可能成功应对可能出现的复杂问题。

2. 职能重叠的部门，在面对大型体育赛事需要解决的公共问题时，由于职责边界模糊和跨城市合作的不顺畅，会导致各城市部门之间推诿责任，造成风险还在萌芽阶段时因为处置不力而进一步蔓延恶化。

3. 联动机制的缺位会导致社会风险治理的区域碎片化，导致预警机制大打折扣，无法应对整体性的风险，不利于全局性社会风险防控，一旦出现涉及多个赛区的社会风险，就会反应滞后，拉长处置进度，增加风险，导致风险叠加集聚，容易产生风险的次生灾害，对赛事组委会和举办地的形象造成损害。

因此，建立一个高效的大型体育赛事运行指挥体系非常重要，建立统一的科学评估、科学决策、源头治理、标准化应对联动机制。本书建议，在大型体育赛事组委会建立一个大部制的社会风险治理机构，从制度层面确立整体性治理规范体系，明确各方主体责任，为成功举办大型体育赛事保驾护航，将传统垂直的、自上而下的、单一的控制结构转变为网络的、多元互动的参与结构。其基本特点为：统一指挥、多元互动、分级管理、多城联动，为提升应对风险的治理水平，还应在指挥体系架构中专门组建一个专业化、专家化的危机应对团队，由危机管理专家坐镇，联合媒体和相关机构，及时诊断危机的发展动向，向总指挥机构和各赛区提出危机应对的科学方案和建议，避免在危机应对过程中走弯路。

（二）人大政府统一行动——法制保障统一化

筹备和举办大型体育赛事，各承办赛区地方政府肩负着共同的责任。为保障大型体育赛事筹备和举办工作顺利进行，各举办地的人大常委会在法制保障上需采取一致行动，给予政府临时性行政措施。在备案审查的标准上采用统一标准，分别审议通过一项关于"授权政府为保障大型体育赛事筹办工作规定临时性行政措施的决定"。在大型体育赛事筹备、举办及延后一定期限内，各举办地政府可根据大型体育赛事实际需要，在不抵触有关法律法规，不违背地方性法规基本原则的前提下，按照必要、适度、规范、精准、限期的原则，政府发布有关安全保卫、交通管制、入境管理、环境保护、旅馆酒店规范、物资保障、疫情防控等规定的临时性行政措施的行政规章和决定，并组织实施。

(三) 体育部门协同联动——战略合作协同化

各举办地体育行政部门签署协同协作议定书和各赛区体育事业协同发展议定书，建立举办地体育行政部门工作联动机制，加强大型体育赛事运作的协调保障，以确保大型体育赛事组委会的指令在各地能行动一致、高效落实。各举办地以机制联动、产业带动、平台互动的方式，通过共同打造体育休闲产业带、体育休闲高端论坛和群众体育休闲活动知名品牌，联合举办跨区域的高水平竞技体育赛事，共享专业训练基地和城市场馆资源，共建体育产业资源交易平台，推进各地青少年体育文化交流和体育专业人才培训等措施，深入推进各举办地体育竞技、体育产业、体育交流和全民健身运动协调发展新格局，努力实现各举办地在体育产业、体育资源、体育市场、体育人才培养、体育基础设施等方面优势互补。

第三节 走出"碎片化"困境的五大路径

一、统领有方的预案是基础

预防为主，常备不懈是应对社会风险的基本方针。科学有效的应急预案对于处理应急事件发挥着不可替代的指导作用。由于现实中的重大体育赛事社会风险具有突然性和难以预见性的特点，需要提前编制一个科学合理、统领有方的大型体育赛事社会风险预案，才能为有效处置突发事件奠定良好的基础，才能保证大型体育赛事突发事件应急救援工作的顺利展开。我国有："凡事预则立，不预则废""防范于未然""居安思危"等古训，应急预案建设的出发点就是要做到居安思危，有备无患。

(一) 我国大型体育赛事应急预案建设取得长足进步

应急预案即预先制定的紧急行动方案，是指根据国家和地方的法律、法规和各项规章制度，综合本部门、本单位的历史经验、实践积累和当地特殊的地域、政治、民族等实际情况，针对各种突发事件制定的一套能切实、迅速、有效、有序解决突发事件的行动计划或方案，从而使政府应急管理工作更为程序化，制度化，做到有法可依，有据可查。

我国应急预案的编制从 20 世纪 80 年代开始，这一时期编制的应急预案主要是由地震、国防科工等部门针对地震灾害、核应急等方面进行的，发展较为缓慢。自 2003 年"非典型性肺炎"疫情突发公共卫生事件发生后，我国政府部门才对应急预案的编制工作高度重视，并着手加强应急预案的编制。经过近 20 年的努力，我国应急预案建设已经取得了长足的进步，表现在：

1. 应急预案体系不断完善

应急预案的体系是指由不同层级、不同类型预案组成的、相互联系的、全方位的多层次的预案群。早在新中国刚成立时期，我国政府的相关部门就已经开始建立了类似于应急预案的应急计划，应急预案的编制是从 20 世纪 80 年代才开始的，这一时期编制的应急预案还不能成为体系。我国应急预案体系建设工作是从 2003 年"非典型性肺炎"突发公共卫生事件发生之后才真正开始的，"非典型性肺炎"事件使得我国应急预案体系建设进入了较为快速的发展阶段。在这一阶段，中央政府成为推动应急预案编制工作的主要力量。

自从 2006 年颁布《国家突发公共事件总体应急预案》以后，我国各级政府才开始大规模、系统性地制定整个应急预案的体系。其基本上可以分为两个阶段：第一个阶段是应急预案体系的初步形成阶段。在 2003 年 7 月，国务院专门成立了"突发事件应急预案工作小组"，开始全面布置政府应急预案的编制工作，这成为我国应急预案体系建设的开始。在此基础上，我国政府继续扩大应急预案的编制工作，使应急预案体系覆盖到各级政府的相关部门和企事业单位。按照"横向到边，纵向到底"的原则，到 2007 年年底，各级地方政府及其部门的总体预案、专项预案和部门预案已经陆续就绪。第二个阶段是应急预案体系的完善阶段。在 2008 年汶川大地震后，我国的应急预案体系暴露出许多不足。国务院意识到这个问题，并开始着手修订应急预案。从此，应急预案体系开始注重可操作性、完备性和无缝衔接，经过几年的发展，我国的应急预案体系得到了不断的完善。

2. 应急预案类型逐步分化

应急预案在本质上并不是一种法律规范，其原因主要有以下几个方面：第一，政府编制应急预案的主要目标是提高应急反应的速度。作为一种基于假设、预测和推理的优化方案，应急预案在危机发生时仍有可能被更优的方案所取代。第二，应急预案在内容上并不创设新的权利和义务，而是在特定范围内对已有的应急法律规范的具体实施方案进行细化和完善。第三，从应急预案的外部功能来看，它并不是为了谋求民众的遵守和服从，而是通过预案的启动对人们产生宣示、动员、感召等作用。因此，人们总是把各类预案都看作应急法律规范的具体实施方案。在我国应急法律体系还不够完善的情况下，一部分应急预案刚好可以弥补法律在这方面的缺失。在这种情况下，部分应急预案的功能和性质已经发生了变化。目前，我国应急预案的突出特点是出现了分化，主要表现在两个方面。首先，由国家和省级政府制定的应急预案成为高阶预案，并逐渐成为我国应急法律体系的一部分。其次，省级以下政府部门制定的应急预案成为低阶预案，这些预案在很大程度上是模仿高阶预案编制的，存在被虚化的风险。

我国对体育赛事的预案建设理论与实践均起步较晚，相关理论研究还不够深入，实践探索也不够成熟，过去多年对体育赛事出现的突发事件的处置还停留在经验阶段，依靠行政机关主导，赛事组织者缺乏应对突发事件的能力，导致很多社会风险愈演愈烈，最后演变成重大事件。

2003 年的非典型性肺炎促进了很多规则出台。在此之前，我国虽然颁布实施了《国家安全法》《集会游行示威法》《传染病防治法》《防震减灾法》等法律法规，但当"非典型性肺炎"疫情袭来时，这些法律法规并不能代替预案而发挥统领作用。"非典型性肺炎"疫情结束后，国家陆续颁布实施了《突发公共卫生事件应急条例》《国家突发公共事件总体应急预案》等多部适用大型聚集活动的法律法规和预案，预案建设得到前所未有的重视。虽然在当时，一系列法律和政府法规陆续出台，大型体育赛事公共安全有了一定的法律保障，但法律保障毕竟不能代替预案的作用，体育赛事缺乏一个专门的总体预案统领，会使行业条块分割背景带来的多个应急预案之间未能实现有机整合，对各类体育赛事而言，是一个巨大的短板，对赛事期间的风险应对极其不利。

　　2005 年 6 月 27 日，国家体育总局印发《大型体育赛事及群众体育活动突发公共事件应急预案》（以下简称《应急预案》），弥补了这一不足。《应急预案》是大型体育赛事及群众体育活动突发公共事件应急处置工作的纲领。实施《应急预案》建立健全应急工作机制，对于依法行政、履行职责，积极应对突发事件，提高抵御灾害风险的能力，及时、有效地处置体育活动中的突发公共事件，最大限度地减少人员伤亡、财产损失和社会负面影响，保障体育活动安全和维护社会和谐与稳定，具有重要的意义。《应急预案》分为总则、组织体系、预防和预警机制、应急响应、应急保障、后期处置、预案的管理与更新、附录等 8 个部分，是体育领域落实《国家突发公共事件总体应急预案》第一个最权威、最完整、最专业的《应急预案》，具有标志性意义，也标志着我国大型体育赛事应急预案体系初步建立。

　　2008 年北京奥运会总体安全预案已经达到了相当的水准，是我们大型体育赛事风险应急预案的重大建设成就，与消防、恐怖袭击、安全生产事件等一系列奥运会专项应急预案陆续发布，标志着我国大型体育赛事应急预案体系步入完善发展阶段。

　　（二）当前我国大型体育赛事应急预案建设还存在不少问题

　　虽然我国大型体育赛事应急预案体系建设取得巨大成就，应急预案体系不断完善，应急预案的质量也在不断提高。但近几年来，我们总能通过一些媒体了解到大型体育赛事的主办方政府和组委会为应对赛事突发事件启动了应急预案，但从应急预案所发挥的实际效果来看并不理想。究其原因，笔者通过分析我国各地编制的各类各级大型体育赛事应急预案，认为主要存在以下几个方面的问题：

　　1. 大型体育赛事应急预案的编制还有待完善。一是应急预案编制缺乏大型体育赛事的风险评估环节。科学规范的应急预案编制需要建立在风险评估的基础之上。风险评估是指对风险程度的度量和评级，它包括对风险事件在给定时间内发生的可能性的估计，以及对风险暴露，即风险事件一旦发生，可能造成的后果的估计。风险评估的任务包括识别系统面临的各种风险、评估风险概率和可能带来的负面影响、确定系统承受风险的能力、推荐风险消减对策等。通过分析国内外最严重的大型体育赛事情况，我们可以知道发生事故的可能性和破坏性。但是就目前来看，不排除少部分赛事主办方把大型体育赛事应急预案作为一种应付检查的文件的情况，在大型体育赛事应急预案的实际编制过程中缺乏应急评估环节。因此，由于预案编制部门缺乏对大型体育赛事突发事件风险隐患和应急资源等情况的了解，导致编制的应急预案缺乏针对性。

2. 大型体育赛事应急预案编制人员不合理。预案由谁来编写很重要，在大型体育赛事应急预案编制过程中，需要强调相关体育专业部门以及体育社会组织的积极参与，按照国家发布的应急预案编制的基本要求，综合分析各类大型体育赛事的潜在风险，将面临潜在威胁的主体纳入预案，并推动不同项目运动员、教练员、裁判员、技术官员等体育赛事参与者和赞助商、体育行业协会等利益相关者、体育研究专家学者、法律专家等参与到预案编制中。但从目前来说，我国编制的大多数大型体育赛事应急预案都是由赛事主办方政府部门人员或赛事组委会单独完成的，这些人员往往缺乏应急管理或体育赛事方面的知识，并不具备编制合理的应急预案的能力。加之缺乏相关体育、法律等专家学者的参与，脱离实际情况，编制出的应急预案可行性也较差。

3. 应急预案缺乏可操作性。我国大型体育赛事应急预案编制工作总体来说起步较晚，目前很多大型体育赛事应急预案真正到了具体操作的时候还有很多无法预料的情况。甚至极少数大型体育赛事应急预案只是作为一种文本而存在，是纸上谈兵。此外，这些大型体育赛事应急预案暴露出"启而不动"、成为"应付预案"等严重弊端，缺乏可操作性是当前大型体育赛事应急预案最具普遍性的通病，导致在实际工作中应急预案的作用没有得到充分发挥。与此同时，大型体育赛事应急预案应该结合本地区的各种类型赛事的实际情况来制定，然而赛事主办方的低级政府部门往往照搬照抄上级政府制定的应急预案，导致应急预案内容格式雷同，在执行预案时难以操作，很难起到该有的作用，更无从谈起制定预案的目的。2014年12月31日，上海市黄浦区外滩发生踩踏事故，造成36人死亡，49人受伤的惨剧。这一事故调查报告显示，上海市黄浦区公安局负有主要责任，其制定的应急预案不尽合理，最突出的表现是缺乏灵活性，未能根据不同的情况制定应急预案，导致在实际工作中无法操作。

4. 大型体育赛事应急预案数字化程度低。目前，我国编制的大型体育赛事应急预案大都是以文本的形式存在的。传统文本形式的应急预案内容繁杂，不够生动形象，使用起来也较为不便。应急预案编制一旦完成就将其束之高阁，使得其实际效果大为减弱。为了更好地应对大型体育赛事中的突发事件，人们开始探索运用数字信息、图像显示、地理信息等现代技术手段，对应急预案进行数字化改造。数字化预案的核心是将各种数字技术应用于应急预案的执行过程中，将文本预案开发成一系列可以根据突发事件演化过程顺序执行的应急操作程序。这些程序不仅可以直接执行，还可以根据事态自动分析预警级别、提示应急策略、优先辅助方案等辅助决策功能。目前，世界上很多国家都认识到数字化应急预案相对于传统文本形式的优势，并投入专项资金来拓展数字化预案技术的研究，将他们研究的成果广泛应用在军事、能源、公共安全等领域，比较典型的有美国萨瓦娜沿海区数字应急预案系统，英国达特茅斯港口预案系统等。但是从当前来看，我国很多地方大型体育赛事应急预案的编制注重于文本形式，数字化程度整体偏低，对应急预案数字技术的发展还不够重视。

5. 应急预案缺乏衔接协调。我国各级各类大型体育赛事应急预案一个突出的问题就是缺乏赛事举办部门间的合作与协调，大型体育赛事应急预案的内容、处置程序和方案复杂难懂，各部门职责、分工不够具体明确，与政府及其相关部门制定的应急预案衔接性较差。由于各部门之间职责不清，在发生大型体育赛事重大事故时，往往应急救援现场存在多头指挥。应急救援本来应该是各个部门之间相互配合，尽最大努力把突发事件造成的生命财产损失降到最低程度的过程，不可否认的是指挥在应急救援行动中发挥着至关重要的作用。虽然我国政府已经在各类各级应对突发事件的预案中明确规定了应急救援指挥部的组成指挥职责，但由于参加应急救援行动的各部门因他们的隶属关系、利益差别等方面的原因，各个救援力量往往不能实现整体的联动，缺乏统一的指挥调度，以至于影响到救援行动的有效性。在我国很多地方编制的大型体育赛事应急预案中，很多文本性表述比较宏观，未能明确各部门、具体工作人员应该做什么，也未能确定不同的大型体育赛事突发事件应该由哪些人参加救援，这导致在大型体育赛事突发事件发生时，各级领导基本全都到场，影响了正常的援救工作，其结果适得其反。此外，纵观我国很多主办方制定的各类大型体育赛事应急预案，可以发现大多都是某个部门自行制定的，少有几个部门联合制定的应急预案，因此，现有的大型体育赛事应急预案之间缺乏衔接与协调的情况就不足为奇。

6. 应急预案缺乏持续修订。我国《突发事件应对法》第 17 条规定："应急预案制定机关应当根据实际需要和情势变化，适时修订应急预案。"作为应对大型体育赛事突发事件的行动方案，大型体育赛事应急预案应该是一个有生命力的文件，需要进行适时修订。大型体育赛事应急预案的修订与应急预案的编制同等重要。大型体育赛事应急预案的修订是应急预案管理的重要组成部分，各级政府体育主管部门或赛事主办方制定的大型体育赛事应急预案原则上每三年修订一次。应急预案如果不及时修订就会成为过期档案，有的体育主管部门相关人员已经变动，场地也已经发生了变化，应急预案不修订就会造成责任人不明确。因为大型体育赛事应急预案是一个需要持续改进指导性很强的应急布置，所以必须不断更新，需要有一个具体指导、检查、监督的长效机制，这样才能使应急预案在应对赛事突发事件时发挥重要作用。如果一个大型体育赛事应急预案制定后缺乏持续修订，当赛场上突发事件降临，其后果将不堪设想。

7. 应急预案缺乏宣传教育与培训。大型体育赛事应急教育普及与宣传是应急管理的重要组成部分，是提高运动员及其他赛事参与者风险意识的基础和前提，加强大型体育赛事应急预案的宣传教育与培训的意义重大。2021 年东京奥运会在疫情危机下成功举办，一个非常重要的原因是预案的宣传教育深入人心。早在运动员入境日本前一个月，东京奥运会组委会就已经发布《赛事手册》，要求运动员熟读并了然于胸，这对于疫情防控起到了非常重要的作用。

然而当前我国各级各类赛事主办方政府、有关体育主管部门、组委会对开展大型体育赛事应急救援宣传教育和培训的认识不到位，缺乏足够的重视，没有有效地开展各种形式的应急预案宣传教育活动。甚至有些赛事应急预案在本单位并不是每个人都知道，也不向社会进行公布，只有少数预案制定人员知道，而在突发事件发生时，赛事参与的相关人员和人民群众不知所措。由于缺乏大型体育赛事应急预案的培训，部分参加应急处理的人员不清楚危机处理整体方案以及本人的具体职责，一旦赛场上发生危机事件，这些人员很难在短暂时间内准确无误地完成规定操作，导致体育赛事突发事件不断演变升级，损失增大。

（三）不断完善大型体育赛事应急预案建设

1. 完善大型体育赛事应急预案的编制

一是要基于大型体育赛事风险评估编制应急预案。对大型体育赛事可能遭受的各种威胁和风险进行全面评估，全方位进行风险源识别和记录筛查，选择实际案例，建立各类风险的案例库，把各类风险的预防写入预案中。从东京奥运会编制应急预案的情况来看，其中一条最基本的经验是应急预案的编制以风险评估为基础，根据不同风险源确定预案的不同内容和要求，保证了应急预案的针对性和有效性。以新冠疫情应急预案为例，东京奥运会主办方早在一年前就进行了各方面的疫情风险评估，查找新冠疫情风险防控漏洞，完善奥运参与六类人员风险管控流程和技术方法，向国际社会公布并征求补充意见，以风险识别和评估落实到奥运会的每一个基本单元。

二是要组建专业化的大型体育赛事应急预案编制小组。大型体育赛事突发事件的应急援救行动涉及不同部门、不同专业领域，需要应急各方的密切合作，才能使应急预案的编制具有科学性和针对性。成立大型体育赛事应急预案编制小组，将具有大型体育赛事突发事件处置经验、相关专业知识背景以及在本部门具有一定决策力的人员纳入小组之中。大型体育赛事应急预案编制成员一般包括主办方行政首长、体育主管部门、消防、公安、运动员教练员裁判员代表、应急专家、体育研究专家、法律专家、医院等利益相关者。预案编制小组成员确定后，要确定小组领导，明确编制计划原则，充分发挥专家的作用，保证整个应急预案编制的顺利进行。

2. 增强大型体育赛事应急预案的可操作性

《美国国家应急预案编制指南》提出"没有经过演练的任何预案文件只是束之高阁的一纸空文""预案不仅是让人看，更重要的是在实践活动中切实应用"。① 为了保证大型体育赛事应急预案的可操作性，首先，要加强应急预案内容的可操作性。为了避免由于人员变动导致应急预案难以操作的情况，大型体育赛事所制定的各种应急预案的指挥机构、小组构成

---

① 丁书文，杨建华，曹秀会. 供电企业应急预案编写要素［J］. 安全，2012，33（02）：16-18，21.

人员、应急队伍的负责人应具体明确到他们的职务，而不仅仅是人名。应急队伍的组成人员、应急资源保障等需要细化到个人内容，可以把它作为预案的附件，以便能够做到及时更新修改。其次，组委会相关部门在编制应急预案时除需要结合实际情况和至少近30年来国内外各类大型体育赛事典型突发事件，还要把大型体育赛事情景分析列入应急预案编制的优先目标。一般来说情景是对大型体育赛事可能发生事件的描述，是一系列关于需要应急响应的包含各种信息的假设。由于体育赛事突发事件的差异性和随机性通常较大，在编制大型体育赛事预案时，通过情景分析就可以提高应急预案的预见性，增强应急预案的可操作性。最后，要加强大型体育赛事应急预案的演练。应急演练是检验大型体育赛事应急预案可操作性和实用性的重要步骤。应急演练主要是针对运动员、教练员、技术官员、志愿者、观众等进行模拟突发事件时的应对演练，应急演练可以提高大型体育赛事参与者对危机状态的熟悉度和处理危机的能力，有效的演练也可以降低实际操作过程中人为的错误。在大型体育赛事应急预案中，所有的功能和活动都必须经过实战演练，以此来提高包括领导干部在内的各类应急工作人员的应急意识和应急能力，让他们熟悉和掌握应急响应的程序和方法。在培训和演练过程中发现的问题，可以作为预案更新和修改的参考。

3. 提高大型体育赛事应急预案数字化水平

数字化预案是应急预案发展的新趋势，功能完备的数字化应急预案，具有科学研判、方便直观、快捷高效的特点，可以实现的基本功能包括预警分析与信息发布、应急能力评价、救援资源查询、事故发展预测和影响分析、事故过程的再现与分析、应急预案的培训演练等方面，数字化预案技术将集中朝着高度智能化和实时化两大方向发展。

"数字"已成为新时代最鲜明的标识，是推动高质量发展动能最强劲的引擎。"智能化"是现代大型体育赛事的办会理念，目前大型体育赛事已经完全具备应急预案数字化建设的条件和基础。

以杭州亚运会为例，杭州市是全国数字经济的引领者，数字经济和数字技术十分发达，在城市治理上，杭州在全国率先建设城市大脑，实现了由数字治堵的局部探索向数字治城的重大跨越，探索出一条以数字技术支撑城市治理精细化、现代化的新路。杭州亚运会充分利用这一优势发展数字化预案技术，加快推广数字化预案技术的应用，将传统文本形式的应急预案转化为数字形式的预案，提高了应急预案的数字化水平，提高了2023年杭州亚运会应急预案普及率和应急响应的效率，为全国各类大型体育赛事应急预案打造了"杭州样板"，输出了"杭州经验"。

4. 加强大型体育赛事应急预案之间的衔接

一般来说，大型体育赛事的突发事件应急救援工作中需要多个部门的相互配合才能够完成。但是，不少赛事主办方制定的应急预案往往是由单个部门来完成的，带有相当浓厚的部门色彩，各个部门制定的赛事应急预案之间往往不衔接、不协调。

加强大型体育赛事应急预案之间的衔接，首先，要求各部门在应急预案编制过程中保证本级应急预案中的处置程序、响应级别等内容与上级应急预案内容相统一。还要保证关联应急预案的应急指挥、响应标准、责任分工、应急措施等内容相统一。比如，新冠疫情应急预案要考虑到各自功能的搭配和协作，与组委会制定的总体应急预案和公共卫生应急预案要注意衔接，与赛事安全等平行应急预案之间不可冲突。其次，要注意加强组委会多个部门编制联合应急预案，尤其要强调与大型体育赛事主办方不同政府部门的广泛参与，这样就可以最大限度地保证应急预案之间的衔接和协调。最后，对于已经发布的应急预案，需要着重加强主管部门和配合部门之间的衔接和协调。

5. 重视大型体育赛事应急预案的修订工作

大型体育赛事应急预案制定出来不可能是一成不变的，因为社会环境和现实情况是不断变化的，促使大型体育赛事应急预案修订的因素有很多，最重要的因素有两个：第一，在大型体育赛事应急预案开展演练的过程中，对于预案中存在的问题，或者在实施预案时发现预案的一些方面不能符合事实的需要，有许多需要修改的地方。第二，社会环境是在不断发生变化的，环境的变化可能引起预案变量的变化，人类应对突发事件的能力也在发生变化。预案必须适应环境发生的这些变化，及时做出调整。比如2021年制定出来的亚运会新冠疫情防控方案，到了2022年，疫情形势已经发生巨大变化，再到2023年疫情全面管控放开了，所以应急预案也必须跟上外在环境和形势发展的步伐，不断对应急预案的内容进行持续的更新和改进。

大型体育赛事组委会应当建立应急预案评估制度，在每次突发事件应急处置或应急预案演练结束后，及时对应急预案进行评估，总结经验教训，提出修订建议。同时还应委托专业技术服务机构、科研院所、大专院校进行应急预案编制和评估工作。

"有下列情形之一的，编制部门应及时修订应急预案：一、应急组织体系或职责有调整的；二、应急管理主要负责人或主要人员发生变化的；三、实际情况发生较大变化的；四、国务院及上级有关部门另有明确规定的；五、应急预案编制部门认为应当适时修订的。"此外，我国《突发事件应急预案管理办法》规定，各级政府部门各企事业单位、社会团体、公民等，都可以向应急预案编制有关单位提出修订建议，以促进应急预案的持续更新。大型体育赛事各类应急预案修订结束以后，都应该及时向社会进行公布。

6. 加强大型体育赛事应急预案的宣传教育与培训

应急预案必须经过宣传教育与培训才能使其实际效果落到实处。在大型体育赛事应急预案宣传教育中，要体现系统性、针对性和趣味性，要避免空洞说教。要全面宣传自然灾害、事故灾害、公共卫生事件和社会安全事件的预防避险、自救互救等常识，使相关人员和公众全方位掌握各种应急事件的应对之策。需要通过报刊、广播、电视、网络等大众传播媒体开设宣传教育专栏，多渠道、多形式进行大型体育赛事各类应急预案的宣传教育工作，使大型体育赛事应急预案的宣传教育深入人民群众当中。同时，组委会还需要采取多种形式，加强应急管理专业人员和应急救援人员的应急预案培训工作，定期组织开展应急预案培训，提高执行应急预案的能力。举办地政府应当将应急预案培训纳入相关公职人员业务培训考核，有组织、有计划地开展应急预案培训工作，增强安全责任意识，提高应急处置能力。

二、科学有效地识别评估是重点

（一）查找其源头——如何开展大型体育赛事的风险识别和评估

风险识别评估是大型体育赛事风险治理的最基础工作，它贯穿于风险治理的全过程。风险识别是指我们应用一定的技术手段和定性定量等方法，全面系统地评估和分析某单位所面临的风险概率、风险类型、风险程度、风险损失等，主要目的是发现潜在的风险。准确地发现这些风险源，分析这些风险源的成因及其相互关系，有助于精准地制定风险应对预案，有针对性地采取风险防控措施，以最大限度地减少损失。

1. 风险识别的基本原则

一是系统性原则。即对识别对象进行全方位、多层次的评估，以保证风险评估的全面性完整性。

二是基础性原则。风险评估的最基本单位在每个单位的最终端岗位，要确保查找到每一个员工所负责的岗位。

三是科学性原则。即运用一定的方法和技术，避免评估的主观性太强，以保证风险评估的准确性和真实性。

2. 风险识别的过程

风险识别的过程如图 6-1 所示。

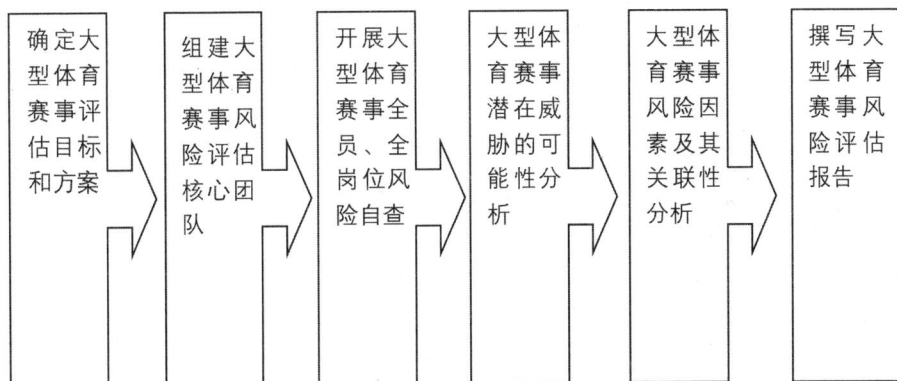

图 6-1　风险识别过程图

3. 风险识别方法和技术

由于风险本身是综合现象，大型体育赛事风险识别评估是一项极其复杂的系统工程，需要运用一定的方法和技术来进行识别和评估。

首先是识别风险。目前多数运用定性法查找风险源，分析风险发生的概率。

定性法的第一个步骤是"获得信息"。进行潜在风险分析，首先要获得信息。需要把握两个关键：即从哪里获得信息，以何种方式获得信息。表 6-1 是风险来源评估表。

189

表 6-1 风险来源评估表

风险信息来源	风险信息获取方法
大型体育赛事高层管理团队	一对一、面对面的访问
大型体育赛事各部门负责人	一对一的访问、电话调查、小组会议
大型体育赛事比赛场馆等负责人和技术官	一对一的访问、座谈会、自查上报
运动员、裁判员、志愿者、观众、市民代表	电话调查、问卷调查、座谈会
大型体育赛事每一个岗位员工	岗位风险自查上报、问卷调查、座谈会
大型体育赛事突发事件历史资料	列表归类
媒体	电话调查

定性法的第二个步骤是"分析信息"。获得信息后，我们可以使用下列三张表格来分析信息：

表 6-2 是"大型体育赛事潜在风险发生可能性"分析表，依照大型体育赛事发生"可能性"的大小，将潜在风险在表 6-2 中进行排序。

表 6-2 "大型体育赛事潜在风险发生可能性"分析表

最有可能发生的风险
1.
2.
3.
可能发生，但在近期内不会发生的风险
1.
2.
3.

不可能发生的风险
1.
2.
3.

表 6-3 是"潜在风险对大型体育赛事的损害"分析表，依照潜在风险对大型体育赛事"损害程度"的大小，将潜在风险在表 6-3 中进行排序。

表 6-3　"潜在风险对大型体育赛事的损害"分析表

会造成严重损害的危机
1.
2.
3.
会造成中等损害，但是能够加以管理的危机
1.
2.
3.
会造成轻微损害，并且可以很容易加以管理的危机
1.
2.
3.

表 6-4 是"大型体育赛事最有可能发生严重损害的风险"分析表，将前两张表对照，找出共同点，列在表 6-4 中。

表6-4 "大型体育赛事最有可能发生严重损害的风险"分析表

最有可能发生，会造成严重损害的危机
1.
2.
3.
最有可能发生，会造成损害，但可以管理的危机
1.
2.
3.
可能发生，但在近期不可能发生，会造成严重损害的危机
1.
2.
3.

通过以上分析，可以帮助大型体育赛事风险应对部门识别出应该关注的薄弱环节，以防止它们变成严重问题，同时也为大型体育赛事风险识别提供方法和工具。

在识别风险的基础上，要对大型体育赛事各种风险源进行评估。评估的方法无外乎定性评估、定量评估、定性定量相结合的综合评估。

量化评估的方法固然可以得出更可靠、更准确的评估结论，但是量化评估方法有一个重大的缺点，就是需要大量十分真实、准确的数据作为基础，才能运用量化指标体系进行统计分析，而风险数据的获得往往需要耗费大量的时间成本，并且难以保证采集上来的数据真实有效，正因为如此，在非常复杂的大型体育赛事风险评估中，一般很少采用量化评估方法。

"德菲尔法"在大型体育赛事风险评估中常被采用，该方法将涉及大型体育赛事的运动员、场馆、运营等所有信息作为风险识别的依据，对收集到的信息进行比较分析和筛选，并对所有涉险因素进行关联性分析评估。德尔菲法又称为专家调查法，它采用通信方式将所需解决的问题单独发送给各个专家，征询他们的意见，然后回收汇总所有专家的意见，并整理出综合意见。接着，将该综合意见和预测问题再次分别反馈给专家，再次征询意见，各专家依据综合意见修改自己原有的意见，然后再次进行汇总。这样多次反复，逐步取得比较一致的预测结果的决策方法。德尔菲法的优点在于能发挥专家会议法的优点，即能充分发挥各位专家的作用，集思广益，准确性高，又能把各位专家意见的分歧点表达出来，取各家之长，避各家之短，而且成本低，简洁明了。然而，完全依赖专家个人经验做出规模庞大的大型体育赛事风险评估也可能导致专家主观性太强，从而使评估结果出现偏差。①

采取定性与定量相结合的综合评估方法无疑是大型体育赛事风险评估的最佳方法。一方面，运用定性评估，采集北京奥运会、东京奥运会、南京青奥会、历届亚运会等风险案例，广泛征求尽可能多的来自各领域、各行业的风险评估专家意见，对大型体育赛事给出合理的经验式分级评估和类型划分。另一方面，运用层次分析法、故障树分析法、风险危害分析等级矩阵、概率分析法等技术工具，计算分析大型体育赛事风险发生的概率和可能带来的损失程度。定性和定量相结合的综合评估可以保证最大程度接近事实，减少误判，以为大型体育赛事风险应对部门提供依据。

（二）划分其类型——如何进行大型体育赛事的风险分类

对大型体育赛事社会风险源做必要的类型学划分是风险识别和风险评估的重要组成部分。划分风险类型有助于正确认识风险，科学识别每一类风险的特征，从而有针对性地开展风险应对。

按照不同的分类标准，大型体育赛事社会风险源有不同的类型划分方法：

1. 按照存在状态划分，大型赛事社会风险源有显在风险源、准在风险源、潜在风险源、突生风险源等四种类型。

---

① 李灿. 高等教育领域群体决策模式及其改良——以首届中国"互联网+"大学生创新大赛的相关决策为例［J］. 煤炭高等教育，2017，35（04）：1-5.

显在风险源是指已经被人们认识甚至熟知的风险，其特征是：风险的外在表现非常明显，风险的危害程度高，风险经常爆发。如各类大型体育赛事上的骚乱风险，已经伴随着大型体育赛事数百年历史，造成了很多伤亡事故，欧洲球迷骚乱事件更是全球闻名。

准在风险源介于显在风险源和潜在风险源之间，是指人们对此类风险有部分认知，但还不完全掌握，需要借助一定的科学研究和实践探索才能完全认知。如东京奥运会修改乒乓球比赛规则，禁止运动员在比赛时吹球，规则制定者实际上已经有部分预知规则修改带来的一些国家代表团抗议、运动员成绩受影响等风险，但由于是首次修改此项规则，参赛代表团究竟有多大的反响，做出何种反应，运动员成绩究竟在何种程度上受到影响，规则的修改利弊究竟怎样，这些风险并不能事先就能完全被感知，需要在赛事验证。

潜在风险是指那些至今尚未被人们认知了解的风险，其特征为：风险具有隐蔽性，风险的危害具有不确定性，风险应对难度大。与显性风险相比，此类风险极易被人们忽视，识别评估的难度也较大，因而容易酿成事故和灾难，需要采取有效措施加以防范。如大型体育赛事在比赛期间突遭网络攻击，这些未被人们所知的并且十分隐蔽的黑客可能入侵大型体育赛事 IT 系统，渗透其中的数据并加密，破坏大型体育赛事电子设施，修改赛事的电子设备程序和秩序册，可能使现场比赛瘫痪，还使赛事直播中断。

突生风险是指那些在不确定的时空突然爆发的风险，这类风险虽然被人们所认知，并不陌生，但是人们并不能预知什么时空爆发，因而预防和应对难度较大，其特征为：特发性明显、破坏性强、可控性低。如比赛时突遇地震，场馆突发危化品爆炸等。

2. 按照可能引发的后果划分，大型赛事社会风险源包括可能引发社会动荡的社会风险源、可能危及赛事正常秩序的社会风险源和可能损害赛事组委会及政府公信力的社会风险源。

可能引发社会动荡的风险源，如体育腐败案或重大丑闻突然被媒体爆出，引发社会情绪激烈，公众上街进行聚集抗议，甚至与警察暴力对抗，严重危及社会稳定。如 2011 年至今，韩国体育界在足球、棒球及传统体育项目跆拳道和韩式摔跤中均被爆出体育腐败事件，继而又陆续爆出运动员假球、裁判和教练操控比赛、多场棒球赛事与排球比赛被查出有中介参与控制比赛、针对运动员的暴力与性侵等一系列骇人听闻的重大体育丑闻，引发韩国社会的极度震惊，带来严重的社会冲击，激化了国内社会矛盾，韩国上下对政府治理极为不满，在互联网声讨体育界和文在寅政府。

可能危及赛事正常秩序的社会风险源如设施故障、消防安全、恐怖袭击、停电等比赛中突发安全事故，冲击了比赛的正常秩序，甚至比赛不得不中止。2000 年陕西国力与武汉红桃 K 的足球比赛中，球迷在场上互扔硬物致使多名球迷流血受伤，多名球迷跳入场中致使比赛中断。2010 年的河南建业与江苏舜天队的足球比赛中，多名球迷骚乱，场内秩序被打乱，多人受伤，比赛被迫中断。2021 年 4 月环青海湖马拉松比赛，由于对比赛天气情况预估不足和危机应对不专业，造成了 21 人不幸遇难的伤亡事故，比赛中断。

可能损害赛事组委会及政府公信力的社会风险源，如 1994 年中国游泳队兴奋剂事件，我国在国际体育界历来口碑形象好，源自我国对运动员、教练员及所有参赛技术和保障人员的严格管理，此次事件对于我们体育国际形象造成了极大的负面影响，教训深刻。

3. 按照复杂程度划分，大型赛事社会风险源有单纯的体育社会风险、共生性风险和混合集聚社会风险。

单纯的体育风险致因简单，辨识度清晰，就是体育赛事所独有的，人们很容易找出风险发生的原因，如兴奋剂风险、体育场馆风险、赛事票务风险等。

共生本是生态概念，反映事物相互联系、相互作用的普遍生物现象。事实上，大型体育赛事很多风险共生单元、共生基质、共生界面、共生环境，它们相互作用、相互影响，一个风险出现会像推倒多米诺骨牌一样，导致一连串的风险事件产生。在大型体育赛事中，自然风险、政治风险、社会风险从来就不是孤立的，如疫情本是自然风险，但疫情会使大型体育赛事管控升级，导致社会风险出现，如运动员抗议，认为限制自由或种族歧视而罢赛、罢餐等，这些社会风险如处置不当，又会引发国与国外交风波等政治风险。

很多情况下，大型体育赛事风险是一个多结构复杂系统，既有一果多因，也有一因多果，这就是混合聚集风险。如 2001 年约翰内斯堡埃利斯球场的南非足球甲级联赛踩踏事件，造成 47 人死亡，160 余人受伤，看起来是踩踏事件，实际上这场比赛叠加了多种风险最终酿成惨案，有票务管理风险，容纳 7 万人的体育场，售出 12 万张入场票；有场馆安保风险，5 万球迷在开赛前仍然无法进场，最终攀爬铁门；有场馆设施风险，球迷进场时铁门轰然倒下，造成人群拥挤踩踏。

4. 按照表现形态划分，大型赛事社会风险源有灾害类风险、经济类风险、社会政治类风险、公共卫生类风险、场馆类风险、安全事故类风险、赛事运行风险等。

大型体育赛事灾害类风险包括台风、高温、暴风雨、雷电、地质灾害等。应预防自然灾害可能带来的对赛事的破坏和人员安全的影响。

大型体育赛事经济类风险包括财务风险、经营风险、票务风险、保险风险等。

大型体育赛事社会政治类风险是指赛事举办前后出现的政治抵制、聚众闹事、罢工、网络宣泄、抗议示威、恐怖袭击、种族冲突、宗教关系紧张、围攻政府、暴力打砸抢等、国际冲突等风险。

大型体育赛事公共卫生类风险包括传染病、中毒、水源污染等风险。

大型体育赛事场馆类风险包括场馆延期、场馆质量不过关、场内设施破坏、比赛设施缺失、消防安全不过关等带来的风险。

大型体育赛及安全事故类风险包括运动员意外伤亡、踩踏、火灾、交通事故、人身伤害等意外事故风险。

大型体育赛及赛事运行风险包括由于非正常原因导致赛事秩序安排混乱，交通运行阻塞、直播中断等情况发生时，对运动员比赛造成的影响。

5. 按照发生时间划分，大型赛事社会风险源有赛前风险、赛中风险和赛后风险等 3 种类型。

一般来说，大型体育赛事赛前风险主要包括政治抵制、抗议示威、不满宣泄、财务风险、经营风险、票务风险、施工安全等风险。赛中风险包括意外伤亡、踩踏、技术风险、场馆安全、流行病暴发、火灾、骚乱、暴力打砸抢、兴奋剂、网络攻击等。赛后风险包括财务风险、形象危机、责任风险等，如表 6-5 所示。

表6-5 大型体育赛事风险类型划分表

划分依据	风险类型	典型举例
存在状态	显在风险源	骚乱、暴力打砸抢、恐怖袭击
	准在风险源	修订规则、灾害
	潜在风险源	黑客攻击、技术风险
	突生风险源	地震、危化品爆炸
引发后果	可能引发社会动荡的社会风险源	体育腐败、操控比赛、性侵运动员等重大丑闻
	可能危及赛事正常秩序的社会风险源	安全事故、骚乱、恐怖袭击、重大灾害、火灾
	可能损害赛事组委会及政府公信力的社会风险源	兴奋剂事件
复杂程度	单纯的体育社会风险	兴奋剂风险、体育场馆风险、赛事票务风险
	共生性风险	自然风险、政治风险、社会风险
	混合集聚社会风险	场馆风险、安全事故
表现形态	灾害类风险	台风、高温、暴风雨、雷电、地质灾害
	经济类风险	财务风险、经营风险、票务风险、保险风险
	社会政治类风险	政治抵制、聚众闹事、罢工、网络宣泄、抗议示威、恐怖袭击、种族冲突、宗教关系紧张、围攻政府、暴力打砸抢等、国际冲突
	公共卫生类风险	传染病、食物中毒、水源污染
	场馆类风险	场馆延期风险、场馆质量风险、场内设施破坏风险、比赛设施缺失风险、消防安全风险
	安全事故类风险	意外伤亡、踩踏、火灾、交通事故、人身伤害

续表

划分依据	风险类型	典型举例
表现形态	赛事运行风险	赛事秩序破坏，交通运行阻塞、直播中断
发生时间	赛前风险	政治抵制、抗议示威、不满宣泄、财务风险、经营风险、票务风险、施工安全
	赛中风险	意外伤亡、踩踏、技术风险、场馆安全、流行病暴发、火灾、骚乱、暴力打砸抢、兴奋剂、网络攻击
	赛后风险	财务风险、形象危机、责任风险

三、应对有力的场馆安全策略是关键

如何有效治理大型体育赛事场馆的安全问题，确保赛事的顺利进行，是大型体育赛事风险治理的关键。大型体育赛事场馆的安全治理是一项复杂的系统工程，需要政府、场馆管理方、组织方等多方共同努力。只有通过完善法律法规、强化安全管理意识、优化资源配置等措施的综合运用才能确保大型体育赛事的顺利进行和社会稳定和谐发展。

大型体育赛事场馆安全治理需要从多个方面入手，建立完善的安全管理制度，加强安全设施建设，提高人员素质，做好设备监控，制定紧急预案等都是必要的措施。

1. 建立安全管理制度：制定完善的安全管理制度，明确每个人的安全责任，并建立相应的责任体系。同时，制定符合国家安全标准的场馆安全标准和安全操作规程，确保场馆设施符合安全要求，员工正确操作和处理各类安全问题。

2. 加强安全设施建设：配备适当的安全设施，如消防设施、安全出口、安全监控系统、安全警报系统、安全防护设备等，用于应对各种突发事件，保护人员免受伤害。

3. 实施定期的安全检查：建立定期的安全巡查机制，检查安全设施的完好性和员工操作的符合性，及时发现并解决潜在的安全隐患。

4. 强化人员培训：建立全面的安全培训制度，加强员工的安全知识和

技能培训，提高员工的安全意识和应急处理能力。

5. 做好设备监控：对场馆内的设备进行实时监控，确保设备运行正常，防止因设备故障导致的安全事故。

6. 制定紧急预案：制定详细的紧急预案，包括火灾、地震等突发事件的处理程序，确保在紧急情况下能够迅速、有效地处理问题。

7. 引入智能化技术：利用智能化技术，如人工智能、物联网等，实现场馆的智能化管理，提高场馆的安全性和运营效率。

8. 加强观众安全教育：通过多种方式加强对观众的安全教育，提醒观众遵守安全规定，避免因观众的不当行为导致的安全事故。

9. 定期进行安全审计：定期对场馆进行安全审计，评估场馆的安全状况，发现并解决潜在的安全问题。

10. 建立反馈机制：在赛事结束后，对安保工作进行总结和反馈，找出不足之处并加以改进。同时也要积极收集观众和相关部门的意见和建议，以便不断完善安全治理策略。

场馆安全治理要紧盯重点、综合治理。要全面梳理场馆设施、赛事运行、赛事保障、参赛人员、外部环境等方面存在的风险隐患，细化各类风险的预案，制定处置应对工作方案，开展应急演练和人员培训，做好赛前风险识别评估、预警监测和应对准备工作，前瞻预判，综合治理，紧绷"安全弦"、拉好"防护网"。尤其要紧盯以下三项重点工作：

一是紧盯场馆设施安全。统筹抓好竞赛场馆和运动员村内部设施建设，加强交通、水电、防洪、消防、应急避难等基础设施建设，优化安全设施建设，完善无障碍环境，增加必要的防疫设施，严格落实安全防范措施，建立基础设施质量安全终身责任制，定期检测安全隐患制度、危险预警和报废制度。

二是紧盯运行管理安全。建立以场馆团队为基础的赛事安全运行组织体系和工作机制，实施安全管理"一馆一策"详细方案，提高场馆安全运行管理水平。建立高效有力的赛时运行安保指挥体系，加强实战演练，提升指挥调度和应急保障能力。为了全面检验指挥体系和运行体系的实效，还应扎实开展各类测试活动，及时发现问题并加以改进，及时调整制定具体细化方案。

三是紧盯安全保障体系。打好赛时安全保障基础战，统筹大型体育赛事应急物资储备体系建设，建立大型体育赛事应急物资储备专项预案，制定大型体育赛事应急物资采购、存储管理、使用调度等制度。打好公共卫生保障战，严防食品安全风险事件，确保大型体育赛事食品从源头采购、供应链到存储加工环节的全过程食品安全管理。严防公共卫生事件发生，严密监控重大传染病，建立健全"预防—控制—治疗"有效联动的突发公共卫生风险应急管理和保障体系，做好运动员村和各场馆医疗点建设，确保赛事的现场急救和转运收治等医疗运行顺畅。打好通信和媒体运行保障战，做好"5G+智慧大型体育赛事"的通信基础设施保障工作，组建网络安全威胁情报分析与运营小组，加强网络安全攻防演练，为大型体育赛事网络安全保驾护航，优化媒体服务和场馆转播服务。此外，由于大型体育赛事会在短时间内给主办城市造成巨大压力，还要做好高效便捷的公共交通安全保障、水电油气等能源安全供应保障以及所有接待单位的安全管理等，确保大型体育赛事安全运行。

四、"疫下"赛事的"四关"是底线

首先需要说明的是，这里的"疫下"指在特发大规模公共卫生事件下举办大型体育赛事，并非仅仅特指"新冠疫情"。

面对复杂的特发公共卫生事件形势，需要牢固树立底线意识，未雨绸缪、科学研判，不断细化完善应对方案和应急预案。

宣传上要着力重塑"疫下"大型体育赛事新观念。在疫情防控进入常态的新形势下，除了"智能""绿色""节俭""文明"办会理念，必须通过宣传教育引导民众更新"疫下"大型体育赛事的观念和认识，倡导和践行"人类卫生健康共同体"核心价值，将人类卫生健康共同体的理念、政策和行动融入大型体育赛事筹办全过程中。

"安全"是标志大型体育赛事成功的底线和基本前提。"精彩"的前提是"安全"，在疫情下办好大型体育赛事是对大型体育赛事主办方治理能力的大考。"疫下"大型体育赛事要求摆脱完全依赖盛大的规模来吸引关注和获取赞助的运营模式，通过赛前向民众宣导体育大规模人群集聚可能带来的风险和危害，告诉民众成功的大型体育赛事不全是规模大的赛事，不能简单用规模来定义和衡量赛事的成功举办，让民众有充分的心理预期，避免不得已空场举办或有限规模举办时强烈的失落和抵触情绪出现。

"智能"大型体育赛事是疫情下举办一届成功大型体育赛事的关键。要做好疫情防控常态下空场大型体育赛事预案，以及智慧场地、场馆运维平台、高清传播等"智能"大型体育赛事的配套设施建设，使5G、物联网、视觉影像、AR技术、5G+8K、预演仿真、人工智能、云技术等智能设备和技术无处不在。

"精简"是疫情下成功举办大型体育赛事的必须。在疫情下，必须控制观众人数，减少不必要的程序和环节，尽可能减少人员使用，以人工智能技术替代，精心打造数字化开闭幕式和智能化比赛的中国模式和地方特色。

"疫下"办赛，要严把"四关"，严格对各流程各环节进行防控。

一是严把入境关。严把入境关主要是严防输入性风险，重点是把好"入口关"，实行人、物、环境三个环节同防。首先，严格入境检测至关重要。日本东京奥运会就曾对所有入境参会人员实施"14+3天"入境跟踪检测。外事、交通、海关等部门要密切合作，视疫情情况对来华人员实行必要的不同程度的检测和跟踪措施，便于一旦有异常情况，可追溯管理。

二是严把监测预警关。建成大型体育赛事多层级立体式突发公共卫生事件监测预警体系，建立和完善突发公共卫生事件联防联控合作机制。由省级卫健委牵头，构建统一高效的公共卫生应急管理体系，实行统一指挥、联防联控、系统治理，坚持预防为主、平战结合，完善疫情风险研判、评估、决策、防控协同机制，坚持科学诊疗、有效救治，努力提高收治率和治愈率，降低感染率和病亡率。地方卫生健康行政部门紧密配合，强化大型体育赛事赛区城市间疫情应急合作，扩大疫情防控合作领域，深化疫情防控合作力度，使疫情通报、病例分析、特定对象行踪大数据等资源实现互联共享，并联合开展疫情应对的预案综合演练，加快构建举办地疫情应急一体化进程。

三是严把闭环管理关。为保证运动员健康，要制定完善特发大规模公共卫生事件下大型体育赛事闭环管理方案，在闭环管理、健康监测、清洁消毒等方面落实落细防控措施。要对参赛运动员实施实行严格封闭管理，打造一个运动员与社会公众相对隔绝的独立生活空间。事实证明，日本东京奥运会在这方面已经探索出了切实可行的办法，打造了一个无形的内循环的"泡泡"，将奥运会参与者隔绝在内，最大限度避免他们与当地社会发生接触，以保证奥运相关人士和日本当地民众两方面的安全。闭环管理要求严格限制参赛运动员的活动范围。

四是严把场馆关。在特发大规模公共卫生事件下办赛，要强化重点环节和重点场所，聚焦开闭幕式和运动员比赛场馆等重点场所，严格落实疫情防控措施。根据各场馆比赛的特点，制定"一馆一策"防疫方案。在疫情下，一些场馆需要增加隔离通道、临时卫生间、隔离板墙等临时设施，在场馆内部加强疫情的应急处置，设置临时隔离点，建设医疗点，确保每个场馆都有专业的疫情防控医疗组进驻，并与定点医疗卫生机构建成紧急情况下的绿色通道，一旦发生疫情，要充分做好疫情防控人员的调度和疫情现场的处置。发布规则，除比赛的运动员外，要求所有人员进入场馆之后，必须全程佩戴口罩，保持一定的社交距离，避免拥抱、击掌和握手等与其他人身体接触的动作，定期洗手，保持良好卫生习惯。必要的情况下还要修改若干竞赛规则，禁止运动员出现有可能带来交叉感染的习惯动作等。

五、改进提升的能力评估体系是保障

有效预警和迅速应对各类风险事件，是我国大型体育赛事风险治理能力的重大考验与挑战。然而，这些预警和处置机制究竟发挥的作用如何，如何根据应对过程暴露出来的问题有效完善这些机制，这就需要对大型体育赛事风险治理能力和机制进行科学评估和衡量，而评估的目的是改善和提升大型体育赛事治理能力体系。

大型体育赛事风险治理能力指赛事组织者通过预防预警、应急处置、应急善后等治理行为，避免危机事件发生或减少危机事件损失的本领。

就实践而言，当前大型体育赛事风险治理之难题并不在于体制机制、法规制度以及预警方案的建立，而是治理主体如何有效进行常态预警、科学评估、统一指挥、有效控制和跨部门协调，亦即治理能力体系问题。

（一）大型体育赛事风险治理能力体系评估的基本要素

大型体育赛事风险治理能力评估指标体系的构建有下列四个基本要素。

　　一是谁来制定，亦即大型体育赛事风险治理能力评估指标体系的制定主体。这涉及两个非常重要的问题：大型体育赛事风险治理能力评估指标体系的制定者本身是否有权威性，制定出来的大型体育赛事风险治理能力评估指标体系是否具有专业性。

　　二是谁来参与，亦即大型体育赛事风险治理能力评估指标体系的参与者。如果说谁来制定决定了评估结果的权威性和专业性，那么谁来参与则决定了评估结果是否具有公信力，为此，我国大型体育赛事风险治理能力体系的评估过程应当具有开放性特征，充分吸收政府有关部门、赛事组织者、赛事参与者、赛事运营企业、赛事保障者、有关专家学者等各方面人士参与，共同组建一个具有开放性、专业性、独立性的治理能力评估主体。

　　三是评估谁，亦即大型体育赛事风险治理能力评估指标体系的评估对象。大型体育赛事风险治理能力评估指标体系运用的对象范围应当是所有能以自己名义开展活动并在活动中反映出治理能力水平的一切客体。评估对象决定了大型体育赛事风险治理能力评估指标体系的有效性问题，评估对象能够观察我国大型体育赛事风险治理能力建设的实际情况，发现大型体育赛事风险治理能力建设中存在的不足和问题。

　　四是评估什么，亦即大型体育赛事风险治理能力评估指标体系的内容。评估指标系统的内容设计应当既能够普遍映照评估对象风险治理能力之要义，具有一般性特征，又能根据评估对象的个体差异反映出评估对象的特色，具有差异性特征。从这个意义上说，评估内容决定了我国大型体育赛事风险治理能力体系之科学性问题。从多年来我国大型体育赛事风险治理现状看，国内大型体育赛事普遍重危机应对处置，而忽视常态下的治理能力过程建设。每一场大型赛事无疑都有应急预案，可预案多锁进抽屉，很少跨部门跨领域开展合成演练，一旦发生突发事件，治理者不能熟练融合，依然依靠自身经验仓促上阵，造成临场应对的混乱状况，导致应急处置失败或效果不佳，付出更高的风险治理成本。因此，在评估内容设计上，必须把能力建设问题作为评估的起点和旨归，注重在体育赛事日常风险治理中融入治理能力建设及其绩效评估，这是我国大型体育赛事风险治理能力体系评估的关键所在。

（二）大型体育赛事风险治理能力体系评估的基本范畴

仅从危机应对过程原理出发来研究和讨论大型体育赛事风险治理能力建设问题是远远不够的。站在系统论透视，大型体育赛事风险治理能力是一个复杂的综合的体系，作为一个有机整体，它由治理主体、运行机制和支持资源三个相互融合而又相对独立的子系统构成，三者以一定结构形式联结，构成具有治理功能的有机整体。本书认为，我国大型体育赛事风险治理能力包含"三力"：主体防控力、机制运行力、资源支持力。在大型体育赛事风险治理能力建设中，前提是提升主体防控力，关键是增强机制运行力，保障是强化资源支持力。作为一个开放的系统，完善的大型体育赛事风险治理能力体系能有效整合各类社会资源，为体育赛事风险治理提供支持，是赛事各参与主体间有序运作、高效协作的必要前提和基础。

（三）大型体育赛事风险治理能力体系评估的基本属性及价值

1. 大型体育赛事风险治理能力评估指标体系的基本属性

（1）评估性

大型体育赛事风险治理能力评估指标体系的评估性是指通过对赛事风险治理能力之"三力"内在要求而设计的由普遍性指标和特色性指标所构成的评估指标，运用该指标可以有效评估我国大型体育赛事风险治理能力建设现状，较为客观地评估赛事举办主体的风险治理目标设定的科学性、举办者对这些目标的达成度，以及为实现这些目标而进行的风险治理能力建设，政策、制度和措施是否准确、匹配、有效，从而为后面的治理能力改善提供科学的判断依据。

（2）指引性

大型体育赛事风险治理能力评估指标体系的指引性是指通过评估指标的普及、评估活动的开展和评估结果的应用，来观察各大型体育赛事举办主体风险治理能力的现状与进程、态势与走向，引导举办者围绕指标体系"以评促建""以评促改"，为体育赛事风险治理能力建设的目标与任务提供科学依据，找出问题和差距，落实整改目标和措施，从而实现常态管理、科学治理、正确应对，不断提升风险治理水平。

2. 大型体育赛事风险治理能力评估指标体系的价值

（1）有助于完善大型体育赛事风险治理理论

大型体育赛事风险治理能力的基本含义是各个赛事举办主体依据治理理论，依照特定规则和基本原则，通过常态建设和演练所拥有的风险治理能力和水平。在风险理论和治理理论的影响下，我国开始了大型体育赛事风险治理能力建设的实践探索，然而，只有根据大型体育赛事特定运用场景把抽象的风险理论和治理理论进行具体的细化，才能发挥理论对实践的指导作用，大型体育赛事风险治理能力评估指标体系是对大型体育赛事风险治理能力基本要求的细化和量化，是把大型体育赛事风险治理理论与绩效评估理论相结合在体育赛事领域的具体运用，是评估大型体育赛事推进建设风险治理能力理论的组成部分。

（2）有助于检验大型体育赛事风险治理能力建设的现状

通过运用大型体育赛事风险治理能力评估指标体系可以对各地赛事风险治理能力建设的现状进行比较和分析，从而做出科学客观地评估，可以评估出各地体育赛事风险治理能力建设中存在的短板和问题，检验各赛事举办者风险治理能力建设中是否有缺项和疏漏，从而使赛事举办主体不断完善风险治理的各项制度和方案，改进和完善风险应对的不足之处，以促进达成每一场赛事风险治理的目标。评估指标的结果运用还可以客观反映出体育赛事风险治理能力建设的整体发展态势，从而起到预测我国大型体育赛事风险治理未来发展走向的作用。

（四）大型体育赛事风险治理能力评估指标体系的基本内容

科学的评估体系建构，首先是追问该体系的出发点和落脚点，亦即该体系能发挥怎样的预期价值和功能，在此基础上方能设计符合实际的评估指标。遵此逻辑，我们大型体育赛事风险治理能力评估指标体系构建的旨归无疑在于防范和处置风险。防范功能是评估体系的首要目的，评估的根本目的是促进能力建设，从而有效预防风险事件发生。处置功能也是重要目的，评估的另一项重要意义在于提升举办者的应对处置能力，从而在风险事件发生后，能迅速有效应对，最大限度地把风险事件造成的损失降到最低。

科学的评估体系建构，其次是追问如何分类，评估指标体系的构建需要对"风险治理能力"进行科学的分类，有什么样的分类就有什么样的子指标，而分类则需要追问以什么为标准，本书依据前文所述"三力"分类法，以能力指标为考核标准，以"三力"为一级指标，对各个环节和内容进一步设计一些子指标，以三级指标对能力体系进行细致和深入的设计。

需要说明的是，大型体育赛事风险治理能力体系是一个互相联结的综合系统，三大一级指标及其二级、三级指标是一个有机组合的整体架构，不能够割裂开来，单凭其中一种或几种指标来评估一个单位的风险治理能力。具体设计如表6-6所示：

表6-6 我国大型体育赛事风险治理能力指标体系表

一级指标	二级指标	三级指标
主体防控力	决策主体能力（赛事指挥部或组委会主要负责人）	应急决策能力
		紧急动员能力
		应急指挥能力
		应急控制能力
		应急协调能力
	实施主体能力（赛事指挥部或组委会下设相关部门）	决策执行能力
		紧急救援能力
		资源整合能力
		危机沟通能力
		心理素质能力
	参与主体能力（运动员、裁判员、志愿者、媒体、赛事运行保障人员等）	风险防范能力
		开展自救能力
		志愿服务能力
		情绪安抚能力
		自我教育能力

续表

一级指标	二级指标	三级指标
机制运行力	预警机制运行能力	应急预案建设能力
		应急警报发布能力
		风险监测控制能力
	应对机制运行能力	预案反应能力
		预案执行能力
		预案创新能力
	恢复机制运行能力	善后处置能力
		恢复建设能力
		形象重塑能力
资源支持力	人力资源支持能力	常设应急机构
		专家咨询团队
		人员培训体系
	信息资源支持能力	信息监测与分析
		信息分享与预报
	物资储备支持能力	应急物资储备
		医疗救助装备
		安全保护设施
		应急资金保证

对上表所示一级、二级、三级指标说明如下：

1. 主体防控力

从治理理论看来，大型体育赛事风险治理本身是一个由多元主体共同参与的动态过程，多元主体包含政府、赛事举办者、赛事参与者、赛事承办者、赛事运营者、赛事保障者等多利益相关方，涉及政府主管部门、企业、运动员、教练员、裁判员、志愿者、媒体人员等多群体，上述多元主体都在自己的特定位置承担一定的风险治理责任，担负特定的不容忽视的风险防控作用。

以大型体育赛事风险治理涉及的多元主体应具备什么能力为评估依据，从结构上将"主体防控力"的二级指标设定为"决策主体能力""实施主体能力""参与主体能力"。

（1）决策主体能力

在"主体防控力"三个二级能力指标体系之中，核心是决策主体能力，决策主体是风险治理主体中的指挥中枢。在大型体育赛事风险治理中，决策主体一般归属于赛事指挥部或组委会主要负责人，特殊应急情况下为政府有关部门负责人，甚至是地方政府主要负责人。由于决策主体承担着应急决策和指挥重任，需要具备在紧急状态下做出对事件性质和发展态势的判断和预估，拍板选择最优解决方案并下令实施。因此，决策主体能力是大型体育赛事风险治理能力体系中一个非常重要的衡量指标。

依据紧急状态下决策主体的科学应对行为，又可将其细分为5个能力指标，分别是：紧急状态下能否做出正确决策的"应急决策能力"、短时间内能否迅速调动人员和各类资源的"紧急动员能力"、高压之下能否强有力指挥应急处置的"应急指挥能力"、能否有效控制事态发展的"应急控制能力"以及能否将参与危机应对的各种资源和人员调配到最佳岗位使其发挥最优效用的"应急协调能力"。

（2）实施主体能力

在"主体防控力"中，关键是实施主体能力。实施主体处在中层，起到承上启下的关键作用，其作用发挥如何，直接关系到风险治理的效率和效果；运动员、教练员、裁判员、志愿者、媒体人员、非政府组织人员等是风险治理的最基层主体，是风险的防范者、发现者，也是危机事件的受害者，他们的参与是有效处置危机事件的基础和保障。

实施主体能力又可以细分为5种能力：一旦发生突发事件能否迅速按照预案和上级决策顺畅执行的"决策执行能力"、能否在现场开展专业的救援并有效避免更多人员伤亡的"紧急救援能力"、能否有效整合各种不同类型资源使其发挥最大效用的"资源整合能力"、能否与媒体及社会公众进行有效沟通使事件影响降到最低的"危机沟通能力"、能否在紧急时刻临危不乱的"心理素质能力"。

（3）参与主体能力

赛事突发危机事件必然会对参与主体造成影响，在大型体育赛事风险治理过程中，运动员、裁判员、志愿者、媒体、赛事运行保障人员等是重要的参与主体，前述决策主体和实施主体在危机应对过程中，必然要依靠广大的参与主体才能有效应对危机。

从治理的视角看，运动员、裁判员、志愿者、媒体、赛事运行保障人员等是一场赛事的主人翁，他们身处最基层岗位，有能力发现风险，也有意愿参与危机事件应对，因此对这个群体进行风险治理管理能力的评估也是应有之义，其子指标可以分为5个方面：能否在危机事件发生后进行有效规避从而降低损失的"风险防范能力"、能否在危难时进行自我救援从而避免伤亡的"开展自救能力"、能否在紧急状态下参与救援和其他协助的"志愿服务能力"、能否给予受害者进行有效的情绪安抚从而有效减轻危机造成的心灵伤害的"情绪安抚能力"、能否在平时进行危机处置自我教育和提高的"自我教育能力"。

2. 机制运行力

为在危机发生之后能够快速有效地应对和处置，大型体育赛事举办者都要建构相应的危机应对机制。按照危机应对的过程来划分，运行机制包含预案预警机制、处置应对机制和善后恢复机制，与此相适应，就有"机制运行力"的三个二级指标：预警机制运行能力（事前）、应对机制运行能力（事中）和恢复机制运行能力（事后）。

这些机制能否有效运行非常关键，如果机制运行能力不佳，那么所有的预案预警机制、危机应对机制和善后恢复机制都会运行不畅，产生"肠梗阻"，因此，我们有必要对大型体育赛事风险治理机制的运行能力开展评估。

（1）预警机制运行能力。预警能力是大型体育赛事风险治理能力的重要组成部分。风险治理重在"预"，科学预测和预警风险是一切风险防控的基础性工作，尽管突发事件具有不确定性，但是事先充分的预防和准备可以避免或减少突发事件的发生，从而使损失降到最低，这就需要建构完整的预警机制并使之有效运行。

按照预警机制的内在构成划分，可以将其划分为能否科学建设预案并有效经常演练培训的"应急预案建设能力"、能否在第一时间及时发布应急警报的"应急警报发布能力"以及能否捕捉征兆并采取积极措施的"风险监测控制能力"。

（2）应对机制运行能力。应急机制运行能力是我们开展评估的关键性指标之一。由于在突发事件发生之后，应急预案已经启动，应急工作处于临战状态，是忙乱无序还是忙而不乱，关键要看应急机制运行能力如何，其运行是否顺畅高效直接决定着这场突发事件的应对处置效果。

应对机制运行能力可以细分为三种具体指标来进行评估和衡量，即能否第一时间迅速启动预案并使预案很快发挥预期功能的"预案反应能力"、能否使各类主体尤其是实施主体能够按照预案设定的标准和要求开展工作的"预案执行能力"、能否顺应不断变化的环境或根据预案演练过程中出现的问题及时对预案进行自我更新和修正的"预案创新能力"。

（3）恢复机制运行能力。从危机应对过程学说，善后处置是非常重要的一环，恢复机制运行能力就是评估和衡量在这一阶段机制发挥的作用及其有效性如何。评估和衡量的重点在于能否尽快对遭受损失的人员和财产进行合理补偿恢复，对灾难造成的精神损害开展抚慰，对突发事件带来的负面形象进行修补重塑等。

以恢复机制运行在时间上的先后顺序为标准，又可以将其细化为三种能力，即能否将危机事件带来的损失和负面影响降到最低的"善后处置能力"、能否采取积极有效措施尽快恢复生产生活秩序的"恢复建设能力"和能否开展危机公关重塑形象的"形象重塑能力"。

3. 资源支持力

资源支持力直接影响着突发危机事件的处置成效。物资储备和资源支持是危机应对的必要保障，如果在平时没有重视资源人力物力等资源，到危机事件发生时应对和处置就会"手中无粮、心中发慌"，只能纸上谈兵。

（1）人力资源支持能力。人是所有支持资源之中最重要、最关键的资源，在所有资源支持要素中，人是其他物质资源的使用者、支配者，只有发挥好人的能动性和创造性，才能科学合理地调配使用其他资源，从而发挥资源系统在应对危机事件中的重要预期效用。从这个意义上说，要高度重视并充分发挥好人力资源在危机应对中的价值和功能。

人力资源支持能力的细分评估指标主要有：是否有常设应急机构并重视其人员、物资配备；是否有专家咨询团队并能够真正发挥专家在平战中的重要作用；是否有人员培训体系并经常性地对各类相关危机应对参与主体开展危机意识和危机应对能力培训。

（2）信息资源支持能力。在当今新媒体时代，信息资源对于危机应对十分重要，发现、预警并应对危机无不需要敏捷高效的信息情报。在风险治理中，信息资源是指挥员和各类参与主体的"眼睛"和"耳目"，如果信息资源支持能力低下，没有很好发挥其应有的作用，那么最直接的后果就是风险不能准确得到识别，信息不能迅速传递，情报不能得到分享，预警不能发挥效能。因此，通过设立信息资源能力指标能有效引导各大型体育赛事举办者重视信息资源建设。

信息资源支持能力又可以细分为两种具体指标，即能否对危机事件发生发展过程进行有效监测分析并从中筛选出对事件有重要影响的信息的"信息监测与分析能力"；利用一定的信息处理平台发布权威信息并做出预测预警的"信息分享与预报能力"。

（3）物质储备支持能力。物质资源是大型体育赛事风险治理的保障，大型体育赛事举办者在风险应对中要重视危机应对所需的必要物资储备，否则一旦发生突发事件，将"无米下锅"。

作为衡量大型体育赛事风险治理能力评估指标体系的重要内容，物质储备支持能力又包含四个具体评估指标：是否在平时就重视建设并定期进行检查和充实的"应急物资储备"；是否有符合标准的能在紧急情况下投入救治的"医疗救助装备"；是否随时可提供对参与应急处置者进行必要安全防护装备设施的"安全保护设施"；是否设立专门应急资金项目并可随时投入使用的"应急资金保证"。

参考文献

一、中文文献

[1] 贝克. 风险社会新的现代性之路 [M]. 张文杰, 何博闻, 译. 南京: 译林出版社, 2018.

[2] 杜志淳, 张明军. 中国社会公共安全研究报告 [M]. 北京: 北京大学出版社 2019.

[3] 姜晓萍, 夏志强, 李强彬. 社会风险治理 [M]. 北京: 中国人民大学出版社, 2017.

[4] 李海, 姚芹. 体育赛事管理 [M]. 重庆: 重庆大学出版社, 2018.

[5] 刘岩. 风险社会理论新探 [M]. 北京: 中国社会科学出版社, 2008.

[6] 马庆钰, 马福云, 李志明. 当代中国社会建设 [M]. 北京: 中国人民大学出版社, 2021.

[7] 唐钧. 公共安全风险治理 [M]. 北京: 中国人民大学出版社, 2022.

[8] 田麦久. 运动训练学 (第二版) [M]. 北京: 高等教育出版社, 2017.

[9] 雍明, 徐建荣, 任浩. 体育赛事评价指标体系构建与应用研究 [M]. 南京: 南京大学出版社, 2021.

[10] 毕仲春, 王永伟, 陈丽珠, 等. 奥运会突发事件应对机制研究 [J]. 体育文化导刊, 2008 (10).

[11] 陈秀莲. 美国体育设施的风险管理及启示 [J]. 军事体育学报, 2016, 35 (03).

[12] 陈彧, 张方旭. 社会风险的 "三分" 类型学 [J]. 前沿, 2012 (01).

[13] 崔涵冰. 环境毒物侵权中的损害问题研究 [J]. 广西社会科学,

2018（12）.

[14] 丁鹏飞，迟考勋，孙大超. 管理创新研究中经典探索性研究方法的操作思路：案例研究与扎根理论研究 [J]. 科技管理研究，2012，32（17）.

[15] 杜卫提，孙珂. 基于 SEM 的大型体育赛事风险识别与评价 [J]. 通化师范学院学报，2021，42（12）.

[16] 范虹邑，张文蒙. 2020 年东京奥运会延期的应对策略与现实启示 [J]. 体育文化导刊，2020（09）.

[17] 范明志，陈锡尧. 对我国重大体育赛事风险识别的初探 [J]. 体育科研，2005（02）.

[18] 高舟，徐百超，骆丁，等. 2020 年东京奥运会公共卫生应对策略对我国大型体育赛事风险防范与管理的启示 [J]. 四川体育科学，2022，41（02）.

[19] 高岩. 浅谈体育赛事风险控制研究 [J]. 体育世界（学术版），2016（03）.

[20] 龚江泳，陈焱，唐涓铭. 基于主成分-BP 网络的大型体育赛事场馆运行风险评估研究 [J]. 辽宁体育科技，2022，44（02）.

[21] 龚江泳，陈焱，唐涓铭. 基于主成分-BP 网络的大型体育赛事场馆运行风险评估研究 [J]. 辽宁体育科技，2022，44（02）.

[22] 顾光海，段丽梅. 论推进县级政府应急处置能力现代化的四个维度——基于整体性治理视角 [J] 云南行政学院学报，2022，24（02）.

[23] 韩兆柱，翟文康. 大数据时代背景下整体性治理理论应用研究 [J]. 行政论坛，2015，22（06）.

[24] 何钢，倪军，何强. 大型体育赛事风险管理的组织韧性：理论基础、现实挑战及提升策略 [J]. 沈阳体育学院学报，2023（05）.

[25] 洪俊雄. 政府在体育赛事风险管理中角色与定位 [J]. 体育科技，2016，37（05）.

[26] 侯卓，吴东蔚. 国际体育赛事承办的事权划分与府际协调 [J]. 体育科学，2022，42（05）.

[27] 胡佳，罗雪连. 国家治理体系和治理能力现代化研究综述 [J]. 湖北行政学院学报，2018（04）.

［28］花勇民，彭器．西方体育治理理论与实践研究［J］．吉林体育学院学报，2014，30（05）．

［29］华钰文，陈雅，王锰．我国文化数字化治理体系构建及要素分析研究［J］．图书馆，2023（10）．

［30］黄泰岩，杨森．习近平关于防范化解重大经济风险的理论创新［J］．经济学家，2023（04）．

［31］霍德利，仇军．体育赛事信任风险指标体系研究［J］．北京体育大学学报，2014，37（10）．

［32］霍德利．体育赛事风险的识别与评估［J］．沈阳体育学院学报，2010，29（06）．

［33］霍德利．体育赛事风险评估指标体系的构建［J］．统计与决策，2011（23）．

［34］贾生华，陈宏辉．利益相关者的界定方法述评［J］．外国经济与管理，2002（05）．

［35］蒋全虎，陈家起，高奎亭，等．新媒体时代体育赛事危机网络舆情传播与公关策略［J］．吉林体育学院学报，2022，38（04）．

［36］蒋小芳．商业性体育赛事财务风险管理浅析［J］．当代会计，2021（04）．

［37］李德智，黄芳．特大城市突发性公共卫生重大风险的整体性治理模式研究［J］．中国卫生事业管理，2021，38（06）．

［38］李谧，唐伟．当代风险社会理论研究述评［J］．北京行政学院学报，2009（06）．

［39］李鹏，袁士桐．大型体育赛事风险管理规划设计［J］．运动，2015（09）．

［40］李胜．大数据时代的国家社会管理现代化：模式变革与战略应对［J］．广西社会科学，2016（01）．

［41］梁华伟，原颜东，薛红卫．基于BP神经网络的体育赛事风险预警模型［J］．统计与决策，2018，34（16）．

［42］林建华，赖永波．基于综合承载力的城市公共安全体系优化研究［J］．东南学术，2022（03）．

［43］林芝华，吴新民，傅文军．探析大型赛事云计算服务之云资源

管理——以杭州亚运会为例［J］．中国仪器仪表，2023（11）．

［44］刘兵，吕万刚，邹溪楠，等．马拉松赛事风险政府协调治理的理论内涵、现实困境与实现路径［J］．武汉体育学院学报，2022，56（12）．

［45］刘东波，姜立嘉，吕丹．大型体育赛事风险管理研究［J］．体育文化导刊，2009（03）．

［46］刘亮，刘晓东，郝昱文，等．大型体育赛事风险分析及应急医学救援对策研究［J］．中国急救复苏与灾害医学杂志，2023（01）．

［47］刘龙飞，张龙．体育赛事风险研究态势计量学分析［J］．六盘水师范学院学报，2021，33（02）．

［48］刘庭杰，施能，顾骏强．浙江省台风灾害的统计分析［J］．灾害学，2002（04）．

［49］刘玮，林辉豪．公共部门社会风险防范能力评估指标体系构建［J］．华北科技学院学报，2021，18（04）．

［50］刘亚云，钟丽萍，李可兴，等．大型体育赛事突发事件的预警管理［J］．体育学刊，2009，16（09）．

［51］刘岩，孙长智．风险概念的历史考察与内涵解析［J］．长春理工大学学报：(社会科学版)，2007（03）．

［52］刘颖．大数据时代公共危机治理的变革与优化路径——以中国抗击新冠肺炎疫情为例［J］．临沂大学学报，2021，43（02）．

［53］刘颖璇．大型体育赛事社会治安风险要素分析［J］．湖北应急管理，2023（03）．

［54］刘玉绰．风险预防原则在体育风险治理中的适用［J］．体育科研，2022，43（03）．

［55］柳鸣毅，敬艳，孙术旗，等．行政放权与多元赋能："社会力量办体育"的中国方案——基于浙江省改革实践的案例分析［J］．上海体育学院学报，2022，46（09）．

［56］龙雪花．浅谈大型体育赛事运营的财务风险及防范措施［J］．环渤海经济瞭望．2021（10）．

［57］卢闪闪．体育赛事运营及风险管理模式分析［J］．作家天地，2020（14）．

[58] 吕晶晶，宋娜，郭晴．大型体育赛事风险传播评估模型构建 [J]．武汉体育学院学报，2023（03）．

[59] 马宏俊，郭锐．我国反兴奋剂法治实施体系研究 [J]．北京体育大学学报，2023，46（05）．

[60] 马肇国，席亚健，薛浩，等．体育与城市文化品牌建设的互动效应和风险管理 [J]．北京体育大学学报，2018，41（12）．

[61] 毛凌翔，史后波．重大应急事件的舆情演化与治理体系研究 [J]．文献与数据学报，2021，3（03）．

[62] 宁怡夏，吴明才．我国大型体育赛事风险规避研究——以2021年白银市百公里越野赛事件为例 [J]．体育科技文献通报，2022，30（01）．

[63] 彭国强，高庆勇．新阶段竞技体育助力社会主义现代化强国建设的时代机遇与战略路径 [J]．天津体育学院学报，2022，37（05）．

[64] 蒲毕文，贾宏．大型体育赛事风险评估的结构方程模型构建及实证研究 [J]．中国体育科技，2018（02）．

[65] 邱煜，曲毅，冯思博．大型国际体育赛事社会安全风险及其应对 [J]．浙江警察学院学报，2022（02）．

[66] 任天平．我国大型体育赛事风险识别指标体系初探 [J]．西部体育研究，2016（01）．

[67] 任文琴，李珍刚．公共危机应急管理中的跨地区数据共享机制构建——基于整体性治理的理论分析 [J]．社科纵横，2020，35（09）．

[68] 任勇．社会公共安全研究的问题驱动、理论来源与学术建构 [J]．学术研究，2019，51（03）．

[69] 沙勇忠，陆莉．公共安全数据管理：新领域与新方向 [J]．图书与情报，2019（04）．

[70] 石岩，高鸿瑞．我国体育风险研究热点、脉络演进与展望 [J]．体育研究与教育，2018，33（04）．

[71] 石岩，霍炫伊．我国体育领域扎根理论研究质量系统评价及其控制体育科学 [J]．体育科学，2021，41（07）．

[72] 石仲泉．当代中国化时代化马克思主义理论的伟大创新 [J]．中共党史研究，2022（06）．

［73］史悦红.我国大型体育赛事风险管理的研究［J］.广州体育学院学报，2016，36（1）

［74］宋慧宇，协作共治视角下公共安全网状治理结构研究［J］.社会科学战线，2021，316（10）.

［75］孙麒麟，张建新.我国大型体育赛事公共安全面临的问题及应对机制［J］.体育学刊，2008（06）.

［76］覃立.9·11事件后美国体育的应对及其启示［J］.南京体育学院学报，2019，2（01）.

［77］唐钧，安东元会，王勇.大型体育赛事风险控制：促精细化、增集成度、提承受力［J］.中国减灾，2021（15）.

［78］唐钧.公共安全与政府责任［J］.中国党政干部论坛，2017（05）.

［79］唐晓彤.大型国际体育赛事对社会发展的波及效应［J］.广州体育学院学报，2007，27（01）.

［80］田玉戈，石振国，马超.回顾与展望：我国大型体育赛事风险研究述评［J］.湖北体育科技，2021，40（12）.

［81］王凯.新时代体育治理体系与治理能力现代化建设的政府责任——基于元治理理论和体育改革实践的分析［J］.体育科学，2019，39（01）.

［82］王盼，张诗琪，王子腾.基于体育赛事视角的北京马拉松赛事赞助影响因素研究［J］.当代体育科技，2023，13（03）.

［83］王逸伟，谢明，谢晓雯，等.新冠疫情下大型体育赛事风险评估［J］.电子科技大学学报，2022，51（06）.

［84］韦潇淑，杨继君.基于风险沟通视角分析体育赛事风险管理研究［J］.当代教育实践与教学研究，2019（11）.

［85］温阳.基于目标导向识别大型体育赛事场馆运行风险［J］.南京体育学院学报（社会科学版），2014，28（06）.

［86］翁士洪.公共预算体制的整体性治理［J］.上海行政学院学报，2019，20（06）.

［87］吴潮.重大体育赛会专志的比较研究与《杭州亚运会志》的未雨绸缪——以《北京奥运会志》和《广州亚运会志》为例［J］.杭州学

刊，2017（03）．

[88] 夏文斌．积极应对北京冬奥会面临的风险挑战 [J]．国家治理，2021（12）．

[89] 徐文锦，廖晓明．重大社会风险致灾机理分析与防控机制建构——基于新冠肺炎疫情风险防控的研究 [J]．软科学，2020，34（06）．

[90] 薛晓源，刘国良．全球风险世界：现在与未来——德国著名社会学家、风险社会理论创始人乌尔里希·贝克教授访谈录 [J]．马克思主义与现实，2005（01）．

[91] 严佳，张海波．公共安全及其治理：理论内涵与制度实践 [J]．南京社会科学，2022（12）．

[92] 杨万森．浅谈大型体育赛事风险管理 [J]．冰雪体育创新研究，2020（24）．

[93] 杨文轩，崔莹．体育赛事网络舆情特征与治理探析 [J]．青年记者，2022（16）．

[94] 杨至馨．浅析我国公共体育场馆财务管理现状 [J]．体育科技文献通报，2017，25（06）．

[95] 易俊生，朱传耿，车冰清．我国体育赛事风险管理的研究回顾及展望 [J]．南京体育学院学报，2022，21（03）．

[96] 于建嵘．当前我国群体性事件的主要类型及其基本特征 [J]．中国政法大学学报，2009（06）．

[97] 余剑平．防范化解社会风险协同共治模式的构建与运行 [J]．理论建设，2019（05）．

[98] 张传昌，王润斌．疫情防控常态化背景下大型体育赛事风险管理的历史经验与现实镜鉴 [J]．体育学刊，2022，29（03）．

[99] 张翠梅，周生旺，孙庆祝．WSR 系统方法论下体育赛事风险评价指标体系的构建 [J]．南京体育学院学报（自然科学版），2016，15（06）．

[100] 张恩儒，尹海立，李赵鹏．以价值位阶论体育赛事公共安全风险防控的桎梏与救赎 [J]．吉林体育学院学报，2022，38（01）．

[101] 张洪波．大型国际体育赛事风险提炼和安保治理 [J]．江苏警

官学院学报，2017，32（06）．

[102] 张麟，薛文婷，孟潇庆．我国国际体育赛事的西方媒介话语建构及其应对策略——以《纽约时报》北京冬奥会报道为例［J］．北京体育大学学报，2023，46（02）．

[103] 张茉，关博．体育赛事中"圈层舆论"的衍生及其治理机制［J］．体育与科学，2020，41（06）．

[104] 张陶，曹惠民，王锋．城市公共安全治理中公众参与困境与对策［J］．城市发展研究，2019，26（09）．

[105] 张萱怡，吴绍忠．重大体育赛事场馆涉恐风险评估模型构建［J］．中国人民公安大学学报（自然科学版），2022，28（04）．

[106] 张训，赵涵．体育领域暴力恐怖活动犯罪控制路径探析［J］．江苏警官学院学报，2019，34（02）．

[107] 张轶．商业化国际体育赛事运营过程中的财务风险分析［J］．中国总会计师，2020（04）．

[108] 张玉磊．跨界公共危机与中国公共危机治理模式转型：基于整体性治理的视角［J］．华东理工大学学报（社会科学版），2016，31（05）．

[109] 赵长明．大型体育赛事反恐情报预警的难题与路径［J］．山东警察学院学报，2021，33（03）．

[110] 赵峰，孙庆祝．体育赛事风险指标的构建及模糊综合评价研究［J］．吉林体育学院学报．2017，33（03）．

[111] 赵磊磊，张黎，王靖．智能时代教育数据伦理风险：典型表征与治理路径［J］．中国远程教育，2022（03）．

[112] 赵阳，冯立，杨光照．大型体育赛事的风险管理——以南京青奥会为例［J］．传媒与教育，2016（01）．

[113] 朱永红．我国大型体育赛事危机公关应对策略的初步研究建议［J］．西安电子科技大学学报（社会科学版），2023，33（02）．

[114] 邹伟，韩洁，于佳欣．当前中国经济新现象新观察［J］．中国产经，2023（15）．

[115] 杜芳．桂林适宜体育赛事创建研究［D］．桂林：广西师范大学，2022．

[116] 段绪来. 以城市品牌为导向的体育赛事治理研究 [D]. 北京：北京体育大学，2016.

[117] 郭海军. 当代中国改革风险防控研究 [D]. 北京：中共中央党校，2016.

[118] 刘东波. 我国承办大型体育赛事风险管理机制研究 [D]. 长春：东北师范大学，2010.

[119] 刘帅. 我国城市马拉松参赛风险评估体系及化解策略 [D]. 武汉：武汉体育学院，2022.

[120] 刘妍超. 中国大型体育赛事经济效益评价指标体系研究 [D]. 上海：上海财经大学，2022.

[121] 沈小雨. 大型体育赛事危机传播研究 [D]. 天津：天津体育学院，2023.

[122] 张李南. 我国大型体育赛事风险指标体系构建研究 [D]. 西安：西安体育学院，2022.

[123] 付强. 群众性体育赛事安全风险的防控治理 [C] //中国体育科学学会体育管理分会. 2023 年第十一届全国体育管理科学大会论文摘要集. 西华师范大学体育学院，2023.

[124] 孟侨，刘涛锋. 韧性城市理论视角下的体育赛事名城建设与治理——基于"问题—主体—机制" [C]. 第八届中国体育博士高层论坛，2023.

[125] 姚振宁，黄谦. 困境与对策：数字技术驱动体育赛事公共安全风险治理提升 [C] //中国体育科学学会体育管理分会. 2023 年第十一届全国体育管理科学大会论文摘要集. 西华师范大学体育学院，2023.

[126] 袁久鑫. 我国大众田径赛事安全风险管理研究——基于项目管理理论视角 [C] //中国体育科学学会体育管理分会. 2023 年第十一届全国体育管理科学大会论文摘要集. 西华师范大学体育学院，2023.

[127] 中国互联网络信息中心（CNNIC）. 第 52 次《中国互联网络发展状况统计报告》[EB/OL]. 中国互联网络信息中心，2023-08-28.

二、英文文献

[1] DENT G J, PARRISH A D. *Sports risk management：A guide for event*

operators [M]. Hoboken: John Wiley & Sons, 2012.

[2] FEARN H. *The management of sports events: A global, ethical and legal perspective* [M]. London; New York: Routledge, 2018.

[3] GAINS R, BLISS L. *Event risk management and crisis communication: Theory and practice* [M]. London; New York: Routledge, 2019.

[4] GRIMALDI J J, CLANCY P. *Sports facility management: Best practices for safety, security, and risk management* [M]. Boca Raton: CRC Press, 2016.

[5] HINCHCLIFF K, BUTLER, R. *Event risk management and safety* [M]. Champaign, IL: Human Kinetics, 2007.

[6] JACKSON T, GUMMER T. *Sport management and risk: A critical approach* [M]. London; New York: Routledge, 2016.

[7] MARCHANT D, ROWLEY T. *Event risk management and crisis communication: A practical guide* [M]. London; New York: Routledge, 2018.

[8] PAYNE J, GUERIN T. *Sport facility design: Safety, security, and risk management* [M]. Boca Raton: CRC Press, 2018.

[9] SMITH A C, PRESTON D. *Sports event security: A multi−perspective approach to risk assessment and management* [M]. London; New York: Routledge, 2019.

[10] THATCHER J, HARRIS D. *Sports event security: A practical guide to risk assessment and crisis management* [M]. London; New York: Routledge, 2017.

[11] WALLETT S, HALLAM S. *Sport event management: Safety, security and risk assessment* [M]. Hoboken: John Wiley & Sons, 2019.

[12] ASONGU A S, ODHIAMBO M N. Governance and social media in African countries: An empirical investigation [J]. Telecommunications Policy, 2019, 43 (05).

[13] GIDDINGS L J, BROCK B L. The impact of mega−events on destination image: A literature review [J]. *Journal of Sport Tourism*, 2010, 15 (03).

[14] MCINTOSH A, CARLESS S. The mega−event security challenge: A

perspective from the host nation [J]. *Security Journal*, 2017, 30 (03).

[15] PIDGEON N, REBBECK T. The social and economic impact of mega-events: Evidence from the 2012 London Olympics [J]. *Journal of Policy Research in Tourism, Leisure and Events*, 2011, 3 (01).

[16] ROVERE A, GEYER P. Event risk management: A South African perspective [J]. *Journal of Risk Research*, 2014, 17 (05).

[17] SHILLER R J. Conversation, Information and Herd Behavior [J]. *American Economic Review*, 1995, 85 (02).

[18] TAYLOR A, MCCULLAGH S. The challenges of event security in the 21st century: A review of the literature and practice [J]. *Policing and Society: An International Journal of Research and Policy*, 2018, 29 (01).

[19] TING Z, CHANGXIU C. Temporal and Spatial Evolution and Influencing Factors of Public Sentiment in Natural Disasters—A Case Study of Typhoon Haiyan [J]. *ISPRS International Journal of Geo-Information*, 2021, 10 (5).

[20] ULLRICH E, WERNER J. Mega-event security planning: A comparison of strategies and measures across three European cities [J]. *Urban Affairs Review*, 2015, 51 (01).

[21] VIVEROS E, PASCUAL A. The mega-event security challenge: Lessons from the 2014 FIFA World Cup Brazil [J]. *International Journal of Event and Festival Management*, 2016, 7 (02).

[22] WANHILL S, O'CONNOR P. Hosting mega-events and the challenges of police planning: A case study from the 2012 London Olympics [J]. *Policing and Society: An International Journal of Research and Policy*, 2013, 24 (01).

[23] International Olympic Committee. IOC Medical Manual [Z]. Lausanne: International Olympic Committee, 2003.

后 记

  历三年之艰辛，当这部关于国内大型体育赛事社会风险治理研究的拙作完成之际，我已经从杭州来到多彩缤纷的广州一年余，拼搏在人生新的旅程。我总是常常想起在杭州伏案的日日夜夜，住地流过历史的大运河，楼下盛开醉人的繁花，每当我忧虑写不下去，便走出家门，听一听钱江的潮起潮落，看一看西湖的湖光山色，品一品孤山的诗情画意，读一读钱塘书房的浙人人生，杭州真好！

  在过去的几年里，我有幸参与了大型体育赛事的风险治理工作，这让我深刻认识到这个领域的复杂性和挑战性。每一个赛事都涉及组织管理、安全保障、公共关系等众多因素，这些因素相互交织，形成了错综复杂的社会风险网络。正是在这样的背景下，我愈加深刻地认识到大型体育赛事社会风险治理研究的理论和实践价值，希望通过科学的方法和专业的视角，深入剖析这个领域的问题，并提出可行的解决方案。希望这部专著能够引起更多人对国内大型体育赛事社会风险治理的关注和重视，激发更多的学术讨论和研究。

  我深知，这部专著只是我对大型体育赛事社会风险治理领域的一个初步探索，书中还存在很多不足和疏漏。在未来的研究中，我将继续关注国内大型体育赛事社会风险治理方面的新动态和新趋势，不断拓展和深化研究领域，也希望能够借助新的研究方法和技术，更加准确地评估和分析国内大型体育赛事社会风险现状和问题，提出更加切实可行的对策和建议。